dtv

Der gebürtige Münchner Joseph Rovan mußte 1933 nach Frankreich emigrieren und war während des Krieges Mitglied der Résistance. Am 2. Juli – vier Wochen nach der Landung der Alliierten in der Normandie – wurde Rovan als politischer Gefangener nach Dachau deportiert. Es gelang ihm, seine jüdische Herkunft geheim zu halten und sein Leben zu retten. Im vorliegenden Buch berichtet er von der Organisation des Überlebens und auch von der Organisation des Widerstands im Konzentrationslager. Rovan traf im Lager auf Edmond Michelet, den späteren Minister de Gaulles, der die Gruppe der Franzosen im Lager zu einer Art Untergrundorganisation aufbaute. Die Beschreibung dieser Systeme gegenseitiger Hilfe, die jede der nationalen Gruppen im Lager für sich organisierte, ist das Kernstück des Buches. Daneben aber stehen die Szenen des Alltäglichen, Begegnungen mit verschiedensten Menschen, Momente menschlicher Anteilnahme und Wärme in der grauen und grausamen Realität des Lagerlebens. Aus der Perspektive des Jahres 1987, der Entstehungszeit des Buches, verbindet der Autor die Beschreibung seiner Erlebnisse mit Reflexionen über die Zukunft der beteiligten Nationen in einem gemeinsamen demokratischen Europa. Er zeichnet ein Bild der Vergangenheit, um die Zukunft zu gewinnen.

Joseph Rovan, geboren 1918, setzte sich bereits unmittelbar nach seiner Befreiung für die deutsch-französische Verständigung ein: als Publizist, politischer Berater mehrerer Ministerialkabinette, als Mitbegründer des deutsch-französischen Jugendwerks. Von 1968 bis 1986 war er Professor für deutsche Geschichte an der Sorbonne. Er ist Präsident des »Bureau International de Liaison et de Documentation« der Gesellschaft für deutsch-französische Zusammenarbeit. Zahlreiche Veröffentlichungen, darunter ›Geschichte der Deutschen‹ (dtv 30638) und ›Im Zentrum Europas‹ (dtv 24205).

Joseph Rovan
Geschichten aus Dachau

Aus dem Französischen
von Thomas Dobberkau und Friedrich Griese

Deutscher Taschenbuch Verlag

Neuausgabe
Mai 2000
Deutscher Taschenbuch Verlag GmbH & Co. KG, München
www.dtv.de
© 1999 Editions du Seuil, Paris
Titel der Originalausgabe:
Contes de Dachau, Juillard, Paris 1987
© der deutschen Übersetzung:
1989 Deutsche Verlags-Anstalt, Stuttgart und Thomas Dobberkau,
Staufen
© dieser Ausgabe: 1999 Deutscher Taschenbuch Verlag, München
Das Werk ist urheberrechtlich geschützt. Sämtliche, auch auszugsweise
Verwertungen bleiben vorbehalten.
Umschlagkonzept: Balk & Brumshagen
Umschlagfoto: Archiv der KZ-Gedenkstätte Dachau
Gesamtherstellung: C. H. Beck'sche Buchdruckerei, Nördlingen
Gedruckt auf säurefreiem, chlorfrei gebleichtem Papier
Printed in Germany · ISBN 3-423-30766-8

*Für meine Söhne
Christopher und Benoît,
damit sie es wissen*

Inhalt

Die Reise 9
Die Ankunft 40
Man richtet sich ein 55
Nicht sonderlich vereinte Nationen 78
Nachtwache 116
Der Tod 143
Die verbotene Messe.......................... 158

LOKALNACHRICHTEN

»Ich bin wieder da«........................... 175
Die Personenkarteikarte 181
Unter einer Sonne............................ 192
Wilhelm Rappl und die Weltgeschichte 202
Kinder im Käfig 208
Herr der Läuse 212
Adam Schüssler 222
Der ehemalige Chef General de Gaulles 231
Der Ausflug 236
Die Rettung der Lagerkartei 247
Erst kommt die Politik........................ 256
Befreiung 277
Idylle 287

ANHANG

Bericht über die Lage der ehemaligen
französischen Häftlinge im Konzentrationslager
Dachau, vom 8. Mai 1945 293

Die Reise

Es war Sonntag, es war sieben Uhr, und die Morgensonne tauchte die ganze Stadt in ein neues, sanftes und feuchtes Licht – sie wirkte wie eine gerade herabgefallene Kastanie. Die lange Kolonne der Gefangenen hatte in Fünferreihen Compiègne durchquert, zweitausendfünfhundert Männer. Für die meisten von ihnen war es nach Monaten in der Zelle und nach Wochen im Lager das erste Mal, daß sie wieder durch eine Straße mit Häusern, Fenstern und Geschäften gingen.

Es war Sonntag, und nur die Lebensmittelgeschäfte und die Bistros hatten geöffnet, und auch nur einige, denn es war früh. Im Vorbeigehen sah man die Männer ihren Ersatzkaffee oder ihr Gläschen schlechten Roten trinken. Einige waren, das Glas in der Hand, ans Fenster oder an die Tür getreten. Andere hatten sich diese Mühe gespart – sie waren den Anblick offenbar gewohnt.

Es war Sonntag, und die Straßen wären leer gewesen, abgesehen von einigen Angehörigen der christlichen Pfadfinder und einigen alten Gläubigen, die unterwegs zu einer Frühmesse waren; die Straßen wären leer gewesen ohne unsere Kolonne, die zum Bahnhof marschierte, fünfhundert Reihen zu fünf Männern, die am 2. Juli 1944, vier Wochen nach der Landung der Alliierten, nach Deutschland auf Transport gingen.

Man darf niemals den Ereignissen trauen, muß sich immer vor Enttäuschungen hüten. Das zumindest hatte man im Gefängnis gelernt (oder vielleicht wußte man es schon vorher, im Augenblick der Verhaftung, und noch davor, seit je): nicht hoffen, der Hoffnung mißtrauen. Seit einem Monat hätten sie uns freilassen können, aber der Monat war verstrichen, und jetzt fuhren wir nach Deutschland; daran ließ sich nichts ändern, und so war Durchhalten, Durchhalten bis zum Ende der einzige Wunsch, die einzige Möglichkeit, über den Feind zu triumphieren, die einzige Möglichkeit, die er uns ließ, ihn zu bekämpfen; Durchhalten hieß, daß wir uns unversehrt bewahrten, daß wir uns erhielten – und nicht andere würden, die durch Zugeständnisse, Verrätereien, Entmutigungen zerschlagen, entwaffnet und geschwächt wären.

Der Zug, der uns erwartete, stand nicht auf dem eigentlichen Bahnhof (vielleicht gab es einen eigentlichen Bahnhof gar nicht mehr, vielleicht hatten die Bombardements...), aber an diesem Morgen war Compiègne nicht Compiègne, und ich würde diese Örtlichkeiten, die nur an diesem Tag existiert haben, die Örtlichkeiten der Abfahrt, nicht wiedererkennen.

Der Zug, der uns erwartete, stand auf einem Abstellgleis. Um ihn zu erreichen, mußten wir eine weite, sonnenbeschienene Fläche überqueren, und die Sonne, die jetzt heißer brannte als vorhin – denn fünfhundert Reihen zu fünf Männern kommen nicht sehr rasch voran, wenn man sie nicht mit Stock- und Kolbenhieben zum Laufen zwingt (und das hatten wir noch nicht kennengelernt, nicht an jenem Tag) – die Sonne ließ die grüne Uniform der Geheimen Feldgendarmerie, die uns vor dem Zug erwartete, noch grüner erscheinen, in einem grelleren Grün.

Es waren kräftige Burschen, überdurchschnittlich groß und breitschultrig, und sie trugen die ganze barbarische Ausstattung der deutschen Macht: Ehrenketten, Kreuze und Medaillen, Instrumente zum mechanischen Töten, leicht und glänzend wie amerikanische Küchengeräte, Helme und viele Lederriemen. Gewaltige Stiefel gaben ihren Beinen etwas Furchterregendes. Der Zug bestand aus rund dreißig Güterwagen ohne Lokomotive, die verlassen und führerlos wirkten, so als habe man sie hier auf diesem Abstellgleis vergessen.

Die lange Kolonne kam vor dem Zug zum Stehen. Die Feldgendarmen erhielten Befehle und gaben sie schreiend weiter. Ich war zufrieden, denn immerhin waren es keine SS-Leute. Wir waren alle beieinander, alle Mitglieder der Gruppe mit Ausnahme von Jefim, der weit hinten unter den Ausländern war, die man am Vortage von den Franzosen getrennt hatte, vollkommen zwecklos, denn im Lager werden dann alle wieder durcheinandergewürfelt. Wir waren weiter vorn, und unmittelbar vor uns befand sich die Gruppe Lamirand, fünf oder sechs Männer einer Widerstandsgruppe, deren Anführer für seinen Mut, seine Tollkühnheit und seinen mächtigen Kaiser-Wilhelm-Schnurrbart berühmt war. Gaston kannte L. und hatte in Compiègne eine Verbindung zwischen unserer Gruppe und der seinen hergestellt, aber unsere Beziehungen waren nicht sehr herzlich; als Männer des – von Algier gelenkten – Widerstandsnetzes verachteten sie zweifellos unsere Gruppe des Widerstands im Inneren, und als Männer der Rechten mit Neigungen zur Heiligen Liga oder zur Action Française hegten sie zwangsläufig Mißtrauen gegenüber Linksintellektuellen, von denen einige erkennbar Juden waren.

Aber seit wir nach einem der zahlreichen Umzüge, die von Zeit zu Zeit die innere Ordnung von Compiègne gründlich durcheinanderbrachten, die gleiche Baracke miteinander geteilt hatten, waren wir zu einer Art Bündnis gelangt, das sich auf die gemeinsame Entschlossenheit stützte, im Falle eines Transports nach Deutschland zu flüchten. Durch Gaston wußten wir, daß sie sich Werkzeug beschafft hatten und es verstecken konnten vor der großen Durchsuchung, die am Vortag unseren Übergang in die beiden Baracken angekündigt hatte, die den »Abreisenden« vorbehalten waren.

François, von uns auch Zebu genannt, hatte mehrfach mit Lamirand gesprochen, und unsere beiden Gruppen hatten beschlossen, ihre Pläne gemeinsam auszuführen. Ein Feldgendarm in Offiziersuniform nahm vor unserer Kolonne Aufstellung und sprach uns in einem stockenden, aber korrekten Französisch an. Wir würden in Hundertergruppen fahren. Hundert Gefangene pro Wagen. Strengste Disziplin werde verlangt. Jeder Fluchtversuch werde mit Waffengewalt unterdrückt; außerdem würden aus dem Wagen, von dem solche Versuche ausgingen, Geiseln herausgezogen und ebenfalls erschossen, und die Überlebenden müßten sich in Gruppen zu zweihundert aufstellen und nackt ausziehen. Wer Messer oder Scheren besitze, könne sie gleich abgeben und bleibe dann straffrei. Wer später im Besitz solcher Gegenstände angetroffen werde, werde auf der Stelle erschossen. Das Wort »erschossen« wurde ruhig ausgesprochen, mit einer Pause nach der ersten Silbe.

Der Offizier beendete seine Ansprache, und die Verladung begann. Wir fürchteten alle, die Einteilung in Gruppen von je hundert könne unsere beiden »Familien« auseinanderreißen. Jeder stellte sich darauf ein, im Falle einer Trennung alles zu tun, um wieder mit den anderen zusammenzukommen, und dazu das Durcheinander zu nutzen, das sicherlich entstehen würde, wenn eine bereits abgezählte Hundertschaft zu ihrem Wagen getrieben wurde, oder das man notfalls erzeugen mußte. Gespannt verfolgten wir den Ablauf der Operationen. Nachdem fünf oder sechs Hundertschaften abgefertigt waren, sahen wir, daß wir außer Gefahr waren. Wir befanden uns etwa in der Mitte unserer Hundertschaft. Und da das Maß der Angst, dessen der Mensch fähig ist, schnell erreicht ist, hatten wir kaum Zeit, weitergehende Befürchtungen zu empfinden; die Erleichterung darüber, daß wir nicht getrennt wurden, stimmte uns fast fröhlich. Auch unter diesen widernatürlichen Bedingungen spürten wir etwas von der Erregung, die man stets vor einer Reise empfindet, und die Veränderung, die Ungewißheit, der Aufbruch ins Unbekannte ließen neben der Besorgnis einen eigentümlichen Reiz aufkommen, ein merkwürdiges Freiheitsgefühl, merkwürdig, wo wir doch in Kürze unsere physische Bewegungsfreiheit fast vollständig einbüßen sollten.

Es war wohl die Hoffnung auf die baldige Flucht, die in Fresnes vollkommen und in Compiègne fast unmöglich war und von der uns nach Beginn der Dunkelheit nur eine dünne Holzwand trennen würde. Es war auch die Freude am Neuen, ganz unabhängig von allen Plänen, eine Freude, deren Beigeschmack möglicherweise noch den zum Tode Verurteilten auf dem Weg zum Erschießungspfahl begleitet, vermischt mit Aufwallungen von Furcht, Zorn und Schmerz.

Jetzt waren wir an der Reihe. Rasch war die Hundertschaft, zu der wir gehörten, von den Wächtern gezählt, dann mußten wir, während sie »Rauf! Rauf!«, »Schnell!« und »Los!« riefen, in den Viehwaggon klettern. Das war nicht einfach, denn es gab keine Trittbretter und keine Leiter, und ich war nicht der einzige, der sich, von den Kameraden gedrängt, die ihrerseits von den Feldgendarmen gestoßen wurden, an den rauhen Brettern die Hände aufriß. Die als erste oben waren, zogen die anderen nach, und bald waren wir wieder vereint. Anschließend stieg ein Wächter herauf und nahm mitten unter uns Aufstellung. Ich hatte mich noch nicht in unserem neuen Aufenthalt umschauen können. Er verlangte auf deutsch die Ablieferung von Messern, Scheren und Klingen.

Zwei oder drei Furchtsame leisteten der Aufforderung Folge, unter der stummen Mißbilligung der anderen. Der Gendarm sprang herab, und die Tür wurde zugezogen. Aus Werkzeuggeräuschen schlossen wir, daß das Schloß verplombt wurde. Durch eine seitliche Luke sah ich, wie zwei Gendarmen Bleidraht um die Handgriffe zogen und die beiden Drahtenden mit einer riesigen Zange abzwickten.

Im Inneren des Wagens herrschte gedämpftes Licht. Nach meinem ersten Eindruck hatten wir verhältnismäßig viel Platz. In den mehr oder weniger gut belegten Berichten, die wir in Compiègne gehört hatten, war von Erstickungsfällen die Rede gewesen. Einige Kameraden saßen an den Wänden und aßen Brot mit Wurst, diese dicke weiche Wurst, von der die Deutschen ein Pfund pro Mann an uns ausgeteilt hatten. Da unsere Rationen sonst magerer waren, stand uns also eine lange Fahrt bevor. In der Mitte des Wagens erkannte man einen großen leeren Behälter, der wahrscheinlich für Exkremente bestimmt war, eine ebenfalls leere Flasche und ein Faß mit etwa zwanzig Liter Wasser. Es dauerte nicht lange, und jemand trat mit seinem Becher an das Faß heran. Protest wurde laut, und wir beschlossen, das Trinkwasser zu rationieren. Vorläufig blieb das Trinken untersagt. Auf dem Boden lag ein wenig Stroh, und jeder setzte die Tasche, den Beutel oder das kleine Bündel, das er mitnehmen durfte, an einer der Wände ab. Licht und Luft kamen herein durch vier Öffnungen, die sich ganz oben an den beiden Enden der Längswände befanden und etwa dreißig Zentimeter breit und fünfzig Zentimeter lang waren. Diese Öffnungen waren mit Stacheldraht vergittert.

Mit einem Mal bemerkte ich, daß es heiß war. Ich begab mich zu einer der Wände und setzte mich unter einer Öffnung nieder. Viele Kameraden standen noch. Gaston und Gilbert hatten sich bereits neben mir niedergelassen, Gaston an die beiden Wände der Wagenecke gelehnt, Gilbert neben ihm. Zebu sprach mit Lamirand. Es war heiß und dunkel, und meine Erregung war gänzlich verflogen. Von draußen hörte man Schritte und deutsche Laute – in einiger Entfernung ging die Verladung weiter. Dreißig Wagen mußten beladen werden. Die Zeit dehnte sich, und mir wurde klar, daß wir warten mußten; rechts von mir begannen einige Kameraden ein Kartenspiel.

Die Wartezeit zog sich hin. Jetzt ersehnten wir die Abfahrt, obwohl sie uns ins Unbekannte führte und unsere Befreiung hinausschob. Aber das Warten ist schlimmer, und die Abfahrt brachte uns zumindest jener Gewißheit näher, die wir am Ende der Reise finden würden. Darüber hatte es im Lager unterschiedliche Gerüchte gegeben. Zunächst hatten wir gehört, daß die Deportierten in riesige Lager in Mitteldeutschland gebracht würden, nach Thüringen, wo sie monatelang blieben. Sie durften von dort aus nach Frankreich schreiben und Pakete empfangen. In gestreifte Sträflingskleidung gesteckt, wurden sie später zu Arbeitskommandos verschickt, und von dort aus durften sie nicht mehr schreiben. Vermutlich würde der Krieg zu Ende sein, während wir uns noch im Hauptlager befanden.

Anderen Gerüchten zufolge sollte unser Transport nach Österreich gehen, und in wieder anderen Versionen war vom Konzentrationslager Dachau die Rede; diese Gerüchte hatten uns über unseren Freund, den Zahnarzt und Widerstandskämpfer aus dem Périgord, erreicht, dem wir beim Verlassen des Lagers unsere sämtlichen sperrigen Vorräte überlassen hatten, einen großen Koffer voll Reis, Zucker, Teigwaren und Bohnen (wir wußten nicht, daß wir von allen Deportationszügen der einzige sein würden, dem von der SS im Lager die Koffer und persönlichen Gebrauchsgegenstände ausgehändigt werden sollten). Nach vier Jahren des Kampfes war unsere Naivität und Unwissenheit noch so groß, daß wir nicht hatten glauben wollen, die Nazis könnten ausländische Widerstandskämpfer in ihre berüchtigten Konzentrationslager schicken.

Das sei nicht möglich, hatte ich selbst mehrfach den Freunden erklärt; sicherlich gäbe es in der Nähe der kleinen Stadt Dachau ein Kriegsgefangenenlager. Das gab es auch, aber dorthin wurden wir nicht gebracht.

Man sträubt sich immer, an eine Gefahr von ungewöhnlichem Ausmaß zu denken, und als es losging, konnten wir nicht an die Todeslager glauben. Selbst die englische BBC hatte, als ihr die ersten detaillierten Berichte über die Vernichtungslager zugingen, an Fälschungen geglaubt und sie nicht veröffentlicht. Die Existenz der »Lager« zuzugeben bedeutet ja, daß das Böse nicht an die äußersten Grenzen unserer zivilisierten Welt verbannt ist, so wie die Beduinen am Rande der seßhaften Welt umherschweifen, sondern daß es mitten unter uns ist und ständig an jedem Menschen, jeder Institution nagt. Es fällt schwer, sich an die Realität dieses Miteinander zu gewöhnen.

Die Wartezeit zog sich in die Länge. François hatte sich neben mich gesetzt. »Wir müssen die Nacht abwarten«, sagte er, »hoffentlich sind wir dann noch in Frankreich.«

»So gesehen«, sagte ich, »ist die Wartezeit gewonnene Zeit. Vor dem Krieg dauerte die Fahrt nach Straßburg etwa sechs Stunden, aber jetzt dauert es länger. Ein Güterzug fährt mit seinen fünfundzwanzig oder dreißig Wagen nicht so schnell wie ein Personenzug!« – »Das stimmt«, sagte François, »und außerdem ist da noch die Résistance, die die Gleise in die Luft sprengt, und dann noch all die Militärzüge der Deutschen. Wie spät ist es jetzt?«

Es war halb zehn auf der kleinen Armbanduhr, die man mir in Compiègne eines Tages zusammen mit meiner Brieftasche und meiner falschen Lebensmittelkarte zurückgegeben hatte.

»Wenn man die Sommerzeit berücksichtigt, wird es erst um halb elf, elf Uhr dunkel. Dieser Zug müßte also ziemlich langsam fahren.«

»Ja, und außerdem würde ich lieber vor dem Elsaß abspringen; erstens weißt du nicht, wie die Leute dort eingestellt sind, und zweitens haben wir dort schon die deutsche Verwaltung und ihre Gendarmen, und wir müßten eine Art Grenze überwinden, die mit Sicherheit bewacht ist.«

»Lamirand wird entscheiden, aber ich werde mit ihm darüber sprechen.«

»Meinst du, er ist bereit, uns mitzunehmen? Ich traue ihnen nicht so recht, sie mögen uns nicht.«

»Bestimmt, sie haben es mir fest versprochen, ich vertraue auf sein Wort. Was meinst du, wie können wir uns bei dem Absprung schützen?«

»Wir müssen den Kopf in eine Decke hüllen, um den Aufprall möglichst zu dämpfen, und uns zu einer Kugel zusammenrollen.«

Ich dachte an den Augenblick der Flucht. Es würde vollkommen dunkel sein. Beim Absprung bestand die Gefahr, auf ein Brückengeländer oder ein Weichenstellwerk zu prallen, zerrissen zu werden oder sich ein Auge auszuschlagen. In die Nacht hineinzuspringen oder vielmehr sich durch das Loch hinauszurollen, das würde so sein, wie wenn man im Schwimmbad vom höchsten Sprungbrett springt und die Zehen sich in den rauhen, nassen Belag krallen; der Entschluß ist ein einziger Augenblick, der im Abstoßen gerinnt, die Zeit nimmt man wahr ohne den radikalen Gegensatz zwischen dem »noch nicht« und dem »jetzt«, jetzt bin ich abgesprungen, ich falle, und ich kann kaum an irgend etwas denken, kann kaum meine Beine und meinen ganzen Körper strecken, bin nur noch ein hinabstoßender Pfeil, und schon umgibt mich das brodelnde Wasser.

Ein heftiger Stoß ließ uns übereinanderfallen. Sicherlich hatte die Lokomotive angekoppelt, und damit war das Ende der Wartezeit wieder ein Stück nähergerückt. Jetzt hatten sich fast alle gesetzt, aber es gab zu wenig Platz, um die Beine auszustrecken. Es ging nur so, daß der eine seine Beine spreizte und der andere sich dazwischen einfügte. Es war jetzt so heiß, daß einige sich schon völlig ausgezogen und nur die Unterhose anbehalten hatten. Die Hemden und Hosen hingen an den Wänden oder schwangen, an

Leinen, Bindfäden, Gürteln und Hosenträgern aufgehängt, über unseren Köpfen. Es ist erstaunlich, welche Vielzahl von unterschiedlichsten Gegenständen hundert Männer, die man zuvor durchsucht hat und deren Gepäck aufs äußerste reduziert ist, noch bei sich tragen können.

Die Flasche, die wir neben dem Faß vorgefunden hatten, wurde herumgereicht, zunächst unter allerlei Scherzen. Es war in der Tat nicht einfach, vor der ganzen Versammlung das männliche Glied in den engen Hals einzuführen. Manche fürchteten sich vor Ansteckung und hielten sich zurück. Zebu schaffte es überhaupt nicht. Ich sah, wie er sich zornesrot bemühte, die muskuläre und nervöse Hemmung zu überwinden. Es blieb ihm nichts übrig, als in einen alten Hut zu urinieren, der dann von Hand zu Hand bis zu dem Behälter weitergereicht wurde. Die Flasche wurde, als sie voll war, durch die Luke geleert. So war es immerhin besser, als wenn jeder alle hätte stören müssen, um sich einen Weg zu dem Behälter zu bahnen. Über die zusätzlichen Unannehmlichkeiten, die Frauentransporte in dieser Hinsicht zu erdulden hatten, wurden viele Witze gerissen.

Dann ging es doch plötzlich los, und da wir uns nach so langer Wartezeit schon in dem Stillstand einzurichten begonnen hatten, war es wieder eine Überraschung. Das erst langsame, dann immer schnellere, schließlich regelmäßige Rattern der Räder wurde für uns zum akustischen Hintergrund.

Durch die Luken drang ein schwacher Strom heißer Luft herein. Wir fuhren nach Deutschland, und wir fuhren zugleich der Stunde der Flucht entgegen; die Hoffnung brachte die Furcht zum Schweigen, und wir brauchten nur noch diesen Tag zu überstehen. Morgen würden wir vielleicht schon frei sein, und jeder versuchte, sich diese Freiheit vorzustellen, den ersten Augenblick, den Sturz auf den Schotter, die Schreie der Wächter, die Feuerstöße der Maschinenpistolen (denn wir durften nicht erwarten, unbemerkt zu bleiben), die gebückte Flucht aus dem Blickfeld der Zugbegleitung, den nächtlichen Geschwindmarsch, um uns so weit wie möglich vom Fluchtort zu entfernen, und dann, wenn es hell würde, die ersten Kontakte mit der Bevölkerung, wahrscheinlich mit dem Lehrer oder dem Pfarrer. Es gab in jedem Fall ein Pro und ein Kontra, und alle Argumente, die seit über hundert Jahren die großen und belebenden internen Auseinandersetzungen der französischen Öffentlichkeit speisen, kamen in unserer Gruppe wieder hoch, als wir diesen Eventualfall diskutierten. Da war außerdem die Frage, ob die Gruppe zusammenbleiben oder sich unverzüglich aufteilen sollte. Ich würde mich bemühen, mit François zusammenzubleiben, dessen Kraft und Ruhe meine oft schwankende Entschlossenheit stärkten. Wir würden uns alle in Paris bei Pierre Lebar wiedertreffen. Einige hatten noch Geld, die Tausend-Franc-Scheine, die wir in Compiègne unter uns verteilt hatten. Wir einigten uns darauf, daß jedes »Paar« einen davon bekam.

Der Tag, der so frisch begonnen hatte, wurde jetzt glühendheiß. Im Halbdunkel des Wagens rangen die entblößten Körper nach Luft. Der Zug fuhr zu langsam, als daß der Luftstrom, der durch die Luken eindrang, die verbrauchte Atemluft wirklich hätte erneuern können. Je mehr der Tag voranschritt und je länger die Reise dauerte, um so mehr griff ein dumpfes Unwohlsein um sich, von dem wir wußten, daß es eines der Vorzeichen der Erstickung ist. Zwei oder drei Kameraden, die an der schweren Tür saßen, hingen mit Mund und Nase an dem schmalen Spalt, der zwischen Wand und Türflügel offengeblieben war, kaum einen Zentimeter breit, durch den aber doch ein schwacher Strom unverbrauchter Luft drang. Sie rührten sich nicht vom Fleck, obwohl ihre Nachbarn bettelten, murrten und von Zeit zu Zeit sogar laute Drohungen ausstießen. Dann sagte jemand: »Sprecht nicht so laut, ihr verbraucht die Luft der Kollegen«, und der Zank ging mit verminderter Lautstärke weiter. An den Luken vollzog sich dagegen so etwas wie ein regelmäßiger Wechsel, und wer sich schwach fühlte, konnte sich auf die Gepäckstücke stellen, die vor der Wand niedergelegt waren, sich an die Holzkanten klammern und eine Viertelstunde lang die von Sonne und Frische erfüllte Luft atmen, die der Fahrtwind an der Luke vorbeiströmen ließ, eine köstliche Luft, die noch reiner schmeckte als die Luft des Hochgebirges, eine Luft, die nach Blumen und Weiden und Früchten duftete und den Geschmack von guter frischer Milch hatte. Dem, der sich auf diese Weise einen Vorrat an Leben aufzuspeichern bemühte, trieb der Wind dann und wann eine Mücke oder eine Wespe entgegen, die mühelos unser Gefängnis wieder verließen, von so manchem Blick mit kindischem Neid verfolgt.

Erst gegen Mittag beschloß man, erstmals Wasser auszugeben. »Man«, das war eine Gruppe, die sich im Wagen gebildet hatte und die das Faß bewachte. Dazu gehörten zwei oder drei große und starke Männer von der Gruppe Lamirand, der Graf d'Ussel, Berufsoffizier, schlank und rassig mit seinem Adlerprofil, und ein Mann von etwa dreißig Jahren, von mittlerer Statur und einem runden, Ruhe ausstrahlenden Gesicht, der sich im Laufe des Vormittags große Autorität erworben hatte. Schließlich bekam man heraus, daß er Arzt war, man sprach ihn mit »Toubib« (»Doktor«) an, und die Anwesenheit einer Autorität wirkte auf alle beruhigend. Unsere kleine Gesellschaft hatte also ihre Führungskräfte, eine weltliche Autorität, die von d'Ussel und Fortier, dem Stellvertreter Lamirands, ausgeübt wurde, und eine zweite, kulturelle Autorität, die zur Ablösung bereitstand, falls die erste sich nicht durchzusetzen vermochte. Die Garantie, die der Titel der medizinischen Fakultät darstellte, erfüllte uns alle mit einer Art mystischer Begeisterung. *Er* mußte wissen, was zu tun war. Er wußte es wirklich, aber er war kein Arzt. Einige Tage später, in Dachau, erzählte er mir, daß er einige laienhafte Kenntnisse besitze, aber nachdem ihn die öffentliche Meinung zum Arzt befördert hatte, habe er das beinahe religiöse Vertrauen, das ihm entgegengebracht wurde, nutzen wollen, um eine gewisse Ordnung unter uns aufrechtzuerhalten. Wie sich im Laufe dieses Berichts zeigen wird, gelang ihm das recht gut.

Fortier und Toubib nahmen die erste Wasserverteilung vor. Jeder sollte einen Viertelliter erhalten, und da das Faß nach unseren Berechnungen sechshundert Viertelliter-Portionen enthielt, würde es sechs Verteilungen geben. Wenn es nach Österreich ging, mußten wir mindestens drei Reisetage veranschlagen. Also zwei Verteilungen pro Tag. Das Wasser war warm und hatte einen Beigeschmack. Lange hielt ich meine Zunge in den Becher getaucht. Ein Viertelliter Wasser ist so schnell ausgetrunken. Die Nachbarn protestierten, weil ich das Trinkgefäß zu lange für mich behielt. Es gab nicht genügend Gläser, Becher und Aluminium-Feldbecher für alle. Es kam zu Streitigkeiten und Disputen, weil jemand den Becher, der für einen anderen bestimmt war, austrank, bevor er an der Reihe war. Ein »Pfiffikus« schaffte es, zwei Viertel zu trinken, indem er sich einen Becher schnappte, der an ihm vorbeigereicht wurde, aber ihm nicht zustand. Fortier dämpfte den lauten Protest, aber in einigen Ecken wurde noch lange heftig gemurrt.

Am frühen Nachmittag trafen wir im Bahnhof von Reims ein. Unsere Wagen blieben mehrere Stunden lang – uns erschien es eine Ewigkeit – auf einem Abstellgleis stehen, weit von den Bahnsteigen entfernt. Auf beiden Seiten gingen deutsche Soldaten in Gruppen und einzeln am Zug entlang. Manche vertrieben Gefangene, die an den Luken etwas freier atmen wollten, mit lautem Geschrei oder gar mit Steinwürfen. Neben jeder Luke gab es eine zweite, die mit einem Brett vernagelt war. Eines dieser Bretter hatten wir während der Fahrt herausdrücken können. Wir versuchten gerade, es auf der anderen Seite ebenso zu machen, und hatten die Arme zwischen den Drähten hindurch durch die offene Luke gestreckt, als plötzlich ein deutscher Soldat auftauchte und unser Treiben bemerkte. Da blieb er stehen, zog blitzschnell sein Bajonett und drückte damit das Brett auf; mit der zweiten Luke auf dieser Seite machte er es dann genauso. Während wir ihm von drinnen dankten, lächelte er uns zu und schaute besorgt nach rechts und links, ob jemand ihn beobachtet hatte. Anschließend schlüpfte er zwischen zwei Wagen hindurch auf die andere Seite des Zuges und beseitigte für uns noch das dritte Brett. Damit hatte sich die Fläche unserer Luftlöcher vervierfacht. Solange wir standen, wurde die Hitze immer drückender, denn der Wagen stand mit seinem Teerdach in der prallen Nachmittagssonne. Aber als wir endlich wieder anfuhren, spürte jeder, daß wir mehr Frischluft bekamen wie vorher. Es war noch immer nicht viel, aber auf dieses wenige kam es an.

Die Fahrt dauerte nicht lange. Als wir erneut an einem kleinen Bahnhof haltmachten, blieb unser Zug auf einem normalen Bahnsteig stehen, auf dem gewöhnliche Franzosen sich frei bewegten, und nichts trennte uns von ihnen außer der abstrakten und doch so realen Drohung der Maschinenpistolen. Wir riefen sie an, und als sie uns erkannten, trat jener Ausdruck von stummer Furcht, Unruhe und Ungläubigkeit auf ihre Gesichter, in dem sich die Bestürzung äußert, wenn man plötzlich gezwungen wird, zur Kenntnis zu nehmen und anzuerkennen, daß es Menschen gibt, die von einem unbekannten Unglück getroffen wurden und möglicherweise nicht schuldig sind. Normalerweise drang aus den vergitterten Luken das herzzerreißende Brüllen von Rindern, die auf der Fahrt zum Schlachthof bereits von der Welt abgeschnitten waren, und die Menschen auf dem Bahnsteig vermochten kaum zu erkennen, daß es jetzt von Schweiß und Staub geschwärzte menschliche Gestalten mit fiebrigen Augen waren, die sich hinter diesen Gittern zeigten, und daß von diesen Gestalten Stimmen zu ihnen drangen, die in ihrer Sprache nach Wasser verlangten. Die respektvolle und ehrfürchtige Angst vor der Ordnung und der Autorität ist so eingewurzelt, daß der Gefangene zunächst als ein Schuldiger gilt, dem es obliegt, das Gegenteil zu beweisen. Wenn die verängstigten Skelette der KZ-Häftlinge in ihrer gestreiften Kleidung vorbeizogen, sah die deutsche Bevölkerung überwiegend ungerührt zu, denn für sie waren das Mörder und Terroristen, und die Autorität, die sie bestrafte, konnte nicht irren. Nicht nur, daß die Autorität nicht irren konnte, das Unglück dieser Elenden schien die Besiegelung eines noch weitergehenden Verdammungsurteils zu sein, welches das Schicksal selbst über sie gesprochen hatte, eines Urteils, das von den Zuschauern ein Zeichen aktiver Zustimmung erheischte. Deshalb geht die Menge der Schaulustigen, die zunächst nur gekommen ist, um einer Steinigung als Zuschauer beizuwohnen, nach und nach dazu über, sich selbst daran zu beteiligen.

Vor dem äußersten Elend muß man sich durch Zeichen der Entsolidarisierung schützen. In Deutschland warf die Menge Steine nach uns, und die Franzosen auf dem kleinen Bahnhof fragten uns: »Wer seid ihr? Was habt ihr getan?«

Die an den Luken standen, schrien: »Wir sind Widerstandskämpfer, die nach Deutschland gebracht werden, wir sind Patrioten, wir sind zu Hundert in jedem Wagen, helft uns, wir haben Durst, Wasser, Wasser!« Der Lärm und die Schreie wurden von allen Insassen des Wagens aufgenommen, und für die Menschen auf dem Bahnhof muß es ein sonderbares und zugleich grauenerregendes Schauspiel gewesen sein: Diese Viehwagen waren erfüllt von einem dumpfen Lärm, aus dem sich durchdringende Schreie erhoben, und an den Luken drängten sich dunkle, glänzende Gesichter. Während man aus einiger Entfernung das drohende Gebrüll der Deutschen vernahm, waren dort, wo wir uns befanden, die »freien Franzosen« und wir unter uns. Einige Eisenbahner organisierten eine Kette, die mit Wasser gefüllte Flaschen, Feldflaschen und Töpfe zu den Luken reichte.

Im Wagen kam es zu Rempeleien, denn aus der Mitte und von der gegenüberliegenden Wand versuchten sich einige durch die Kameraden, die massiert um die Öffnungen standen, nach vorn zu drängen. Fortier, d'Ussel und François, alles hochgewachsene Männer, bemühten sich, den Ansturm zu bändigen, und forderten mit lauten Worten, alle sollten sich setzen. Der Doktor teilte das Wasser aus, das uns gereicht wurde. Er ließ keinen Becher aus dem Auge, bis er zu seinem Empfänger gelangt war. Währenddessen gaben andere die leeren Behälter durch die Luken zurück. Jeder erhielt zwei volle Becher, einige Schlauköpfe trotz aller Überwachung noch mehr. Die Eisenbahner liefen hin und her, ganz ihrer Aufgabe hingegeben. Einige der Reisenden auf dem Bahnsteig reihten sich in die Kette ein, andere, von Furcht oder Bestürzung gepackt, blieben abseits. Der eine oder andere von uns setzte eine Mitteilung auf und ließ sie an die Eisenbahner weiterreichen.

Während wir gerade mit der dritten Austeilung begannen, fuhr der Zug wieder an, und die Sonne ging erneut ans Werk.

Wahrscheinlich hatten die Partisanen zahlreiche Gleise in der Gegend gesprengt, denn es war für niemanden mehr erkennbar, welche Strecke wir fuhren. Eine unserer großen Hoffnungen richtete sich darauf, daß sie von unserer Abfahrt informiert waren und alle Gleise blockiert hatten; in Compiègne hieß es, einige Wochen zuvor habe ein Transport bereits umkehren müssen. Als Ende August die allerletzten Transporte abgingen, traf das tatsächlich ein. Doch an diesem Nachmittag des 2. Juli hatten wir trotz der zusätzlichen vier Öffnungen und der Wasserverteilung durch die Eisenbahner bald keine Kraft mehr, unsere Fahrtroute zu verfolgen. Von der drückenden, widerlich stinkenden Luft wurde uns schwindelig; Alte und Kranke, besonders Herzkranke, erstickten fast; die Ohnmachtsanfälle, zunächst vereinzelt, häuften sich.

Die um das Wasserfaß versammelte Führungsgruppe versuchte, die Situation unter Kontrolle zu behalten. Sie befahl, eine Hälfte der Leute solle sich hinstellen, damit die andere sich ausstrecken könne; die Kranken und Ohnmächtigen lagen in der Mitte, wo der Doktor sich um sie kümmern konnte. Diese Anordnung wurde noch befolgt, aber als es eine halbe Stunde später zur Ablösung kam, war es nicht mehr möglich, die Liegenden zum Aufstehen zu bewegen. Die geröteten schwitzenden Gesichter mit den verdrehten Augen waren kein schöner Anblick. Wer nicht am Ersticken war, weinte oder murrte vor sich hin oder beschimpfte seinen Nachbarn. Zwei Bauern gerieten sich in die Haare und mußten von kräftigen Männern, die sich in der Nähe befanden, getrennt werden. Daß nicht unnötig Luft verbraucht würde, gebot der Doktor Schweigen, und von da an hörte man außer dem Stöhnen der Kranken und dem Röcheln nur noch Flüstern und die knappen Anweisungen der Führungsgruppe.

Jetzt waren alle mehr oder weniger krank und lagen wirr übereinander, mit Ausnahme der Führer, die mit angefeuchteten Handtüchern und Hemden Wind fächelten und den am stärksten unter der Hitze Leidenden eine gewisse Erleichterung zu verschaffen versuchten. Dann und wann wurde auch einem von ihnen schwindelig, und er mußte sich ebenfalls ausstrecken, und dann versuchte ein Kamerad aus der Masse, ihn zu ersetzen. Auch der Doktor verschwand auf diese Weise für einige Minuten, aber er mußte sich sehr bald wieder erheben, weil die Kranken ihn nicht mehr sahen und unruhig wurden. In manchen Augenblicken war es allein Zebu, der sich aufrecht hielt, den braunen

Oberkörper entblößt, das Gesicht ockerrot angelaufen, mit bebenden Nasenflügeln. Er war schön und kräftig gebaut, und ich empfand in meiner halben Ohnmacht so etwas wie Stolz darüber, daß ich immer schon gewußt und, auch wenn er widersprach, behauptet hatte, daß er von uns allen die größten Führungsqualitäten besaß und am ehesten geeignet war, eine politische Rolle zu spielen. Für ihn war es wichtig, Anstand zu beweisen, und in diesem Wagen war es anständig, Leuten, die er zum größten Teil verachtete, zu helfen und ihnen Erleichterung zu verschaffen. Der Widerspruch berührte ihn nicht und bestand tatsächlich nur äußerlich.

Aber jetzt war auch er einem Erstickungsanfall nahe, und ich löste ihn für eine Stunde ab. In der Mitte des Wagens stehend, schwenkte ich langsam meine angefeuchtete Wäsche über den wirr durcheinanderliegenden Kranken und Schwachen.

Von Zeit zu Zeit begab sich jemand schwankend zum Eimer und trat dabei auf Hände und Füße, die nicht mehr die Kraft hatten zu reagieren, und oft mußte man ihm helfen, damit er sich setzen konnte, um sich zu erleichtern. Auch der Gestank des Eimers, den wir mit einem Brett leidlich abzudichten versuchten, trug zu der belastenden Atmosphäre bei, und der Wagen, in dem wir uns befanden, fuhr durch eine Welt, die wir nicht mehr beachteten. Nach und nach vergaßen wir sogar, daß wir fuhren und uns in einem Wagen befanden. Alles verengte sich auf das Leiden und die Atemnot, auf das schwere Blut in den Lidern, den Schläfen, den Füßen und Händen, das nicht mehr zu fließen schien, und auf die Schläge des eigenen Herzens, zwischen denen sich jetzt eine erschreckende Leere zu erstrecken schien und die wir ängstlich erwarteten. Nach einer Stunde konnte auch ich mich nicht mehr auf den Beinen halten und legte mich wieder hin.

Gilbert lag hinter mir und hatte die Augen geschlossen;

sein Atem ging mühsam, und die Bewegung, mit der sich sein mächtiger Brustkorb hob und senkte, erschien mir übertrieben. Ich versank in eine Art Dämmerzustand, der bisweilen von aufkeimenden Gedanken unterbrochen wurde. Jemand sagte: »Wer religiös ist, täte gut daran zu beten.« Ich versuchte, mich in einen Zustand der Gelöstheit zu versetzen, mich in die mannigfaltigen Dimensionen des Universums einzuordnen, aber die Gedanken tanzten vor meinen Augen, in meinen Augenhöhlen.

Der Abend kam, aber wir hatten zunächst nicht den Eindruck, daß die Hitze nachließ. Doch nach und nach erwachten die meisten aus ihrer Betäubung und Erschöpfung. Es war immer noch heiß, aber das Atmen ging leichter, und in das Halbdunkel unserer kleinen Welt mischte sich ein neuer, schattiger Ton. Wir teilten erneut Wasser aus, solange uns noch ein wenig Licht blieb. Das metallisch schmeckende lauwarme Wasser verschaffte uns keine Erleichterung, unsere Lippen waren geschwollen, die ebenfalls geschwollene Zunge klebte am Gaumen, und der kümmerliche Viertelliter Wasser sickerte in unsere Gewebe wie die Rinnsale nach einem Regen in die Wüste. Jetzt galt es, sich für die Nacht eine Stellung zu suchen. Aber zuvor war noch die letzte Verabredung für die Flucht zu treffen. Ich tastete mich vor zu Gilbert, Gaston und Igor, um ihnen zu sagen, sie sollten nicht ihren Platz wechseln, damit wir sie, wenn es soweit wäre, ohne Schwierigkeiten benachrichtigen könnten. Ich suchte mir einen kleinen Platz in ihrer Nähe und ging, über die hingestreckten oder zusammengesunkenen Körper hinwegsteigend, François verständigen, der sich mehr zur Mitte hin und in der Nähe der Gruppe Lamirands ausruhte. Wir vereinbarten, daß er mich einige Minuten, bevor es losging, holen würde, und ich kehrte zu meinem Platz zurück, aber er war besetzt.

Es war schwer, irgendwo durchzukommen, und ich trat auf Kameraden, die bereits lagen und sich jetzt aufregten und mich beschimpften. Wie eine alles verschlingende Woge überfiel mich totale Verzweiflung, alles war verschlossen, versperrt, blockiert, das einzige, was ich noch wollte, war, irgendwo zu liegen, und das war mir verwehrt; meine Verzweiflung hatte keinen anderen Grund, denn in ihm waren alle anderen Gründe enthalten, ich wünschte nichts anderes, als mich auszustrecken, denn dieser Wunsch verdrängte alle anderen. Schließlich brachte es jemand murrend fertig, mir in der Dunkelheit ein wenig Platz zu machen, nicht weit von der Wand, wo ich meine Schuhe und meine Kleider abgelegt hatte. Ich konnte mich hinsetzen, und indem ich die kleinsten Lücken, die geringste Lageänderung eines Nachbarn ausnutzte, gelang es mir, mich auf der Seite liegend auszustrecken, die Knie in die Kniekehlen eines Kameraden geschmiegt, den Kopf auf dem Schenkel eines anderen, eingezwängt in einen Schraubstock von Leibern, die einander fremd und dennoch ineinander verschlungen waren.

Von dem Schlaf, der dann eintrat, weiß ich nur noch, daß ich schlief. Es ist erstaunlich, daß dieser Tag für mich genauso endete wie alle anderen Tage, mit seinem legitimen Ende.

Ich erwachte aus einem dunklen Schlaf; dieses Wort, normalerweise ohne tieferen Sinn, besaß hier, angesichts einer verworrenen Erregung in totaler Finsternis, eine großartige Wahrheit, und die Erinnerung an die Nacht des Schlafes ließ die Nacht des Wagens noch dunkler erscheinen. Die Kameraden, die über den Plan unterrichtet waren, rafften ihre Sachen zusammen und zogen sich an, wodurch unausweichlich alle übrigen Insassen des Wagens geweckt wurden. Diejenigen, die sich an der Flucht beteiligen wollten, versuchten, zur Wagenmitte vorzurücken, um näher an der Tür zu sein, und alarmierten mit jedem Schritt einen Kameraden, der noch nichts von dem Plan wußte. Die Unruhe wuchs, und Protest wurde laut. Während die einen überhaupt nichts begriffen, verstanden die anderen nur allzu gut: Sie sahen sich durch die Flucht vor allem einer neuen Gefahr ausgesetzt, denn sie waren nicht beteiligt oder hatten sich nicht beteiligen wollen, und bald brüllte einer in die Dunkelheit hinein: »Das ist kriminell!« und: »Man muß die Wachen alarmieren«; »sie werden die, die nicht abgehauen sind, töten«; »sie werden uns nackt zu zweihundert in einen Wagen stecken«; man beschimpfte die Fluchtwilligen als Dreckskerle und Pétainisten, Egoisten und Abenteurer. Unterdessen suchte ich vergeblich nach meinen Schuhen. Aus einer Ecke hörte man Schläge und immer erregter klingende Schreie. Auch ich brüllte.

»Zebu, Zebu, wo bist du?« Und François antwortete durch den Tumult: »Zur Tür hin! Haut nicht ab ohne mich.« Meine Schuhe blieben unauffindbar, die schönen braunen Schuhe, die Germaine mir in einem Paket nach Royallieu geschickt hatte, denn die stundenlangen Rundmärsche in der Zelle, mit denen ich mich in Form hielt, hatten die Sohlen der Schuhe, die ich am Tag meiner Verhaftung trug, verschlissen. Ich geriet zum zweiten Mal in dieser Nacht in einen inneren Panikzustand. Ohne Schuhe abspringen, in Socken auf die Schottersteine, und dann ohne Schuhe fortrennen, um den Wächtern und ihren Scheinwerfern zu entgehen, nachdem der Zug gestoppt war – das war selbstmörderisch. Während ich an der Wand nach meinen Schuhen tastete, stieß ich auf ein Paar kräftige hohe Schuhe. Ich nahm sie, und sie paßten mir hervorragend. Mir fiel ein, daß jemand, der nicht zu unserer Gruppe gehörte, während der größten Hitze seine Schuhe neben meinen abgestellt hatte. Es war ein junger Notar aus dem Périgord, den man als Geisel verhaftet hatte und der über die Fluchtpläne nicht unterrichtet war. Ich überließ es ihm, sich wieder neue Fußbekleidung zu beschaffen, und tröstete mich mit dem Gedanken, daß er schließlich nicht fliehen wollte und am Morgen meine Schuhe vorfinden würde.

Nachdem ich mir wieder meinen Schlafsack verschafft hatte, der an einem Nagel oberhalb der Luke hing und mit dem ich beim Absprung meinen Kopf umhüllen wollte (wie schrecklich, auf einen Pfahl zu fallen, sich das Auge aufzuschlagen, blutig liegenzubleiben – all diese Vorstellungen mußte ich verscheuchen!), stieß ich in der Nähe der Tür auf François, und ich hörte die Stimmen von Lamirand, Fortier und dem Grafen d'Ussel, die offenbar dabei waren, den Verschluß aufzusprengen. Der Tumult schwoll an, es gab wütende und oft völlig unsinnige Diskussionen. Aber noch übertönte das Fahrgeräusch die Schreie und Proteste.

Wir warteten lange, wie mir schien, und dann wurden die Arbeiten an der Tür abgebrochen. Aus der Gegend, von wo die Stimme von Lamirand kam, hörte man Getuschel, ich rief François an, er kam zu mir und sagte leise: »Sie haben aufgegeben, sie sagen, ihre Feile sei zerbrochen. Ich denke, sie sind der Ansicht, daß wir zu viele sind, daß wir unvorsichtig gewesen sind, daß man hätte vermeiden müssen, die anderen zu alarmieren.« Nachdem ich mich darauf eingestellt hatte zu springen, zu fallen und zu laufen, brach meine Entschlossenheit jetzt noch vor ihrer Bewährungsprobe in sich zusammen. François versuchte Lamirand noch einmal umzustimmen, aber vergebens.

Ich zog die gestohlenen Schuhe aus und stellte sie an die Wand zurück. Irgendwie fand ich wieder einen Platz, der Tumult legte sich allmählich, und ich spürte eine ungeheure Müdigkeit, ehe ich wieder im Schlaf versank. Auch die Enttäuschung macht müde.

*

Der Morgen kam und mit ihm ein neuer Tag. Der Himmel war grau und blieb es bis zum Spätnachmittag, und selbst als die Sonne hervortrat, war sie nicht mehr, was sie am Vortag gewesen war, eine flammende Vernichtungsdrohung. Die Frische der Nacht hielt an, und der Zug bewegte sich – bald langsam vorrückend, bald längere Zeit stillstehend – durch ein Land, das noch immer Frankreich war, genauer gesagt, der Grenzbereich zwischen der Champagne und Lothringen. Doch diese Landschaften, die mit ihren hingeduckten, von Hecken und Wäldchen umsäumten Dörfern noch einen herzerfrischend französischen Charakter hatten, besaßen für uns, als wir sie durch Ritzen oder, wenn wir an der Reihe waren, durch die Luken betrachteten, nicht mehr die gleiche Bedeutung wie gestern.

Es waren nicht mehr die Ortschaften, die wir nach gelungener Flucht noch einmal hätten durchqueren müssen, um wieder nach Paris zu gelangen und dort die Befreiung zu erleben. Es waren die gestrichenen beweglichen Wände eines neuen, bis zum Horizont erweiterten Gefängnisses, das aber gleichwohl ein Gefängnis war, und es kam nicht mehr darauf an, ob dieser Horizont ein französischer oder ein deutscher war. Mal fuhren und mal hielten wir, und der Tag verging weder schnell noch langsam – die Resignation kennt keinen Zeitablauf. Von Durst wurden wir kaum gequält, niemand wurde ohnmächtig, und manche dachten sogar an das, was von dem Pfund Wurst und dem Brot, das die deutsche Verwaltung an uns ausgeteilt hatte, übrig war. Sie aßen und verlangten anschließend – wie wir – die Flasche oder bahnten sich einen Weg zu dem entsprechenden Behälter.

Am Spätnachmittag blieb der Zug auf freier Strecke stehen, in der Nähe eines Baches und nicht weit von einem Wald entfernt. Die Sonne war wieder herausgekommen, aber sie war maßvoll und tauchte alles in ein angenehmes Licht, ohne wirklich zu wärmen. Der Aufenthalt zog sich in die Länge, und man hörte die Stimmen deutscher Soldaten, die den Zug entlanggingen. Als sie in unserer Nähe angelangt waren, schien es, als würden die Stimmen von anderen, überraschenderen Geräuschen begleitet: Offenbar wurden die schweren Schiebetüren geöffnet, und man ließ die Gefangenen aussteigen. Bald waren auch wir an der Reihe.

Die Tür befand sich mehr als einen Meter über der Bettung, und wir sprangen nacheinander herab. Ein Deutscher zeigte auf einen Brunnen am Rande des Schienenwegs und erklärte, wir könnten uns anstellen, um dort zu trinken, und außerdem könnten wir unsere Notdurft verrichten; wir sollten schnell machen. Er fragte, ob es Kranke unter uns gebe. Der elsässische Dolmetscher, der sich unter uns befand (ich legte keinen Wert darauf, durch meine Deutschkenntnisse die Aufmerksamkeit auf mich zu lenken), übersetzte mühsam Satz für Satz. Wir hatten drei Kranke, aber es waren keine schweren Fälle. Der Mann der Obrigkeit ließ sie sich vorstellen. Er beschloß, sie in den Lazarettwagen zu bringen, wo seit der Abfahrt von Compiègne die Alten, die Beinamputierten und die Fiebernden auf einer dickeren Strohschicht lagen.

Das alles spielte sich vor meinen Augen ab, als geschähe es in einer anderen Welt, die neben der meinen lag, der aber das Wesentliche fehlte; das Wesentliche war die rauschende und betäubende Rückkehr der frischen Luft, das Geräusch der frischen Luft in meinen Ohren und ihr Klopfen in meinen Schläfen, das Wesentliche war, als ich endlich an die Reihe kam, das kalte Wasser des Brunnens, das über meinen Nacken, meine Augen, meine Haare lief, das in meine Kehle floß und die dicke Schicht von Staub, Schmutz und Gleichgültigkeit fortwusch, die mich in einer Höhle der Stumpfheit isoliert hatte.

Danach bildeten wir eine lange, lange Reihe von mehreren hundert Männern, die mit entblößtem Hinterteil über einer Grabenböschung hockten, das Gesicht dem Zug zugewandt. Hinter uns stand alle fünfzig Meter mit steinerner Miene und leeren Augen ein Feldgendarm und richtete die Mündung seiner Maschinenpistole auf uns. Bedingte Freiheit. Als ich mich wieder aufrichtete, lächelte ich dem

Posten zu, der ganz in meiner Nähe stand, einem jungen Mann, der ungefähr in meinem Alter war. In seinem Gesicht, das vor Aufmerksamkeit ein wenig verkrampft war, rührte sich nichts, und ich nahm mein Lächeln zurück. Etwas weiter hinten am Zug gab es noch Unruhe und Geschrei. Aber wir waren wohl noch so abgestumpft, daß es uns trotz der wohltuenden Luft, die mich wie einen Betrunkenen schwanken ließ, trotz der wohltuenden, milden, goldenen Abendsonne nicht gelang, darauf zu achten, was sich bei den Leuten aus den anderen Wagen abspielte.

Bald bellten die Deutschen wieder los und kamen mit der Anweisung »Los, los, schnell, schnell!« auf uns zu; das feine Gewebe der Verzauberung durch Luft und Sonne mußte zerrissen werden, und wir mußten wieder in das dunkle Loch des Wagens zurückklettern. Es war hoch, und ich dachte, ich würde es mit meinen steif gewordenen Gliedern nicht schaffen, aber das Geschrei hinter uns war ein kräftiger Ansporn: Mit Gewalt zog ich mich hoch, und als ich oben stand, hatte ich mir wieder einmal die Hände an den Nägeln zerrissen, die aus den Brettern herausragten.

Die dicke Luft im Wagen stank, aber durch die weit geöffnete Tür drang noch das Tageslicht herein. Dann tauchten die Feldgendarmen auf. Einer von ihnen schwang sich hoch und stellte sich in die offene Tür; wir mußten uns allesamt in die eine Hälfte des Wagens drücken, und dann ließ er uns einen nach dem anderen in die andere Hälfte überwechseln, um uns zu zählen. Wir waren genau siebenundneunzig Mann. Der Feldgendarm sprang herunter, die Tür wurde zugeschoben, im Wagen war es wieder dunkel, und wir hörten, wie die Handgriffe von außen mit Bleidraht zugeklemmt wurden, wie in Compiègne.

*

Die zweite Nacht verlief ohne Zwischenfälle, so als ob der Wagen selbst geräumiger geworden wäre; wir schliefen vor

Erschöpfung, und wir wußten, daß wir beim Erwachen am nächsten Morgen nicht mehr in Frankreich sein würden, zumindest nicht mehr in dem Frankreich, das Hitler um drei Departements von Elsaß und Lothringen verstümmelt hatte.

Am nächsten Morgen war der Himmel weiterhin bedeckt, so als wolle die Sonne sich ein für allemal mit dem Leid begnügen, das sie uns am ersten Tag zugefügt hatte. Aber bei dem trüben Tageslicht wuchs in uns die Furcht vor dem Ziel der Fahrt. Solange wir noch in Frankreich waren, war uns dieses Ziel selbst nach dem mißlungenen Fluchtversuch fern und gleichsam unwahrscheinlich erschienen. Der Zug schien durch die Landschaft Lothringens zu irren: In den Kleinstädten waren die Aufschriften jetzt deutsch.

Auf den Bahnhöfen, durch die wir fuhren, waren unter den deutschen Bezeichnungen durch die frische Farbe hindurch noch die Buchstaben der alten französischen Bezeichnungen zu erkennen. Wir hatten Hunger, aber die Wurst, die wir vor vier Tagen erhalten hatten, war nur noch eine wenig verlockende Masse. Wir froren, und am späten Vormittag wurde in der Ferne die Kathedrale von Metz mit ihrer wuchtigen Masse sichtbar, aber wir durchfuhren Metz ohne Aufenthalt. Nach einiger Zeit machte der Zug dann auf einem Bahnhof inmitten einer kleinen Stadt halt: Es war Saarburg. Auf den Bahnsteigen, die links des Zuges lagen, gingen Zivilisten vorüber, ohne zu unserem Güterwagen aufzublicken. Über unseren Köpfen überspannte eine Brücke die Gleisanlagen, und wo die Brücke endete, stieg eine Straße zwischen den Villen und Obstgärten die Hügel hinauf. Auf der Brücke stand ein alter Mann, der uns mit sprachlosem Erstaunen betrachtete.

Wir, das waren verdreckte und unrasierte Gesichter, die sich an den Luken drängten und »wir brauchen was zu trinken!« brüllten; die Leute auf dem Bahnsteig blickten verstohlen zu uns herüber und beschleunigten ihren Schritt. SS-Leute kamen angerannt, schwangen drohend ihre Waffen und beschimpften uns. Offiziere gingen vorüber, ohne uns die geringste Beachtung zu schenken. Und dann kam die Überraschung. Vor unserem Wagen tauchte ein kleiner Handwagen auf, gezogen und geschoben von vier Schwestern des Deutschen Roten Kreuzes. Die Schiebetür wurde erneut geöffnet, und als wir uns dem Licht zuwandten, hieß es wieder »Schnell, schnell!«, und Frauenhände in weißen Handschuhen reichten uns Pappbecher mit einer duftenden, dicken, heißen Suppe. Alles ging sehr schnell, und die Wachen beobachteten uns aus nächster Nähe. »Wer seid ihr?« fragte unterdessen mit leiser Stimme auf französisch eine der lothringischen Schwestern, die einzige hübsche unter ihnen. Der ganze Wagen antwortete: »Politische Deportierte«; die Schwestern wurden mit Fragen bestürmt: »Wohin fahren wir? Wissen Sie es?« Die armen Mädchen wußten nichts und wagten kaum, etwas zu sagen. Als die Wachen der Ansicht waren, alle hätten etwas bekommen, wurde die Tür geschlossen. Uns blieben die leeren Becher als ein unbegreifliches freundliches Zeichen, als Beginn eines neuen Besitzes, ein erster Schritt über die vollkommene Mittellosigkeit hinaus oder ein letztes Geschenk des bekannten Kontinents, den wir hinter uns ließen.

Nach Saarburg brach die Sonne hübsch und schüchtern durch das eintönige Grau, und plötzlich glaubte jemand zu wissen, daß wir nach Bitsch fuhren. Das sei eine alte Festung, und die Deutschen hätten endlich begriffen, daß die Gefangenen von der Résistance Kriegsgefangene seien, genau wie die anderen. Die Schienen sangen fast fröhlich, als wir über sie dahinrollten, denn wir würden nicht den Rhein überqueren. Am Stellwerk bog der Zug ab und fuhr mit wachsender Geschwindigkeit durch die goldenen Felder.

Später kamen Häuser und noch mehr Häuser und ein ungeheuer lautes Rattern, und der Zug fuhr auf die Brücke. »Das ist nicht der Rhein«, sagte jemand, »der Rhein ist breiter«, aber wir wußten alle, daß es doch der Rhein war, und derjenige, der gesagt hatte, es sei nicht der Rhein, wußte ebenfalls, daß es der Rhein war.

Auf der anderen Seite gab es Wälder und Heideland und unbebautes Gelände. Ich stand auf einem Koffer, die Nase gegen das Drahtgitter gepreßt, und betrachtete Deutschland. Wir landeten auf einem riesigen Rangierbahnhof, der Hunderte von Metern breit war und kilometerlange Gleisanlagen aufwies, die jetzt durch Bombenangriffe aufgewühlt und in Unordnung geraten waren. In der Ferne, am Rande des Rangierbahnhofes, erhoben sich mehrstöckige Häuser, von denen mehrere, wie mir schien, von Bomben zerfetzt waren.

Das Gelände rings um unseren Zug war von unseren Verbündeten bearbeitet worden, aber der Zug glitt zwischen den Ruinen hindurch, als hätten die deutschen Pioniere von Bombentrichter zu Bombentrichter Brücken geschlagen. Die Bomben der Alliierten hatten Karlsruhe zerstört, aber nicht verhindern können, daß unser Zug weiterfuhr. Die Alliierten würden mit Sicherheit den Krieg gewinnen, aber es war nicht mehr sicher, ob sie würden verhindern können, daß wir ihn verloren.

Tatsächlich haben viele von uns ihn verloren, viele, die unsere immer wieder erneuerte und immer wieder enttäuschte Hoffnung geteilt hatten: in Fresnes, am Tage der Landung in der Normandie, als plötzlich eine große Stille das Haus erfüllt hatte, noch stärker als die Geräusche von Stiefeln und Karren; in Compiègne, als wir die Offensive erwarteten, die erst sechs Wochen später stattfinden sollte; im Zug, als wir hofften, durch einen Angriff der Partisanen befreit oder durch losgeschraubte Schienen aufgehalten zu werden. Dank der Kenntnisse der deutschen Eisenbahner waren die Rollen vertauscht, und das Heer Pharaos, das Europa unter seine Tyrannei gebeugt hatte, ließ die gefangenen Kinder Israels das Rote Meer durchqueren.

Als wir Karlsruhe hinter uns hatten, begann es dunkel zu werden, und nachdem die Außenwelt nicht mehr für uns existierte, mußte man wieder einmal ans Schlafen denken – es war die dritte Nacht. Ich richtete mich leidlich ein zwischen Armen, Brustkörben und Beinen, die einander fremd waren, in einer körperlichen Nähe zu anderen, wie sie uns gewöhnlich nur die Liebe schenkt, und die gleiche nächtliche Nachbarschaft, die uns sonst soviel Freude, Ruhe und Besänftigung gewährt, war hier eine fast unerträgliche Folter, ein unablässiger Einbruch in unseren Privatbereich, eine Ursache von glühenden Haßausbrüchen, von Schlägereien, von Berserkerwut. Ich schlief ein, ohne indes dieser verkehrten, zusammengepreßten Welt zu entrinnen. Die ganze Nacht hindurch bestürmten die Riesen der griechischen Mythen und die Zyklopen des Odysseus mein Lager, und mochte ich ihnen auch mit einem spitzen Stock ihre einzigen Augen ausstechen – ich war vollgespritzt von ihrem gallertartigen Blut –, so setzten sie mir doch von allen Seiten zu, ihre Füße zermalmten mich, ihre muskulösen Arme schlugen mich, ihre Hände erstickten mich, erdrosselten mich, hoben mich auf und ließen mich wieder fallen, im Rhythmus der Räder und der Schiene.

Die ältesten Schlachten der Welt fanden in der Enge unseres Wagens statt, die mir doch selbst im tiefsten Schlaf noch bewußt war; mochte die Nacht noch so dunkel sein – die Realität dieser engen Grenzen war direkt spürbar und gegenwärtig und setzte sich bis in meine Alpträume fort. Als ich aufwachte, fiel von den Luken her ein trübes, unbestimmtes Licht auf uns und enthüllte die Häßlichkeit des Wagens. An diesem Morgen erlebte ich nochmals so etwas wie eine Enttäuschung, als ich, aus der dunklen, reinen Höhle der Nacht, der Urmutter, dem Archetypus aller Gefängnisse, entlassen, konfrontiert wurde mit diesen unrasierten, verschmutzten, fiebernden und entblößten Männern und mit dem Boden, auf dem Stroh, Unrat und Kleider ein wirres Durcheinander bildeten.

Als der Zug erneut hielt, befanden wir uns in einer recht strengen Berglandschaft, in der sich weite abschüssige Wiesenflächen mit hohen Tannenwäldern ablösten. Ein feiner kalter Regen unterstrich noch diese Strenge. Deutschland hatte nichts Heiteres.

Trotz der Kälte hatten wir Durst. Der Zug hatte sich wieder in Bewegung gesetzt und durchquerte die tief eingeschnittenen düsteren Täler und die unbarmherzigen Hochebenen der Schwäbischen Alb. Als wir bei Ulm die Donau überquerten, schien es, als gehöre die höchste Kirche Europas mit ihrem mächtigen Turm einer anderen Welt an. Um ein wenig den Durst zu mildern, hielten wir die Pappbecher, die wir in Lothringen vom Roten Kreuz bekommen hatten, durch das Gitter der Luken in den Regen, der sie nach und nach mit einem weichen, lauwarmen Wasser füllte. Die meisten Kameraden hatten zu so weitreichenden Unternehmungen keine Kraft mehr, und mein Platz an der Luke wurde mir kaum noch streitig gemacht. Sie blieben, halb sitzend, halb liegend, im Dämmerlicht des Wagens, und die Gegend, durch die wir fuhren, interessierte sie nicht. Es wurde kaum noch gesprochen, die Diskussionen über das Ziel der Fahrt waren verstummt. Ich wußte jetzt, daß wir in Richtung München fuhren, und es fiel mir schwer, nicht an die Informationen zu denken, die man uns in Compiègne gegeben hatte und die wir nicht hatten ernst nehmen wollen. Das war doch nicht möglich! Aber ich wußte, daß Dachau nicht weit von München entfernt war.

Seit Tagesanbruch hüllte uns ein seltsamer Geruch ein, ein Fäulnis- und Zersetzungsgeruch, der alles durchdrang. Am Vormittag meinte jemand, er käme von der Wurst von Compiègne, die ja inzwischen fünf Tage alt war. Wir warfen die Wurst durch die Luke hinaus, aber der Geruch verschwand nicht. Er war um das kleine Faß herum, das unsere Exkremente aufnahm, nicht stärker als unterhalb der Luken. Dieser widerliche, immer stärker und penetranter werdende Geruch ließ uns von nun an nicht mehr los, und erst am Ende der Fahrt sollten wir begreifen, woher er stammte. Es war der Geruch von Leichen.

Durch den Regen und die Wälder des bayerischen Schwaben fahrend erreichte der Zug schließlich Augsburg, eine graue Stadt mit großen, von Bomben zerfetzten Gründerzeitgebäuden. Die historische Altstadt blieb unsichtbar, vom Schönen waren wir ausgesperrt. Von Augsburg nach München sind es nur fünfzig Kilometer.

Die Ankunft

Der Zug hielt gegen drei Uhr nachmittags. Von München hatten wir nichts sehen können, nichts außer einigen Güterwagen und Schienen im grauen Sprühregen. Ich suche nach irgend etwas, woran ich meine Erinnerung festmachen könnte, und ich wünschte, daß diese Schienen, die so sehr allen Schienen der Welt glichen, mir einen Anhaltspunkt gäben. An der Luke hängend, sagte ich zu den Kameraden, die mit mir hinausschauten, ich würde die Stadt, von der sie nichts sahen, wiedererkennen, und wenn sie nicht von der Fahrt, die mittlerweile vier Tage dauerte, so abgestumpft gewesen wären, hätten sie sich wahrscheinlich über meine Aufregung gewundert.

Ich erklärte ihnen, ich sei vor dem Krieg in München gewesen. In den langen Monaten in Fresnes, die dem Verhör vorausgingen, war es zu einem alltäglichen Vergnügen geworden, erfundene Geschichten zu erzählen, denn ich mußte meine Genossen aus der Widerstandszelle, meine Identität und meine Aktivität, von der die Gestapo nichts wußte, vor dem Gendarm und vor dem Schwarzmarkthändler verbergen, mit denen ich die Zelle teilte. Während des Verhörs hatte die Lust am Geschichtenerfinden meine Moral, die unter der Furcht vor Schlägen und vor Widersprüchen ins Wanken zu geraten drohte, und meinen Körper, der so erschöpft war, daß mir nach dem kalten Wannen»bad« die Zähne klapperten, aufrechterhalten.

Aber der Zug hatte München wieder verlassen, ohne den Hauptbahnhof zu erreichen (wahrscheinlich war er schon zerstört), wo man, wenn man aus Wien ankam, einen zweispännigen Fiaker nahm (bis 1926, denn im folgenden Jahr blieben von den unzähligen Fiakern nur klägliche vier übrig, die in einer Masse brandneuer Taxis untergingen). Was für einen Haß auf jegliche Revolution hat mir diese Veränderung auf Jahrzehnte hinaus eingeflößt – ebenso wie der Tag, an dem meine Mutter sich zum ersten Mal die Haare schneiden ließ! Wir fuhren jetzt in der entgegengesetzten Richtung, und ich sah genau, daß es nicht die Richtung Rosenheim–Österreich war.

Es stimmte also doch, daß wir nach Dachau fuhren. Wohlinformierte Kameraden hatten uns das unter dem Siegel der Verschwiegenheit in Compiègne gesagt. Ich hatte ihnen ins Gesicht gelacht. Jeder wußte doch, daß die Konzentrationslager allein den deutschen politischen Häftlingen vorbehalten waren. Dort konnte man doch keine Ausländer hinschicken. Das hatte ich mir gesagt, und ich hatte es auch den anderen gesagt, um die sich leise regende Furcht – und wenn es doch stimmt? – zu unterdrücken. Während der Fahrt hatte ich nicht mehr daran gedacht. Mir, der ich vor dem Krieg die Bücher über die Greuel der Lager mit einer so ängstlichen, gierigen Aufmerksamkeit verschlungen hatte, erschien es vollkommen unmöglich, daß man uns Ausländer für diese Lager vorgesehen hatte. Unterdessen fuhren wir an einem Lager mit zahlreichen Wachttürmen entlang. Wiederkehr der Angst. »Seht mal, ein Stalag (Kriegsgefangenenlager)«, sagte ich zu meinen Nachbarn. Aber beruhigt war ich nicht. Der Regen hatte fast aufgehört. Wir waren da. Wir hatten uns wieder vollständig angezogen (die meisten von uns waren während der Fahrt nur mit Unterhose oder Hemd bekleidet gewesen, aber wegen des Klimawechsels hatten wir uns seit dem Vortag nach und nach wieder angekleidet).

Da unser Wagen fast am Zugende war, mußten wir lange warten, bis wir das mittlerweile vertraute Geräusch der Stiefel und anschließend das Geräusch der großen Zange vernahmen, mit der die Bleidrähte an der Tür durchgetrennt wurden. Als es soweit war, galt es, das Gedränge zu vermeiden. Und sich vor allem nicht trennen zu lassen. Wir mußten alle sechs zusammenbleiben und Anschluß an die Gruppe Lamirand halten. Vom Wagen auf die Schotterung hinabspringen. Das Gebrüll in deutscher Sprache. Ich hielt meine Augen offen und hoffte nur, daß die unerläßlichen Brutalitäten nicht über das hinausgehen würden, was bei allen Gefangenentransporten der Welt üblich ist, und uns nicht zu der Schlußfolgerung nötigen würden »also doch Konzentrationslager«. Die Luft, die zu frisch, zu rein, zu schwer, zu feucht war, machte uns benommen. Nach und nach bildeten sich Gruppen vor den Wagen. Wir bemühten uns, die Anweisungen zu befolgen und diszipliniert zu sein, achteten aber dennoch darauf, unsere Würde zu bewahren. Mir war schwindelig. Wir wollten wissen, was während der Fahrt in den anderen Wagen vorgefallen war. Der widerliche Verwesungsgeruch wurde immer stärker. Die Deutschen ließen einige Gebrechliche mit verwirrtem Gesichtsausdruck von kräftigen Häftlingen aus den Wagen holen. Die Kameraden vom Lazarettwagen schienen in besserer Form zu sein als wir. Die deutschen Fahrtbegleiter, Riesenkerle im Hellgrün der Geheimen Feldgendarmerie, ließen alle, die nicht mehr gehen konnten, vortreten. Unruhig beobachtete ich, wie SS-Leute mit Totenkopf-Abzeichen mit »unserem« Leutnant diskutierten und Papiere, die er ihnen reichte, an sich nahmen. »Das sind SS-Leute«, wurde ringsum gesagt. »Aber nein«, sagte ich, »die Uniform der SS ist schwarz.« Ich wußte damals noch nicht, was die Waffen-SS war. Gegenüber, auf dem kleinen Bahnhof, hielt ein elektrischer Zug, ganz wie ich ihn aus meinen Kindheitserinnerungen kannte; die Reisenden starrten uns neugierig an, weder feindselig noch teilnahmsvoll. Auf der Plattform umarmte ein junger Soldat ein blondes Mädchen im Trachtenkostüm. Dann fuhr der andere Zug ab.

Wir mußten die Gleise überschreiten und uns in Fünferreihen aufstellen; für mich galt es, mit den Freunden zusammenzubleiben. Soldaten in grüner Uniform, normale Soldaten, keine SS-Leute, zogen auf und flankierten uns von beiden Seiten; manche hatten Hunde. Ich fand das beunruhigend, aber es waren keine SS-Leute! Langsam setzte sich die lange Kolonne in Bewegung. Wir mußten marschieren, auf einer richtigen Straße, durch eine richtige Stadt, ein Metzger, eine Brauerei – schade, daß es Sonntag war. Man sah aber, daß die Schaufenster fast leer waren. Das freute mich, doch zugleich betrübte es mich – es war verwirrend. In meiner Reihe waren nur Unbekannte. François war genau vor mir. Die Straße war feucht, es war heiß. Mir drehte sich alles im Kopf. Ich schaute den Soldaten neben mir an und bemühte mich um ein Lächeln; er war nicht freundlich, er erwiderte es nicht.

Ich hatte eigentlich keine Kopfschmerzen, sondern eine gewisse Benommenheit, ich war nicht recht gegenwärtig, irgend etwas bedrückte mich, ich wußte nicht recht, wer ich war, mein Ich war betäubt, verdunkelt. Dieses Unbehagen hinderte mich nicht daran, die Dinge wahrzunehmen, etwas zu empfinden und zu reagieren, aber irgendwie waren die Dinge mir entrückt, war ich mir selbst entrückt. Plötzlich bog die Straße ins Grüne ab und entfernte sich von der Stadt, noch ehe sie sie richtig erreicht hatte; zu unserer Linken erhob sich auf dem Hügel, der die Stadt und den Fluß überragte, ein altes Schloß, sehr sauber und weiß gekalkt; die Straße unterquerte die Eisenbahn, und die Soldaten blickten uns nicht an. Sie sahen uns, ohne uns zu sehen, so als wären wir durchsichtig.

Die kleinen Kinder waren lächerlich blond, ich erinnerte mich nicht, daß es in Deutschland so viele blonde Kinder gab. Sie haben alles verändert, sogar die Farbe der Haare, dachte ich zornig. Es ist möglich, Arier zu produzieren. Die kleinen Kinder in Bayerntracht, von denen viele barfuß liefen, lächelten uns nicht an. Wir schienen sie nicht zu interessieren. Wenn sie lachten, war es kein freundliches Lachen. Wenn sie uns einige Worte zuriefen, waren es keine freundlichen Worte. Aber ich würde von diesem Augenblick an in den Worten, auf den Gesichtern, in den kleinsten Gesten nach Alibis für den Menschen suchen, nach Gegengewichten zum Terror, nach Entschuldigungen für unsere und ihre Erniedrigung. Bei den Kindern hier konnte ich sie nicht finden.

Diese kleinen gestrichenen Nazi-Häuser inmitten ihrer winzigen Gärten, umgeben von Blumen, vielen Blumen, die dank der Nähe der Berge sehr bunt wirkten und zu stark dufteten – ich konnte sie nicht ausstehen. Auch sie waren von den Nazis verändert worden. Jede Familie glaubte, ihr Reich für sich zu haben, und doch sind die Nachbarn so nah, daß man nie allein ist. Diese ganze, über ein bis zwei Kilometer sich hinziehende Siedlung mit kleinen, weißgestrichenen Häusern war allzu neu. Die Gärten allzu klein, die Kinder allzu blond. Zur Linken lief die Eisenbahn wieder auf die Straße zu. Wahrscheinlich hatte man den ersten Reihen befohlen, schneller zu marschieren, denn plötzlich mußten wir laufen, um nicht den Anschluß zu verlieren. Ich wollte nicht von François getrennt sein. Ich haßte die Kameraden neben mir, die ich nicht kannte und die mit ihren Fünf-Tage-Bärten so müde aussahen. Links tauchte jetzt ein Sägewerk auf. Auf den Bretterstapeln sah man Männer arbeiten, die blau-grau gestreifte Kleider trugen, mit senkrecht verlaufenden Streifen, auf dem Kopf eine unförmige Mütze aus dem gleichen Stoff. Mir fiel ein, was man uns in Compiègne gesagt hatte. Wir mußten noch immer laufen.

Rechts hörten die Häuser auf. Wir näherten uns einem dichten Wäldchen, teils Kiefern, teils Laubbäume. Die Landschaft vermittelte noch immer diesen vage beunruhigenden, allzu gepflegten Eindruck eines englischen Parks.

Gewiß stand Vieh auf den Wiesen, aber die Straße, die durch diese Wiesen führte, war neu, allzu städtisch mit ihrer tadellosen Asphaltdecke, ihren Gehsteigen mit weißen Kantensteinen und ihren Fahrradwegen. Kurz vor dem Wald gabelte sich die Straße. Die eine Abzweigung, neben der das Eisenbahngleis verlief, war schnurgerade und endete vor einem riesigen geschlossenen Tor. Die andere lief an dem Wald und der Mauer entlang.

Es mußte spät geworden sein. Sicher war es schon nach fünf. Es war kühl. Immer mehr Soldaten begegneten uns. Ihr Lachen klang entschieden bösartig. Sie trugen die Uniform mit dem Totenkopf. Die Straße war jetzt beiderseits von Villen eines neuartigen Typs gesäumt, städtisch, plump, mit Verzierungen überladen. Viele Frauen, viele Kinder, SS-Führer. Für sie alle waren wir durchsichtig. Und noch immer dieses allzu saubere Land.

Jetzt fiel mir das Laufen wirklich schwer. Die Füße schmerzten, der Magen war leer, in den Schläfen klopfte es, obwohl die Luft wieder frisch geworden war. Ich schaute die Kameraden nicht an. Es kam mir gar nicht recht zu Bewußtsein, daß sie da waren. Wir sprachen nicht miteinander. Die unübersehbare Schar – wie viele von uns gestorben waren, wußten wir nicht – marschierte schweigend vorwärts, beschleunigte, von dem Gebrüll angetrieben, des öfteren ihr Tempo, um dann wieder in den kraftlosen Trott zurückzufallen.

Niemand sprach laut, gelegentlich fiel eine knappe, kaum artikulierte Bemerkung. Wir bildeten einen scharfen Kontrast zu der sich immer mehr belebenden Straße. Eine hübsche, etwas zu blonde, zu rundliche, leicht angejahrte Frau, die erste, die ich mit Aufmerksamkeit individuell betrachtete seit dem jungen Mädchen, das mir, als ich nach dem Verhör ohnmächtig geworden war, auf dem Hauptkorridor von Fresnes ein Stückchen Schokolade gegeben hatte; geduftet hatte sie, merkwürdig und begehrenswert hatte sie auf mich gewirkt mit ihrem Pelzmantel mitten im Mai und ihren nackten Beinen. Aber wir waren durchsichtig. Nachdem wir an einem großen Kasino vorbeigekommen waren, erweiterte sich die Straße und mündete in einen weiten quadratischen Platz, zur Rechten allzu üppige Villen, zur Linken ein großes Portal mit schmiedeeisernem Gitter, eine breite Toreinfahrt mit einer schwarz-weiß-roten Schranke, einem Schilderhäuschen, einer Schildwache. Die Schranke ging hoch, die Schildwache trat zur Seite, unsere Schar wandte sich nach links und zog durch das Portal.

Hinter der Mauer setzte sich die Straße etwa zweihundert Meter weit fort, gesäumt von Gebäuden, deren einige durch ein Bombardement, das noch nicht lange zurückliegen konnte, schwer getroffen waren. Es bestand also die Gefahr von alliierten Bombenangriffen. Aber wenn Bomben fallen, muß es eine Möglichkeit der Flucht geben. Die Gebäude waren grau und düster, in einem Stil gebaut, der imponieren wollte und doch nur plump war. Links war an einem weiten Exerzierplatz ein riesiges, vierstöckiges Gebäude zur Hälfte zusammengefallen. Das leuchtende Rot der Dächer paßte nicht zu den grauen Mauern. Nach zweihundert Metern eine weitere Kehrtwendung nach rechts.

Eine von herrlichen Pappeln gesäumte Allee führte zu einem zweiten, höheren und wuchtigeren Portal. Wir kamen an einem kleinen Gebäude vorbei, das von einem Funkmast überragt wurde, der Standortkommandantur. Zwischen je zwei Pappeln stand ein SS-Mann, bewaffnet mit einem Gewehr, den Hund an der Leine. Die Hunde bellten, die SS-Leute brüllten; die Soldaten, die uns bis hierher begleitet hatten, verließen uns. Wieder mußten wir den Schritt beschleunigen. Es wurde merklich kühler. Ein feiner Sprühregen ging nieder. In Fünferreihen durchschritten wir das zweite Tor. François war noch immer vor mir.

*

Nachdem wir das Tor passiert hatten, wurde Stillstehen befohlen. Auf einem weiten Platz, der auf der einen Seite von niedrigen Holzbaracken, auf der anderen von großen Massivbauten mit hohen Dächern begrenzt wurde, hatte man mehrere Dutzend Tische aufgestellt. An diesen Tischen saßen Männer in gestreifter Kleidung. Unser langer Zug wurde in Gruppen von je dreißig Mann aufgeteilt, und wir mußten an diese Tische treten. Ich war in der gleichen Gruppe wie François.

Die Häftlinge, die uns befragten, sprachen leidlich Französisch. Viele von ihnen waren Luxemburger, andere waren deutsche Priester. Nun begann die Aufnahmezeremonie. Später sollte auch ich gelegentlich daran teilnehmen, wenn große Transporte von Franzosen angekündigt waren und ich bei der Arbeit in meinem Kommando abkömmlich war. An diesem Tag ließ mich der Schreiber, als er merkte, daß ich Deutsch konnte, meinen Personalbogen selbst ausfüllen: Gefordert wurden Angaben über die Farbe der Augen und der Haare, die Form des Kinns, die Religion, die Namen und Vornamen der Eltern, die Orte der Verhaftung und der Herkunft (ich mußte einsetzen: SIPO-Paris; SIPO bedeutete Sicherheitspolizei, ein Zweig der Gestapo), wie mir der Häftling von der Aufnahme sagte. Wichtig war die Frage nach dem Beruf. Sollte man besser einen manuellen Beruf angeben, Elektriker oder Dreher, etwas, das das Großdeutsche Reich für seine Kriegsanstrengungen möglicherweise brauchen könnte (ein nützlicher Häftling hatte vielleicht Aussichten auf bessere Behandlung)? Ich beschloß, mich als »Lehrer« auszugeben, mit dem Hintergedanken, auf diese Weise meine Deutschkenntnisse erklären und möglicherweise nutzen zu können.

Das war eine gute Entscheidung, denn die Kameraden, die sich Berufe angedichtet hatten, die sie in Wirklichkeit nicht beherrschten, wurden von den Kapos der Kommandos, denen sie aufgrund der Berufsangabe auf ihrer Karte zugeteilt wurden, vielfach mißhandelt. Gute Deutschkenntnisse besaß dagegen kaum ein Franzose, und als unsere Landsleute nach den beiden großen Transporten vom 20. Juni und vom 5. Juli schlagartig zu den stärksten Gruppen im Lager aufrückten, verlieh mir meine Zweisprachigkeit ohne mein Wissen einen hohen Marktwert. Die Aufnahme der 2500 Männer war in Rekordzeit erledigt. Es war noch nicht dunkel, als wir, mit unserem Gepäck versehen, wieder in Fünferreihen aufgestellt und zu einem der großen Massivbauten geführt wurden.

Ich hatte mich wieder gefaßt, fühlte mich nicht mehr so beklommen; so geht es uns ja immer, wenn das Irreparable eingetreten ist, wenn wir durch ein irreversibles Ereignis in eine neue Situation versetzt sind. Sicherlich war daran auch die Tatsache beteiligt, daß ich eine Wahl hatte treffen müssen und sie treffen konnte. Ich hielt nach François und den anderen Ausschau. Ich erblickte seine hochgewachsene Gestalt wieder in dem Augenblick, als die Reihen gebildet wurden. Igor, Gaston, Gilbert und sogar Jefim, von dem wir seit der Trennung in Compiègne nichts gesehen hatten, hatten das Durcheinander, das sich zwischen den Aufnahmeformalitäten und dem erneuten Abmarsch ergab, genutzt und sich näher an uns herangeschoben.

Knapp hundert Meter trennten uns von dem großen Gebäude. Nachdem wir in Formation angetreten waren, schritten Dolmetscher unsere Reihen ab und übermittelten uns die Aufforderung, unser Gepäck abzugeben. Andere Häftlinge banden die Gepäckstücke zusammen und kennzeichneten sie mit unseren Namen. Nur Kleider, Schuhe, Gürtel, Kamm und andere Toilettengegenstände durften wir behalten. Ich konnte mir allerdings noch das Meßbuch, das ich in Fresnes erhalten hatte, in den Schuh schmuggeln. Wir dachten natürlich, von unserem persönlichen Besitz niemals etwas wiederzusehen, aber da unterschätzten wir die peinliche Genauigkeit der Lagerbürokratie. Das

Gepäck wurde in der Effektenkammer deponiert, einem riesigen Lager für die unterschiedlichsten Dinge; anschließend erfuhren wir, daß man sich mit entsprechender Genehmigung einen Gegenstand oder ein Dokument von dort holen konnte. Bei der Befreiung sollte man mir wieder meinen Koffer aushändigen, in dem sich einige Kleider zum Wechseln und meine Brieftasche befanden, der man das Geld natürlich entnommen hatte, während sie noch immer meine falsche Lebensmittelkarte enthielt.

Nachdem das Gepäck fortgebracht war, wurde uns befohlen, uns auszukleiden und nur Schuhe, Socken und Gürtel sowie die Toilettensachen zu behalten, die wir auf der Hand tragen sollten. Völlig nackt betraten wir dann das große Gebäude und befanden uns in einem riesigen Duschraum. Aus unzähligen Brauseköpfen an der Decke schoß sehr heißes, dampfendes Wasser hervor. Jeder bekam ein Stück grobe Seife. Wie gut tat diese heiße Dusche nach dem Schweiß und Schmutz der Fahrt und dem Staub der Straße und des Appellplatzes!

Ich verspürte ein sehr großes Wohlbehagen, das sich mit einem Gefühl der Geborgenheit verband, ein körperliches Glück, wie ich es weder vorher noch hinterher kaum je erfahren habe, ein allzu kurzes Glück, wenngleich es mehrere Minuten dauerte und auf wunderbare Weise die Befürchtungen und Sorgen zerstreute. Ich empfand so etwas wie eine fröhliche Neugier; ich wußte, daß ich imstande war, den Prüfungen, die uns bevorstanden, die Stirn zu bieten. Ich hatte mit den »Schreibern« von der Aufnahme ein wenig reden können. Einer von ihnen hatte mir gesagt: Bemühe dich vor allem, nicht wieder auf einen »Transport« zu kommen; Dachau ist im Augenblick von allen Lagern und Kommandos das beste, es ist zu einem regelrechten »Sanatorium« geworden, also im deutschen Sinne des Wortes zu einem Erholungsheim für Privilegierte.

Jeder von uns bekam ein Handtuch aus fadenscheinigem

Gewebe, das mehr schlecht als recht abtrocknete. Anschließend mußten wir erneut Gruppen bilden und vor Häftlings-Friseure treten, die mit Haarschneidemaschinen ausgestattet waren. Im Handumdrehen befreiten sie uns von unserem Kopfhaar (Fünf-Millimeter-Schnitt) und von den Schamhaaren, und sie vergaßen auch die Achselhaare nicht. Anschließend bepinselten sie uns die Achselhöhlen und die Schamgegend mit einer sehr übelriechenden Flüssigkeit auf Kresolbasis. Es brannte heftig, aber anscheinend war es sehr wirksam gegen Parasiten.

Vor dem Duschraum fanden wir nicht mehr unsere Kleider wieder, sondern statt dessen Haufen von unförmigen Lumpen. Jeder mußte sich daraus ein Hemd, eine Unterhose, eine Hose, eine Jacke und eine Kopfbedeckung hervorsuchen. Es roch nach Desinfektion. Damit es schnell ging, mußte jeder nehmen, was vor ihm lag; es waren unzusammenhängende Teile von Uniformen der jugoslawischen Armee (aber das erfuhr ich erst später); ich hatte Glück und erwischte Kleider, die mir ungefähr paßten. Innerhalb weniger Minuten verwandelte sich unser Transport in eine Horde von grotesk aussehenden Landstreichern. Für die ständig wachsende Zahl der Gefangenen gab es nicht genug von der gestreiften Häftlingskleidung, die jetzt den Häftlingen vorbehalten war, die in Kommandos außerhalb des Lagers arbeiteten. Ebenso fehlte es der Kleiderkammer an Holzschuhen, zu unserem Glück, denn so konnten wir unsere Schuhe und Socken behalten. Das sollte für mich sehr weitreichende Konsequenzen haben.

Anschließend bildete sich wieder der aus Fünferreihen bestehende Zug. Diesmal blieb unsere Gruppe zusammen, auf zwei aufeinanderfolgende Reihen verteilt. Häftlinge, die offensichtlich Machtfunktionen ausübten, nahmen den Transport in Empfang und teilten ihn auf zwei sogenannte Quarantäneblöcke auf. Es war dunkel geworden, aber wir waren noch immer sehr erregt. Wir betraten eine breite, rechtwinklig von dem großen Platz abzweigende Allee, die sich lang zwischen zwei Barackenreihen hinzog und von großen Pappeln gesäumt war. Ganz am Ende öffnete der Häftling, der uns in Empfang genommen hatte, ein Holztor, durch das wir in einen länglichen Hof traten, der sich zwischen zwei Baracken erstreckte. Wir hatten das Ziel der Fahrt erreicht: Wir waren im »Block« 29 angekommen. Ein Aufseher, der die Funktionen eines Blockältesten versah, befahl uns, uns auf den Boden zu setzen, und begann mit einer Ansprache, die er in einem Deutsch hielt, aus dem ich rasch die polnischen Anklänge heraushörte.

Plötzlich überfiel mich die Müdigkeit. Da die »Neuen« zum größten Teil kein Deutsch verstanden, übertönte bald Geschwätz, Geschrei und Wehklagen die Stimme des Blockältesten. Nachdem er mehrfach »Ruhe!« geschrien hatte, gab er einigen massigen Kerlen, die mit Knüppeln bewaffnet um ihn herumstanden, einen Wink. Auf die Schwätzer hagelten die Schläge nieder, und es trat Ruhe ein, untermalt von Stöhnen und Wehklagen. Ich hatte meinen Nachbarn noch rasch zugeflüstert, daß es gleich etwas setzen würde. Daraufhin schwiegen sie, und so wurde unser Abschnitt verschont.

Als es wieder ruhig war, erklärte der Blockälteste, wir seien in einem »Quarantäneblock« gelandet und würden dort drei Wochen bleiben; anschließend würden wir auf »Arbeitskommandos« verteilt. Während dieser Zeit unterstünden wir seiner Befehlsgewalt und der der Stubenältesten, die von den Stubendiensten unterstützt würden. Jedem würden ein Platz im Schlafraum und ein Spind zugewiesen. Das Wecken sei auf 4 Uhr 30, die Nachtruhe auf 21 Uhr 30 festgesetzt. Die gesunden Männer würden zu Diensten herangezogen und unter der Führung eines Stubenältesten das Essen aus der zentralen Lagerküche holen. Wenn ein Häftling einem SS-Mann begegne, habe er stillzustehen und seine Kopfbedeckung abzunehmen; wenn ein

SS-Mann sich einer Stube nähere, habe der erste, der ihn bemerke, »Achtung!« zu rufen.

Tagsüber sei der Aufenthalt im Schlafraum verboten, die Häftlinge hätten entweder in der Stube, dem an den Schlafraum angrenzenden Tagesraum, zu bleiben oder sich im Hof des Blocks aufzuhalten. Es werde auf strengste Reinlichkeit gesehen; beim Betreten des Tagesraums habe der Häftling stets seine Schuhe auszuziehen. Morgens müßten die Betten nach militärischen Vorschriften gemacht werden, und wenn ein SS-Mann bei den Decken auch nur die kleinste verkehrte Falte bemerke, hätten der Stubenälteste und der Verantwortliche mit schweren Strafen zu rechnen.

Im Umgang zwischen den Häftlingen seien Höflichkeitsfloskeln verboten, man habe einander zu duzen. Wer krank sei, habe sich morgens zu melden und werde zum Revier (dem Krankenbau) gebracht, aber Simulanten hätten bei der Rückkehr vom Revier mit mindestens zehn Stockschlägen zu rechnen. Was der Blockälteste sagte, klang ernst und streng, aber ich fand sein Gesicht durchaus nicht unsympathisch. Er hatte in der Tat seine Erfahrungen gemacht, war seit 1940 im Lager, und hatte schreckliche Zeiten miterlebt. Er sorgte unter den Franzosen, die nichts von der KZ-Welt wußten und wegen der ihnen nachgesagten Leichtfertigkeit vermeintlich zur Unordnung neigten, für Disziplin, bewies uns aber zugleich eine gewisse Sympathie. Später begriffen wir, daß wir auf einen schlimmeren hätten treffen können. Die ihm unterstellten Helfer wandten nur in den seltensten Fällen körperliche Gewalt an. Schläge waren für sie nicht – wie in anderen Blöcken und Kommandos – das übliche Ausdrucksmittel. Es war spät geworden, die Abendbrotzeit war längst vorüber, und so übernahmen die vier Stubenältesten das Kommando und führten uns zu unseren Betten. In den Schlafräumen standen die hölzernen Bettgestelle in drei Etagen übereinander, jedes Bett enthielt einen Strohsack und eine Decke, und das

Ganze war von dem penetranten Desinfektionsgeruch durchdrungen, der das gesamte Lager beherrschte. Jeder versuchte sich ein Lager zu verschaffen, wer geschickt und schnell war oder wer Glück hatte, belegte einen Platz in der dritten Etage, wo man sich weniger bedrückt fühlte, und in der Nähe des Fensters. Von einem Bett für jeden konnte keine Rede sein, denn wir waren über zweihundert pro Stube, und es gab vierundachtzig Bettstellen. Zu jedem Schlafraum gehörte ein Waschraum mit fließendem kalten Wasser und eine Toilette, die zehn Sitze enthielt, die nebeneinander an der Wand angebracht waren. Einige von uns hatten ein dringendes Bedürfnis und stürzten sich dorthin, um sich zu erleichtern; die Toilette war, wie alle sehr schnell begriffen, eine Insel relativen Friedens, wo man vor den Machthabern in Sicherheit war; es gehörte bald zu den merkwürdigsten und zugleich vertrautesten Bildern des Lagerlebens, daß in der Nacht fünf oder sechs Männer nebeneinander auf der Toilette saßen, ihre Bedürfnisse verrichteten und anschließend lange sitzen blieben, um eine Zigarette zu rauchen und ihre Eindrücke und Erinnerungen, ihre Ängste, ihre Hoffnungen und ihre Wut auszutauschen. Diese Augenblicke der Freiheit gewannen dadurch ein besonderes Gewicht, daß man tagsüber den Zwängen von Befehl und Gehorsam ausgeliefert war.

Stundenlang saß ich dort mit François und den anderen Freunden der Gruppe zusammen, und wir sprachen über Politik, Literatur und Philosophie, nur selten gestört durch jemanden, der es eilig hatte und für den man kurz einen Sitz freimachen mußte.

Diesem »letzten Salon, wo man plaudert«, trauerten wir sehr nach, als die kalte Jahreszeit diesen Gesprächen ein Ende setzte, denn die Waschräume waren ungeheizt, ebenso wie die Schlafräume, aber dort sorgten zweihundert Leiber für eine wohlige Temperatur, wenn auch die Luft kaum zum Atmen war. Jetzt begann wieder eine Nacht, die vierte seit unserer Abfahrt von Compiègne. In einer unbeschwerten, relativ beruhigten Gemütsverfassung schlief ich ohne Schwierigkeiten ein. Die Realität war nicht so schlimm, wie ich es befürchtet hatte. In der neuen Welt, in die wir eingetreten waren, gab es offenbar eine gewisse Ordnung, gab es Regeln, die man erlernen konnte, um sie möglicherweise auszunützen.

Für mich war diese Welt kein chaotisches, unverständliches und unvorhersehbares Treiben, man konnte in ihr kämpfen und sich organisieren, und wenn in ihr auch fürchterliche Gefahren lauerten, so war es doch nicht absurd, in ihr überleben zu wollen.

Heute weiß ich, daß ich diese eigentümliche Erleichterung nicht empfunden hätte, wenn der Zug uns nach Auschwitz oder Mauthausen gebracht hätte. Wir hatten Glück gehabt, aber das wußten wir noch nicht.

Man richtet sich ein

Ich erwachte auf der Insel, an der wir durch die Wechselfälle des Krieges gestrandet waren. Es begann gerade zu dämmern – während unseres gesamten Lageraufenthaltes war das Wecken um 4 Uhr 30 für mich die am schwersten zu ertragende Belastung. Nach einer hastigen Wäsche im Hof des Blocks angetreten, warteten wir lange auf das Kommen eines SS-Mannes, der den »Rapport« des Blockältesten entgegennahm und uns anschließend abzählte.

Das Rechnen war in der Ausbildung der SS-Leute offenbar nicht das wichtigste Fach, und so mußte der Mann oft fluchend zwei- oder dreimal von vorn beginnen. Auch ihm war das Frühaufstehen offenbar unangenehm. Anschließend begaben sich die Männer vom Tagesdienst zur Küche und holten dort riesige Feldkessel, die gefüllt waren mit heißem Wasser, dem man merkwürdig duftende Pflanzen zugesetzt hatte; diese Flüssigkeit wurde »Boldoflorin« genannt. Da wir am Vorabend nichts gegessen hatten, teilte man uns einen Viertellaib Kommißbrot aus, ein schweres, feuchtes, fast schwarzes Brot, das mir jedoch ausgezeichnet schmeckte, dazu ein Stück weiße Margarine mit Nußgeschmack, die ich sehr mochte. Im Lager wurde behauptet, es handele sich um ein Nebenprodukt aus Kohle und sie enthalte nicht die geringste Spur pflanzlicher Stoffe, weder Kalorien noch Vitamine. Wie dem auch sei, schädlich war sie nicht. Zu unserer Ausstattung gehörte jetzt ein Blechnapf, ein Feldbecher und ein Blechlöffel, und wir hatten diese Gegenstände bei schwerer Strafe sorgfältig zu reinigen, pfleglich zu behandeln und in den Spind einzuräumen.

Beim Einräumen bemerkte ich, daß meine Hände voller Eiterbläschen waren: All die kleinen Verletzungen, Splitter und Hautabschürfungen, die ich mir auf der Fahrt zugezogen hatte, hatten sich entzündet.

Ich zeigte meine Hände dem Stubenältesten, und er brachte mich zum Blockältesten, der mich für eine Visite im Revier vormerkte. Als er bemerkte, daß ich gut deutsch sprach, ernannte er mich auf der Stelle zum Hilfsdolmetscher. Auf diese Weise trat ich aus der Anonymität heraus und wurde den höheren Stellen bekannt.

Im Laufe des Vormittags wurde ich mit den übrigen Kranken aus unserem Block zum Revier gebracht, dessen Eingang sich im Block 1 befand, am Rande des Appellplatzes, auf dem wir am Vortage registriert worden waren und der jetzt mit seiner weiten, leeren Fläche im Sonnenschein lag.

Der Krankenbau verfügte über luxuriöse Einrichtungen; im Vorübergehen sah ich eine Zahnarztpraxis, die einem guten Pariser Spezialisten Ehre gemacht hätte, einen Operationstrakt und so etwas wie eine Bibliothek, in der sich plaudernd oder lesend einige ältere Gefangene aufhielten, deren gestreifte Häftlingskleidung meinem Eindruck nach sehr elegant geschnitten war. Die Revierschreiber nahmen in der Lagerhierarchie tatsächlich eine höhere Stellung ein. Sie standen aufgrund ihrer Funktion zwar ein wenig abseits, doch hatten sie beträchtlichen Einfluß dank der Solidarität, die die Inhaber der angesehensten Posten zwangsläufig miteinander verband.

Ein Mensch in einer weißen Bluse – ein Pfleger oder ein Arzt – schnitt meine Wunden auf und desinfizierte sie, was weniger schmerzhaft war, als ich befürchtet hatte. Er erklärte mir dann, es fehle dem Krankenbau an Material, besonders an Verbandmull, der allein den Wehrmachtslazaretten vorbehalten sei. Meine Wunden wurden daher mit einer Art Toilettenpapier verbunden, das gräulich und rauh war und schlecht hielt. Da mein Organismus durch die Strapazen der Fahrt und die innere Anspannung angegriffen war, zog sich die Heilung meiner Verletzungen, die unter normalen Verhältnissen kaum der Rede wert gewesen wären, über Wochen hin.

Von diesem ersten Tag an bekamen wir Besuch. Einige Franzosen, die vor uns angekommen waren, konnten den Quarantäneblock betreten; entweder besaßen sie reguläre Passierscheine als Angehörige des Desinfektionskommandos, die in dieser Eigenschaft überall Zutritt hatten, oder sie schlüpften herein, wenn sich die Tür vor den Essensträgern oder sonst einem Offiziellen öffnete.

Einer der ersten, wenn nicht gar der erste dieser Besucher war Edmond Michelet. Freundlich unter seinen dunklen Brauen hervorblickend, bekleidet mit gestreiften Häftlingskleidern und mit hohen Schnürstiefeln an den Füßen, hielt er einen Topf Kresol und einen Pinsel in den Händen, die Insignien seiner Zugehörigkeit zum Desinfektionskommando. Eigentlich gehörte dieses Kommando nicht zur Häftlingsaristokratie, aber da seine Angehörigen sich frei bewegen konnten, fungierten sie als Boten, an deren stillem Einverständnis vielen gelegen war; es genoß daher unter allen Arbeitskommandos ein gewisses Ansehen.

Michelet, der 1943 ins Lager gekommen war, hatte diesen Posten dank der »Protektion« der Revierschreiber bekommen, zu denen ein gewisser Joos gehörte, der aus dem Elsaß stammte und früher für die katholische Zentrumspartei im Reichstag gesessen hatte. Joos und Michelet, die beide aus den Kreisen der Katholischen Aktion stammten, hatten entdeckt, daß sie gemeinsame Freunde besaßen. Daher war die Ankunft eines »politischen« Franzosen, eines Führers der Résistance, nicht unbemerkt geblieben. Die wenigen Franzosen, die es zu dieser Zeit in Dachau gegeben hatte, waren überwiegend Arbeiter, die sich freiwillig verpflichtet hatten, STO-Leute (STO = Service du Travail

Obligatoire = Zwangsverpflichtete) und Kriegsgefangene, die mit ihrem Meister aneinandergeraten waren, die Arbeitsgeräte oder Rohstoffe »organisiert«, oder mit deutschen Frauen »Beziehungen« gehabt hatten.

Die wenigen Politischen waren zumeist Kommunisten, die man sehr früh verhaftet hatte; sie waren über Auschwitz (das entgegen einer verbreiteten Meinung nicht den Juden »vorbehalten« war) hierher gekommen. Michelet war der erste Franzose, der einen bedeutenden Rang in der »gaullistischen« Résistance bekleidete. Nach Ansicht der geheimen Führung der Lagerhäftlinge eignete er sich ganz besonders zum Vertrauensmann der »französischen Kolonie«, und das wurde er auch dank seiner Liebenswürdigkeit, seiner tiefen Menschlichkeit, die auch den Ganoven eine unzerstörbare Würde zuerkannte. Michelet genoß bei diesen Leuten, die zumeist frustriert und unglücklich waren und in der hierarchischen Lagergesellschaft einen schlechten Stand hatten, ein Ansehen und einen Respekt ohnegleichen.

Ich habe mich später oft geärgert, wenn Politiker, die sich für pragmatisch und schlau hielten, etwa Couve de Murville, sich spöttisch über die biblische Einfachheit des frommen Menschen Michelet äußerten. Tatsächlich hatte Michelet als führender Kopf der Franzosen von Dachau, als Parlamentarier oder als Minister ein sehr sicheres Gespür für das Zweckmäßige, und im Umgang mit den Weltkindern große Geschicklichkeit bewiesen, aber seine politische Kunst bezog sich auf eine Welt, in der die Religion, die Ehre, die Treue, die Vaterlandsliebe, die Liebe zur Familie und die Wertschätzung der guten Arbeit unwandelbare Kardinalpunkte bildeten; hinter seiner scheinbaren Naivität steckte nur Grundsatztreue.

Es kamen noch andere Besucher zu uns in den Quarantäneblock; ich freute mich riesig, als mein ältester Freund aus Paris, Jean Sussel, auftauchte, und ebenso über den

Besuch eines Mannes, den ich erst seit kurzem kannte, obwohl in langen Gesprächen in Compiègne unsere Bekanntschaft vertieft worden war, des Jesuitennovizen Jacques Sommet, der für *Témoignage chrétien* gearbeitet hatte.

In dieser Eigenschaft hatte ich ihn einige Zeit vor meiner Verhaftung, die der seinen um wenige Monate vorausging, kurz kennengelernt.

Sussel und Sommet hatten Compiègne mit dem ersten großen Transport vom 20. Juni verlassen; der Zufall hatte es gefügt, daß auch sie in Dachau landeten oder vielmehr, daß wir ihnen dorthin folgten. Vierzehn Tage vor uns angekommen, konnten sie uns wertvolle Hinweise geben, denn einige Tage später war ihre Quarantäne zu Ende, und sie zogen um in die »freien« Blöcke.

Ich empfand ihre Gegenwart als ein weiteres ermutigendes Zeichen; ermutigend war auch, daß die sechs von unserer Gruppe, die zusammen Compiègne verlassen hatten, nicht getrennt worden waren und daß wir nun außerdem jene wiedertrafen, die wir nach ihrem gesonderten Abtransport verloren geglaubt hatten. Um so mehr war ich entschlossen, alles zu tun, um unsere kleine Gruppe, die endlich wieder vollständig war, zusammenzuhalten. Diese Gemeinschaft von Freunden zu bewahren, bedeutete, einen Damm gegen die Furcht zu errichten, eine Mauer, die uns gegen die feindliche Umwelt abschirmte; innerhalb der unbekannten KZ-Welt bildete die Gruppe eine vertraute, beruhigende Insel. In einer Gesellschaft, deren Gesetze und Regeln unserem Einfluß entzogen sind, in der der einzelne von vornherein verloren ist, stellt eine solidarische Gemeinschaft wirklich eine beträchtliche Kraft dar.

Wir waren schlau und findig, und mehrere von uns – Jefim, Igor, Sommet und ich – konnten Deutsch. Gaston war ein bemerkenswerter Organisator, der überall seine Informanten fand, und François imponierte allen durch seinen hohen Wuchs, seinen strengen Blick, diesen moralischen Anspruch, der von ihm ausstrahlte. Jefim und Igor, die russischer Abstammung waren, besaßen darüber hinaus den unschätzbaren Vorzug, sich mit den Angehörigen slawischer Völker, die die überwältigende Mehrheit des Lagers ausmachten, verständigen zu können. Sehr rasch begriffen wir, daß sich die Überlebenschancen eines jeden vervielfachten, wenn wir zusammenblieben. Das war allerdings nicht einfach.

Michelet besuchte uns nicht nur, um Bekanntschaften zu machen, Widerstandskämpfer wiederzusehen und den Kranken und Schwachen zu helfen, sondern er kam auch der Nachrichten wegen. Die Insassen von Dachau waren angewiesen auf die Informationen, die im *Völkischen Beobachter*, dem Parteiorgan der Nazis, veröffentlicht wurden.

Gewiß konnte diese Zeitung nicht vor ihren Lesern verheimlichen, daß es nicht gelungen war, die Alliierten nach der Landung in der Normandie wieder ins Meer zu werfen, aber natürlich schrieb sie nicht viel über das Geschehen innerhalb der Résistance oder über die Aktivitäten der provisorischen Regierung in Algier. Aus unserem Transport waren einige monatelang in Haft gewesen, aber andere hatten die ersten Wochen nach der Landung noch in Freiheit erlebt. Michelet und die Freunde, die er mitbrachte, sollten uns das Lager erklären, und wir sollten ihnen aus der Welt berichten, die irgendwo weit weg ohne uns weiterexistierte und sich weiter entwickelte.

Bei einem von Michelets Besuchen lernten wir einander persönlich kennen, dank der herrlichen blauen Socken, die Germaine Ribière selbst gestrickt und mir nach Compiègne geschickt hatte: wegen des Mangels in der Kleiderkammer hatte ich sie behalten dürfen, als wir zur Dusche geführt wurden. Als Michelet diese Kleidungsstücke, deren Farbe ebenso auffällig wie ungewöhnlich war, bemerkte, fragte er mich, woher ich sie hätte. Überrascht, antwortete ich vorsichtig: »Von einer Freundin«, woraufhin Michelet sein

Verhör fortsetzte und fragte, ob diese Freundin nicht aus Limoges sei. Als ich das bejahte, rief er aus: »Dann heißt sie Germaine, und ich habe die gleichen.« Auf diese Weise wurde uns definitiv klar – und zwar für die nächsten sechsundzwanzig Jahre –, daß wir Gesinnungsfreunde waren.

Der polnische Blockälteste gehörte zu den wenigen Privilegierten, die den *Völkischen Beobachter* abonnieren durften. Ich fand es selbstverständlich, ihn zu bitten, mir die Zeitung zu leihen. Anschließend erfuhr ich, daß eine solche Bitte ganz und gar nicht selbstverständlich war; sie konnte anmaßend erscheinen und ernstere Sanktionen als nur Schläge nach sich ziehen (ohne diese deshalb auszulassen); es war möglich, daß der Anmaßende bei den anderen »Prominenten« als ein aufsässiger Mensch, ein undiszipliniertes Element bezeichnet wurde.

In einem solchen Fall hätte kein Kapo ihn in seinem Kommando akzeptiert, und der Unglückliche, der »uneingeteilt« blieb, mußte damit rechnen, bei einem der nächsten Transporte ins Unbekannte dabeizusein, zu einem Außenkommando oder einem anderen Lager, wo es ihm besser oder schlechter ergehen konnte, aber mit größter Wahrscheinlichkeit schlechter.

Der Blockälteste bewies mir dadurch seine Sympathie, daß er mir die Zeitung lieh, ohne über das Ausgefallene meiner Bitte ein Wort zu verlieren. Man konnte ihr ohne weiteres zwischen den Zeilen entnehmen, daß die Russen an allen Fronten im Vormarsch waren, daß die Westmächte sich in der Normandie behaupteten und daß die Deutschen auch in Italien zurückwichen.

Kameraden, die mich beim Zeitunglesen sahen, baten mich, ihnen die Nachrichten zu übersetzen. Bald war ich von einer aufmerksam lauschenden Menge umringt, die wissen wollte, was sich hinter den beruhigenden Formeln der Nazi-Meldungen verbarg. Am Abend wurde ich gebeten, vor der gesamten Stube so etwas wie einen Nachrichtenüberblick zu geben. Einmal angefangen, setzte ich diese Gewohnheit an den folgenden Tagen fort, bis mich ein »alter Hase« beiseite nahm und mir erklärte, ich setzte mein Leben aufs Spiel, wenn ich auf diese Weise politische Diskussionen unter den Häftlingen organisiere, was unter allen Vergehen und Verbrechen einer der schwerwiegendsten Verstöße sei. Wegen weit geringerer Taten werde man gehängt. Das schrieb ich mir hinter die Ohren und stellte meinen Nachrichtendienst ein.

Die Zeit verging äußerst langsam, wir hatten nichts zu tun und wenig zu essen; diese Eintönigkeit wurde durch kein größeres Ereignis unterbrochen. Allerdings wurde mir im Gespräch mit unseren Besuchern klar, daß wir mit allen Mitteln versuchen mußten, in Dachau zu bleiben und nicht auf Transportlisten zu kommen. Wenn Freiwillige für ein Außenkommando gesucht wurden, versanken wir in nachdenkliches Schweigen. Auch François ließ sich leicht von der Richtigkeit dieser Strategie überzeugen.

Um der Langeweile zu entgehen und meine Kenntnisse zu vervollkommnen, war ich dagegen zu allen Innendiensten bereit, sobald der Zustand meiner Hände es zuließ. Ich konnte unschwer feststellen, daß es im Lager selbst keinerlei Fluchtmöglichkeiten gab. Aber gelegentlich wurde der eine oder andere von uns bei einem Arbeitseinsatz von den SS-Leuten oder den Kapos erwischt, wenn er versucht hatte zu fliehen, und dann wurde seine Nummer auf eine Liste gesetzt. In einem solchen Fall galt es, rasch Michelet oder einen seiner Freunde zu verständigen, damit sie Schritte bei dem für den Arbeitseinsatz zuständigen Kapo unternahmen. Er konnte dann den Namen des betreffenden Kameraden von der Liste streichen. Wir haben es jedesmal erreicht.

Indessen ging die Quarantänezeit zu Ende. Da die Franzosen mittlerweile mit über viertausend Häftlingen eine bedeutende Gruppe bildeten, schien es geboten, einige von uns in die Schreibstubenkommandos zu bringen. Eines Tages kam Michelet zu mir und sagte, ich würde am nächsten Tag als Hilfskraft der Schreibstube zugeteilt, der inneren Lagerverwaltung, an deren Spitze ein sogenannter Lagerschreiber stand.

Die Amtsräume der Schreibstube befanden sich im ersten Block mit gerader Nummer, neben denen des Arbeitseinsatzes, und sie erfüllte eine der wichtigsten Funktionen, die gleich nach der des Lagerältesten kam. Sie führte eine der zentralen Karteien (die anderen befanden sich bei der Effektenkammer, beim Arbeitseinsatz und – außerhalb des Häftlingslagers – bei der Politischen Abteilung, die dem örtlichen Vertreter der Gestapo unterstand). Der Lagerschreiber schlug der SS Kandidaten für die Funktionen des Blockältesten und des Stubenältesten vor; über ihn lief der gesamte Schriftverkehr mit der SS, liefen sämtliche Eingaben aller Häftlinge.

Als ich am nächsten Tag auf der Schreibstube erschien, empfing mich der Lagerschreiber persönlich, ein österreichischer Sozialdemokrat von mittlerem Alter und mittlerer Statur, mit einem rundlichen Gesicht und ruhigem Blick. Keine Regung war aus seinen Zügen abzulesen. Er sprach bedächtig, ohne die Stimme zu heben. Nach früheren Auseinandersetzungen mit dem Regime der Vaterländischen Front 1938 von den Nazis verhaftet, war dies jetzt sein siebtes Jahr im Lager. Er bemerkte, daß ich korrekt deutsch sprach, und fragte mich, woher ich diese Kenntnisse hätte und woher ich stamme. Ich erklärte ihm, ich sei Deutschlehrer an einem Gymnasium und hätte diese Sprache erlernt, weil meine Familie aus dem Elsaß sei. Er nahm meine Erklärungen ohne erkennbare Reaktion entgegen.

Alles an ihm deutete auf absolute Selbstbeherrschung. Er sagte, ich könne sofort mit meiner Arbeit beginnen, die darin bestand, die Personalbögen unseres Transports im Hinblick auf die Schreibweise der Namen, Vornamen und

Ortsnamen durchzusehen und sie anschließend alphabetisch zu ordnen. Später sagte er mir, dies sei nur eine vorläufige Beschäftigung, es gebe in der Schreibstube keine Dauerstellung für mich und ich täte gut daran, mir ein anderes Kommando zu suchen. Von Michelet erfuhr ich, daß Wenger – so hieß der Lagerschreiber – meine Erklärungen nicht geglaubt, daß ich ihm aber auch nicht mißfallen hatte.

Die Arbeit war eintönig, und die Kollegen waren einsilbig. Alle beobachteten mich aus den Augenwinkeln. Einer der Vorteile, die man als Arbeitender genoß, war die Brotzeit, ein Imbiß, der aus einem großen Stück Brot mit Margarine oder einer Scheibe Wurst bestand, die ich ausgezeichnet fand. Wahrscheinlich war es besser, nicht zu wissen, woraus sie gemacht war. Außerdem erhielten die Angehörigen der Kommandos eine Art Taschengeld, zwei Mark pro Woche in Lagergeld; damit konnte man in der Kantine »einkaufen«, aber außer Rasierklingen, einem extra leichten Flaschenbier und einem merkwürdigen Muschelgericht mit Essig und Öl, das selbst uns, die wir ausgehungert waren, wenig verlockend erschien, bot die Kantine nur ukrainische Zigaretten aus Machorka, einer Mischung, an der Mais und Kräuter einen weit größeren Anteil hatten als Tabak.

Der Hauptvorteil, der alle anderen ausstach, war die »Arbeitsplatzsicherheit«. Wer zu einem Kommando gehörte, konnte nicht auf eine Transportliste gesetzt werden. Außerdem entging man der Langeweile der erzwungenen Muße im Quarantäneblock, und ich vervollkommnete meine Kenntnisse bezüglich der Sitten und Gebräuche, der geschriebenen und ungeschriebenen Regeln, von denen unsere Existenz von nun an abhing.

Meine einzige Sorge galt dem Schicksal der anderen. Jeden Tag fürchtete ich, bei der Rückkehr in den Block zu erfahren, daß man François, Gilbert oder Gaston auf eine

Transportliste gesetzt hatte, und dann mußte man dringend etwas unternehmen, um sie von der Liste streichen zu lassen, was noch erschwert wurde durch unsere Einschließung und die Kürze der Zeit zwischen dem Arbeitsschluß um 17 Uhr (man begann um 7 Uhr morgens) und der Nachtruhe ab 21 Uhr 30.

Die Arbeit, die mir der Lagerschreiber zugewiesen hatte, neigte sich ihrem Ende zu; jeden Tag schrumpfte der Stapel »meiner« Bögen in besorgniserregender Weise. Ich hatte Michelet gebeten, ein anderes Kommando für mich zu finden, aber er hatte noch nichts tun können. Am späten Vormittag winkte Wenger mich zu sich in sein Arbeitszimmer. Er ließ mich Platz nehmen und eröffnete mir, wegen der rasch steigenden Häftlingszahl (fast vierzigtausend neue Häftlinge in weniger als einem Jahr) werde bei einem besonders wichtigen und besonders heiklen Kommando in der Kartei der Politischen Abteilung die Stellung eines Schreibers geschaffen. Dieses Kommando arbeitete außerhalb des eingezäunten Häftlingslagers, im SS-Lager unter der unmittelbaren Aufsicht des örtlichen Gestapo-Vertreters, des Kommissars Kieck.

Die alphabetisch geordnete Kartei sollte gänzlich umgeschrieben und nach einem neuen phonetischen Alphabet geordnet werden, für das sich die höheren Stellen in Oranienburg, dem Sitz der Zentralverwaltung aller Konzentrationslager, begeistert hatten. Dieses Alphabet war so kompliziert, daß die gewöhnlichen SS-Leute damit nichts anfangen konnten; deshalb mußte das für die Kartei eingesetzte Kommando durch intellektuelle Kräfte aufgestockt werden. Wenn ich bereit sei, so Wenger, diesen exponierten Posten direkt unter den Augen der Gestapo zu übernehmen, dann sei er bereit, mich dafür vorzuschlagen, und dieser Vorschlag würde sicherlich angenommen, denn wenn die SS überhaupt einem Häftling vertrauen konnte, dann genoß Wenger das Vertrauen der SS-Führer, die sich nichts mehr wünschten, als ihn innerhalb des Lagers schalten und walten zu lassen.

»Wenn du annimmst«, so fügte er hinzu, »dann sieh zu, daß die Erklärungen, die du mir am ersten Tag gegeben hast, zueinander passen, und rücke nicht mehr davon ab. Du wirst, wie man auf deutsch sagt, in der ›Höhle des Löwen‹ sein, aber das ist nicht unbedingt der gefährlichste Ort.«

Ich beriet mich mit Michelet, aber mein Entschluß stand fest. Stets von dieser seltsamen Gewißheit getragen, daß ich in diesem Universum zurechtkommen würde, war ich bereit, in die Höhle des Löwen einzutreten.

Zwei Tage darauf ließ Wenger mich zu sich kommen und erklärte, man habe mich akzeptiert und ich würde am nächsten Tag anfangen. In seinem stets gleichbleibenden Ton unerschütterlicher Ruhe wünschte er mir alles Gute. In seiner unbeweglichen Miene deutete sich ein Lächeln an.

*

Vielleicht sollte ich an dieser Stelle sagen, was anschließend aus Emmerich Wenger geworden ist. Als im Spätherbst 1944 die Lage an den Fronten für Deutschland immer kritischer wurde und es überall an kampffähigen Männern fehlte, bot eine Entscheidung Himmlers, der Reichsführer der SS und seit dem gescheiterten Staatsstreich vom 20. Juli zugleich Oberbefehlshaber des Ersatzheeres war, den Lagerhäftlingen deutscher Nationalität die Möglichkeit, sich freizukaufen, indem sie in eine Sondereinheit, die Division Dirlewanger, eintraten. Dieses Angebot war in Wirklichkeit ein Befehl, es auszuschlagen hätte bedeutet, sich schweren Repressalien auszusetzen, aber Dirlewanger galt unter den SS-Generälen als einer der schlimmsten; seine Einheit, die sich bis dahin aus dem Abschaum der Gesellschaft, aus Räubern, Dieben und Mördern, zusammensetzte, hatte sich auf dem Balkan durch Ausschreitungen hervorgetan, die das, was man normalerweise von SS-Truppen erwarten konnte, an Grausamkeit noch weit übertrafen.

Diejenigen, die man bei der Musterung nicht zurückgewiesen hatte – und dazu zählte Wenger –, zogen ein letztes Mal an uns vorbei, gekleidet in die Uniform derer, die sie so oft gedemütigt und mißhandelt hatten. Wenger und seine Kameraden wurden an die Ostfront geschickt; sie ergriffen die erste Gelegenheit, um zum »Feind« überzugehen, aber die Russen lehnten es ab, in diesen Deserteuren etwas anderes als SS-Leute zu sehen. Sie wurden zu fünfundzwanzig Jahren Zwangsarbeit verurteilt.

Nach sieben Jahren KZ verbrachte Wenger zehn Jahre im GuLag. Erst 1955 wurde er aufgrund des Staatsvertrags, durch den Österreich die volle Souveränität zurückerhalten hatte, wieder frei. Wenger kehrte heim und nahm wieder seinen Platz innerhalb der Sozialistischen Partei ein, einundzwanzig Jahre nachdem diese von Dollfuß verboten worden war. Er saß als Abgeordneter im Landtag von Niederösterreich, starb aber verhältnismäßig jung, verbraucht von den siebzehn Jahren, die er in den Lagern verbracht hatte. Ein europäisches Schicksal des 20. Jahrhunderts.

Ich vermag die Erinnerung an ihn nicht zu trennen von der an den Lagerältesten Bertl, einen ehemaligen Offizier, ebenfalls Österreicher, der jedoch Dollfuß und Schuschnigg als Militärberater gedient hatte. Bertl war Ende 1944 freigelassen worden (auch er war Häftling seit 1938). Er kehrte zurück in sein Haus in der Umgebung Wiens, wo er mit seiner Frau, seinen beiden Töchtern und zwei weiteren weiblichen Verwandten lebte. Bei den Kämpfen um Wien drangen sowjetische Soldaten in die Villa ein und ließen sich dort für die Nacht nieder. Nachbarn hörten die Frauen schreien. Am Morgen zogen die Soldaten ab. Da nahm Oberst Bertl seinen Revolver und tötete seine Frau, seine Töchter und die beiden Verwandten; zum Schluß jagte er sich selbst eine Kugel in den Kopf. Auch ein europäisches Schicksal.

*

Am Tage nach meinem Gespräch mit dem Lagerschreiber Wenger rief mich der Blockälteste zu sich und teilte mir mit, ich sei dem Kommando der Schreiber der Politischen Abteilung überstellt worden. Ich solle mich nach dem Appell bereit halten, zur Arbeit zu marschieren. Tatsächlich holte er mich am nächsten Morgen aus dem Quarantäneblock heraus und führte mich die Lagerstraße hinauf zum Appellplatz, vor das Jourhaus neben dem schmiedeeisernen Portal, in dem sich die für das Häftlingslager zuständigen SS-Führer und -Unterführer aufhielten.

Dort stellte er mich einem anderen Häftling vor, dem Kapo dieses Mini-Kommandos. Wir waren nämlich nur sechs oder sieben Mann. Ein SS-Mann erschien, wir nahmen Haltung an und rissen unsere Mützen herunter, er setzte sich an die Spitze und rief, als wir bei der Torwache vorbeikamen: »Sieben Häftlinge für die Politische.« Wir verließen den Häftlingsbereich durch eine kleine Tür innerhalb des großen Portals, auf dem in eisernen Lettern der Spruch prangte »Arbeit macht frei«.

Draußen überquerte eine kleine Brücke den Graben, der hinter dem unter Strom stehenden Drahtzaun und den Wachtürmen verlief. Wir marschierten im Gleichschritt – links, zwei, drei, vier, links, zwei, drei, vier; nach einigen Dutzend Metern bogen wir von der großen Straße in einen Weg ab, der zu Holzbaracken führte, die von Rasenflächen und prächtigen Bäumen umgeben waren. Eine dieser Baracken war unser Ziel, der Marsch hatte keine fünf Minuten gedauert, aber der Wechsel tat mir gut, schon lange war ich nicht mehr durch eine so schöne und so freie Natur gegangen.

Durch die Baracke verlief in Längsrichtung ein Flur mit zahlreichen Türen. In dem Raum, zu dem man uns brachte, erwartete uns ein beinamputierter SS-Unterführer. Der Kapo, ein Slowene namens Peric, deutete auf mich:

»Da ist der neue Schreiber, der Franzose.«

»Ach«, sagte der Beinamputierte, »du bist der Neue. Was bist du von Beruf?«

»Lehrer«, antwortete ich.

»Oh, sehr gut, ein terroristischer Lehrer. Zumindest kannst du lesen und schreiben. Hör mir gut zu. Was ihr draußen gemacht habt, geht mich nichts an. Wenn ihr in Dachau gelandet seid, habt ihr sicher was ausgefressen, aber das interessiert mich nicht. Ich bin da, um euch zum Arbeiten zu bringen. Wenn einer gut arbeitet, bin ich ein gerechter Vorgesetzter. Stimmt's?« wandte er sich an die, die schon länger dem Kommando angehörten. »Aber wenn einer pfuscht, kann ich furchtbar sein. Ich werde nicht zögern, euch an den Galgen zu bringen. Merk dir das, Lehrer!«

Daraufhin beauftragte er Peric, mir die Arbeit zu erklären, und begab sich zu den anderen SS-Unterführern, die sich meistens in einem benachbarten Zimmer aufhielten, ohne etwas Bestimmtes zu tun.

Unsere Aufgabe bestand darin, eine neue Gesamtkartei der Häftlinge zu erstellen, von allen bisherigen und künftigen Häftlingen. In der Mitte des großen, hellerleuchteten Raumes standen riesige Karteipulte. Dort sollten die Karten der neuen Kartei eingeordnet werden. An der Wand standen schmalere, höhere Schränke, die einem Büchereikatalog ähnelten; darin befanden sich die alten Karten, die wir umschreiben und anschließend in die neue Kartei einordnen sollten; gleichzeitig sollten wir die Informationen, die bei der Aufnahme der Neuankömmlinge gesammelt wurden, auf die neuen Karten übertragen, die ein größeres Format hatten als die alten; außerdem sollten wir auf Befehl unseres SS-Vorgesetzten die Karten der Häftlinge, die in ein anderes Lager verlegt worden waren, unter Angabe des Abfahrtsdatums und des Bestimmungsortes aus der Kartei heraussortieren, und schließlich sollten wir die Karten der Verstorbenen heraussortieren, Todestag und Todesursache eintragen und sie schließlich in die Sonderkartei der Todesfälle einordnen.

Wir waren somit gewissermaßen die Standesbeamten des Häftlingslagers, und das war keine einfache Sache, bei eingehenden oder abgehenden Transporten von mehreren hundert Gefangenen (ich hatte bei der Ankunft die Nr. 76 657 bekommen, und Ende April 1945, nach der Befreiung des Lagers, sollten wir die Nr. 160 000 überschritten haben) oder während der Typhusepidemie im Winter 1944/45 mit über hundert Toten täglich; dabei war schon das Umschreiben der alten Kartei mit ihren Zehntausenden von Karten eine langwierige Arbeit.

Dies um so mehr, als die beiden Aufgaben nebeneinander ausgeführt werden sollten. Im übrigen war uns daran gelegen, die Arbeit möglichst in die Länge zu ziehen, denn die Hälfte von uns, darunter auch ich, war nur wegen der zusätzlichen Anstrengungen »eingestellt« worden, die das Erstellen der neuen Kartei erforderte. Sie ist übrigens nie fertig geworden. Als die Befreiung heranrückte, wurde unser Kommando nicht mehr von der SS »ausgeführt«. Wir waren bis zum Buchstaben R gekommen.

Das Geheimnis der neuen Kartei hieß »phonetisches Alphabet«. Die zentrale Lagerverwaltung hatte sich an den gleichlautenden Namen gestoßen, an Leuten, die den gleichen Familiennamen oder den gleichen Vornamen trugen, und vor allem an den hundert unterschiedlichen Schreibweisen der Namen, ihrer Übertragung aus einem Alphabet in ein anderes, die bei der Registrierung der eintreffenden Transporte vorgenommen wurde. Oft verstand derjenige, der die Eintragung machte, kaum die Sprache des Neuankömmlings, der nach Gefängnisaufenthalt und Transport nicht recht wußte, um was es ging; viele slawische Namen endeten auf *off, of, ov, ow* – wie sollte man wissen, mit welcher Endung der Name eines Häftlings, dessen Karte von einer Stelle im Lager oder von höheren Stellen angefordert wurde, notiert worden war?

Die SS-Unterführer waren keine Intellektuellen, sie konnten derartige Probleme nicht lösen. Daraufhin hatte sich jemand auf höchster Ebene, im Reichssicherheitshauptamt, dem RSHA, an das sprachwissenschaftliche Institut einer Universität gewandt; man hatte einen Fachmann aufgetrieben, der zum Erfinder des Systems wurde: All die verschiedenen *off, of, ov, ow* wurden nach den Regeln der Phonetik zusammen einsortiert; man unterschied sie nach dem Anfangsbuchstaben des Vornamens, und wenn sie den gleichen Vornamen trugen, nach ihrem Geburtsdatum, und wenn zwei Häftlinge mit gleichem Namen und Vornamen das gleiche Geburtsdatum hatten, ging man nach dem Geburtsort. Und wenn zwei Iwan Iwanows am gleichen Tag in Moskau geboren waren, unterschied man sie nach dem Vornamen des Vaters, dessen Geburtsdatum und dessen Geburtsort, falls der Häftling sich daran erinnern konnte.

Das alles war sehr kompliziert, zu kompliziert für die SS-Unterführer und selbst für die meisten der bisherigen Angehörigen des Kommandos. Deshalb hatte man Intellektuelle heranziehen wollen. Ich verdankte mein Glück dem phonetischen Alphabet.

Schüssler – so hieß unser Vorgesetzter – machte mir keine Angst; ihn dachte ich leicht zufriedenstellen zu können. Aber einige Minuten später tauchte ein anderer SS-Unterführer auf; er war dick und fett, wirkte sehr viel unangenehmer und auch eindeutig gerissener; er betrachtete mich argwöhnisch.

»Ist das der Neue?« fragte er Peric und deutete mit dem Kinn auf mich. Auch er fragte mich nach meinem Beruf, danach zog er brummelnd ab. Einige Tage später hielt er mich auf dem Flur an und sagte: »Du, Lehrer, wenn man es nicht anders wüßte, da würd' man meinen, du bist ein Jud.« Dazu muß man wissen, daß Dachau seit 1942 als judenrein eingestuft war, was soviel bedeutet wie »von Juden gesäubert«, denn man setzte die Juden gleich mit dem Schmutz, und »rein« bedeutet zugleich »gesäubert« und eben »rein«. Wenn sich in einem Transport, der in Dachau eintraf, Juden befanden, die als solche gekennzeichnet waren, wurden sie unverzüglich in ein anderes Lager weitergeleitet. Die einzige Ausnahme bildeten in den Jahren 1944-45 die Waldlager, die man in der Nähe von Landsberg am Lech, einem idyllischen Städtchen südlich von Augsburg, in einer waldigen Gegend errichtete. Dort und in Mühldorf in der Nähe der alten Grenze zu Österreich sollten unterirdische Fabriken errichtet werden, wahrscheinlich mit dem Ziel, die Produktion von Düsenflugzeugen zu beschleunigen, deren erste Prototypen tatsächlich vor der Kapitulation Deutschlands herauskamen, aber in so geringer Zahl, daß sie am Ausgang des Krieges nichts mehr ändern konnten.

Für den Aufbau dieser Fabriken wurden im Sommer 1944 fünfundzwanzigtausend überwiegend ungarische Juden aus Auschwitz geholt und auf freiem Feld ausgeladen; es gab weder ein Dach über dem Kopf noch einen Krankenbau, kaum etwas zu essen und keinerlei ärztliche Behandlung. Sie sollten sich ihre Baracken selber bauen, während sie zugleich die Stollen für die künftigen Flugzeugwerke gruben. Da der Winter 1944/45 streng war, kam etwa die Hälfte um. Das waren die einzigen »offiziellen Juden«, die in der Dachauer Kartei vorkamen, denn die Waldlager waren »unserem« Lager als »Außenkommandos« angegliedert. Igor Marchand, einer von uns, ist wiederholt dort gewesen, in Begleitung eines luxemburgischen Geistlichen, des Pfarrers Jost, mit dem wir uns angefreundet hatten und der zu einem »Empfangskommando« gehörte, das diese

Masse von Neuzugängen registrieren sollte. Er berichtete von infernalischen Zuständen. Ich habe diese Örtlichkeiten, die man nach dem Krieg in einen Friedhof umgewandelt hat, vor kurzem aufgesucht. Auf der großen Gedenkstele sind keine individuellen Namen verzeichnet. Aus der weiten Fläche, die die Anwohner aus ihrem Gedächtnis verdrängt haben, ragen nur wenige »persönliche« Grabsteine hervor. Einer davon erinnert an einen Vater und seinen Sohn, die beide umgekommen sind bei diesem Kommando der Vernichtung durch Arbeit, wie es in der offiziellen, allerdings geheimen Sprache der hohen SS-Führung hieß. Der Ausdruck »Neuzugänge«, den ich eben benutzt habe, bedarf in diesem Zusammenhang eines Kommentars. In der deutschen Umgangssprache müßte man jemanden, der neu zu einer bereits bestehenden Gruppe kommt, als »Zugänger« bezeichnen. In der Sprache der SS nannte man den Ankömmling »Zugang«. Während ein »Zugänger« ein menschliches Wesen ist, war ein »Zugang« nur eine Sache, ein »Stück«, wie die SS-Leute sich ausdrückten, wenn sie uns zählten: »Uns fehlt noch ein Stück, es sind nur 213 Stück, müßten aber 214 sein.« An den sprachlichen Feinheiten erkennt man, mit welcher Gründlichkeit die Entmenschlichung der Häftlinge betrieben wurde.

Von Hauptscharführer Geigenscheder (dieser Rang entsprach dem eines Oberfeldwebels), Inhaber des Blutordens, der ausschließlich den »alten Kämpfern« verliehen wurde, die an Hitlers Putschversuch von 1923 beteiligt gewesen waren – allerdings hatte er keine große Karriere gemacht –, im gleichen Sinne angesprochen, erwiderte ich: »Meine Familie stammt aus dem Süden, in unserer Gegend gibt es viele Rassenmischungen.« Daraufhin verlor Geigenscheder jegliches Interesse an mir: »Ja, das ist bekannt, ihr seid ein degenerierter Haufen«, sagte er herablassend zu mir, bevor er sich in das Wachlokal begab, wo er mit seinen

Kollegen einen Furzwettbewerb veranstaltete. Geigenscheder war gefährlich, aber faul, und das war zweifellos der Grund, weshalb er keine Karriere gemacht hatte.

Der wirklich gefährliche Mann, der eigentliche Chef der Politischen Abteilung, war der Kriminalkommissar Kieck, der Vertreter der Gestapo; sein Name sollte zwei Jahre später auf der Liste der Verbrecher stehen, die im Dachauer Prozeß verurteilt und durch Erhängen hingerichtet wurden. Auch er hat mich lange angeschaut, als er mich zum ersten Mal sah, aber er hat nichts gesagt. Tatsächlich hat er nie das Wort an mich gerichtet.

Er hatte die Fälle zu bearbeiten, die bei der Ankunft des Gefangenen im Lager noch nicht abgeschlossen waren, und natürlich auch alles, was wie politische Agitation unter den Häftlingen erscheinen konnte. Er beobachtete außerdem die »Ehrenhäftlinge«, ausländische Politiker, die man aus diesem oder jenem Grund in Dachau interniert hatte (wie zum Beispiel die Führer der rumänischen Eisernen Garde, einer virulent antisemitischen faschistischen Bewegung, die den Marschall Antonescu, den offiziellen Bündnispartner des Dritten Reiches, zu stürzen versucht hatte, oder später den Sohn des ungarischen Reichsverwesers Admiral Horthy, der sich im Gegenteil bemüht hatte, aus dem Bündnis mit Deutschland herauszukommen, um sich den Alliierten anzuschließen, oder auch deutsche Notabeln wie den Pastor Niemöller, dem ich an den Tagen, an denen er von seiner Frau Besuch erhielt, mehrfach auf dem Flur der Politischen begegnet bin).

Neben Kiecks Amtszimmer hielt man tatsächlich einen Raum für solche Besuche frei, die natürlich nur wenigen Privilegierten zugestanden wurden. Die Namen, die Gewohnheiten, die lächerlichen und die gefährlichen Aspekte dieser Persönlichkeiten erläuterte mir Peric, der mich rasch als seinesgleichen behandelte.

Die Tatsache, daß ich für dieses Kommando bestimmt

worden war, bewies, daß ich mächtige Unterstützung unter den Prominenten besaß. Ich war also selbst so etwas wie ein Halb-Prominenter, dazu ausersehen, in die – wie man sagen könnte – Bourgeoisie oder Nomenklatura des Lagers aufzusteigen. Die anderen Schreiber des Kommandos waren ungehobelter und nahmen sich ein Beispiel an Peric.

Der erste Vormittag verging sehr schnell, auf angenehme Weise unterbrochen durch die Brotzeit. Um 12 Uhr brachte uns der gleiche SS-Mann wieder ins Lager zurück. Wir hatten zwei Stunden zum »Mittagessen«, um 14 Uhr ging es wieder los, um 17 Uhr war Feierabend.

Von 7 Uhr bis 12 Uhr und von 14 Uhr bis 17 Uhr, das bedeutete für uns einen 8-Stunden-Tag im Trockenen und im Warmen (den Karteiraum schmückte ein runder gußeiserner Ofen mit einem langen Ofenrohr); für ein Konzentrationslager waren das außergewöhnlich gute Bedingungen, aber die Tatsache, daß man in unmittelbarer Nähe der Herren arbeitete und zwangsläufig mit vertraulichen oder gar geheimen Angelegenheiten in Berührung kam, konnte diese Beschäftigung andererseits als gefährliches Kommando erscheinen lassen.

Wir lebten unter Spannung. Jeden Mittag und jeden Abend war ich sehr glücklich, die »Meinen«, unsere solidarische Gruppe, wieder vorzufinden. Für sie hatte ich dieses Kommando akzeptiert, das mich aus der anonymen Masse heraushob; sie gaben mir dafür ein wunderbares Gefühl der Sicherheit.

Die Stube, in der ich meine Freunde wiedertraf, bekam allmählich etwas von einem Familienheim, sie war mein »Zuhause«. Einige Tage später war die Quarantäne vorüber, und wir wurden alle in den Block 30 verlegt. Es war kein »vornehmer« Block wie Nr. 2 und Nr. 4, die alten »Politischen« aus Deutschland und Österreich vorbehalten waren, aber wir hatten dort sehr viel mehr Platz als in den Quarantäneblöcken.

Wir trafen dort wieder auf Jean Sussel, und der Priesterblock, Nr. 26, wo man Sommet einquartiert hatte, war nicht weit. Dank der Hilfe Michelets konnte ich Kommandos für Igor und Jefim beschaffen, der eine arbeitete in der Aufnahme, der andere als »Lagerläufer«, als Bote, der Unterlagen von einer Stelle zur anderen trug; François, Jean und Gaston blieben jedoch uneingeteilt, ein Anlaß zu ständiger Sorge.

Schließlich konnte François in der Gurtenweberei untergebracht werden, einem sehr harten Kommando, in körperlicher Hinsicht wegen des Staubs und in seelischer Hinsicht wegen eines hysterischen Kapos, der oft schlug, und oft ohne Grund.

Als sich ein massenhafter Strom von deutschen Politikern aus der Zeit vor 1933 in das Lager ergoß, die man nach dem mißglückten Anschlag vom 20. Juli 1944 in Vorbeugehaft nahm, waren wir bereits »alte« Häftlinge, die Bescheid wußten und sich »häuslich« eingerichtet hatten. Die absurde, grauenhafte Welt des Lagers war zum Rahmen eines Alltagslebens geworden.

*

An diese ganz speziellen »Neuen«, von denen viele bejahrt waren, die vor Jahren jede politische Aktivität aufgegeben hatten und nun benommen durch eine für sie völlig unbegreifliche Welt irrten, konnten wir die guten Ratschläge, die man uns einige Wochen zuvor erteilt hatte, weitergeben. Ich freundete mich mit einem Sozialdemokraten aus Karlsbad an, der großen böhmischen Bäderstadt, die die Tschechen in Karlovy Vary umgetauft haben. Bachmann war ein friedlicher Mensch von über fünfzig Jahren. Vor der Angliederung des Sudetenlandes hatte er dem Stadtrat von Karlsbad angehört. Er war überdies Pazifist und Vegetarier. Diese letztere Eigenschaft dürfte ihn in Dachau nicht sonderlich in Verlegenheit gebracht haben, denn das einzige Fleischgericht, das es sonntags gab, war dermaßen widerlich, daß viele der Ausgehungerten es trotz ihres Elends nicht hinunterbrachten. Dazu zählte auch ich. In einer trüben Flüssigkeit schwammen Schwarten- und Knorpelteile, man identifizierte das als »Kuheuter«, aber eine gebräuchlichere Bezeichnung dieses Leckerbissens war »Judenpimmel«. Als hundertprozentiger Pazifist konnte ein Häftling ernstere Schwierigkeiten bekommen: Bachmann lehnte es wie die Hindus ab, ein Tier, gleich welcher Art, zu töten, und so überraschte ich ihn eines Morgens dabei, wie er die Läuse, die sich in seinen Unterhosen herumtrieben, vorsichtig auflas und in eine Art Tüte steckte, die er sich aus einem Fetzen Papier vom *Völkischen Beobachter* gebastelt hatte. Er bemerkte nicht, daß ich ihn beobachtete, verließ die Baracke und legte seine Tüte in der Nähe des elektrischen Zauns ins Gras. Angesichts der panischen Angst der SS vor der Typhusepidemie wäre Bachmann ganz sicher zum Tode verurteilt worden, hätte ein Offizieller ihn ertappt. »Eine Laus, dein Tod«, hieß es auf dem Plakat, das auf der Tür aller Stuben angebracht war. In Karlsbad war Bachmann dafür bekannt, daß seine sieben Katzen ihm auf der Straße im Gänsemarsch hinterherliefen. Man konnte sich keinen harmloseren Zeitgenossen vorstellen, aber er mußte auf einer Liste von feindlichen Notabeln gestanden haben, die ein besonders borniertes Bürokrat von der Gestapo aufgestellt hatte.

Nicht sonderlich vereinte Nationen

Dachau war von Deutschen für Deutsche angelegt worden. Das erste Lager, das von 1933 bis 1939 bestand, war in einer leerstehenden Munitionsfabrik aus dem Ersten Weltkrieg errichtet oder vielmehr improvisiert worden. Es war, verglichen mit dem, das wir 1944 kennenlernen sollten, ein winziges Lager, dem menschlichen oder vielmehr unmenschlichen Maßstab der damaligen SS entsprechend, in dem jeder Herr jeden Sklaven und jeder Henker jedes Opfer kannte.

Die Demütigungen, die Folterungen, die Tötungen konnten dort individuell betrieben werden. Die massenhafte Einlieferung von Österreichern im Jahre 1938 – Kommunisten, Sozialdemokraten, Aktivisten und Beamte des ständisch-katholischen Regimes – sprengte diesen Rahmen.

Um die neuen Gegner des Großdeutschen Reiches unterzubringen, waren Anlagen von einer ganz anderen Größenordnung erforderlich. Nachdem die Westmächte die Prager Regierung im Herbst 1938 gezwungen hatten, Hitler das Sudetenland zu überlassen, trafen in Dachau nun die führenden Kräfte der deutschen demokratischen Parteien der Tschechoslowakei auf ihre österreichischen Kameraden.

Im Frühjahr 1939 kam ein großer Teil der kulturellen Elite und der politischen Klasse der Tschechen an die Reihe, als Hitler unter Bruch des Münchner Abkommens den Rest von Böhmen und Mähren in ein Protektorat umwandelte. Das Konzentrationslager Dachau wurde im Jahre 1939 vorübergehend geschlossen, und die Mehrzahl seiner Insassen wurde in das Lager Flossenbürg in Nordbayern verlegt, das vor kurzem geschaffen worden war und einen grauenhaften Ruf hatte.

An Ort und Stelle blieb nur ein Bautrupp zurück, der das neue Lager errichtete, jenes, das wir kennenlernen sollten. Statt einiger hundert Gefangener war es für die »Aufnahme« von neuntausend geplant, doch das Vorstellungsvermögen der SS hinkte ihrem eigenen System hinterher: Am Ende – im April 1945 – waren in den 1940 errichteten Baracken über dreißigtausend Häftlinge zusammengepfercht, und in den rund einhundertsiebzig Außenkommandos, die verwaltungsmäßig zum KL Dachau gehörten, befanden sich weiter an die fünfunddreißigtausend.

Nach dem Polenfeldzug setzten ab Ende September 1939 massenhafte Deportationen von Polen zu den Lagern im Reichsgebiet ein, während auf dem vormaligen Territorium Polens immer mehr neue »KL« entstanden, zum Beispiel Stutthof bei Danzig, Auschwitz und Birkenau in Oberschlesien. Sie gehörten zu den Konzentrationslagern, die man in einem gewissen Sinne als »normal« bezeichnen kann, denn die Gebiete, in denen man sie ansiedelte, waren Bestandteil des Reichs geworden. Sie waren grundsätzlich dazu gedacht, Häftlinge jeder Art und jeglicher Herkunft aufzunehmen. So wurden Kommunisten aus dem besetzten Teil Frankreichs, die man 1941–42 verhaftete, nach Auschwitz geschickt.

Die Lager im nicht annektierten Teil Polens, dem Generalgouvernement, wie z. B. Treblinka und Sobibor, dienten vor allem der Vernichtung der Juden aus diesem Gebiet, ebenso wie die KL Kauen (Kaunas) in Litauen und Riga in Lettland. Sie standen nicht auf der Liste der regulären Lager, die vom Reichssicherheitshauptamt verbreitet wurde und die ich als Schreiber des Kommandos der Politischen Abteilung wiederholt gesehen habe.

Als die neuen Räumlichkeiten von Dachau soweit waren, Häftlinge aufnehmen zu können, kehrten viele derjenigen, die man nach Flossenbürg geschickt hatte, an ihren früheren Ort der Gefangenschaft zurück, wurden aber rasch von Neuankömmlingen in die Minderheit versetzt. Die Zugänge folgten der Liste der Kriege und Eroberungen Hitlers: Nach den Polen kamen ab 1940 Dänen und Norweger, Holländer, Belgier, Luxemburger und Franzosen an die Reihe.

Im Frühjahr 1941 tauchten nach dem Feldzug in Jugoslawien und Griechenland zahlreiche Slowenen und Serben in den KL des Reiches auf, aber wenige Kroaten, da das Kroatien des Ante Pavelic offiziell zu den Verbündeten der Achse gehörte. Dort wurde, wenn man so sagen darf, in Heimarbeit gefoltert und gemordet. Aus mir unbekannten Gründen gab es auch nur wenige Griechen in Dachau, obwohl der griechische Widerstand zu den aktivsten Partisanenverbänden zählte, die gegen Hitler gekämpft haben.

Ab Ende Juni 1941 brachte der Feldzug gegen Rußland Millionen von Gefangenen und Deportierten in das Gebiet des Großdeutschen Reiches. In Dachau waren 1944-45 zwei Fünftel der Häftlinge, etwa zwölftausend, sowjetische Staatsangehörige, überwiegend Russen und Ukrainer. Da die Eintragungen auf den Zugangsbögen mehr oder weniger unzuverlässig waren, hing es von den Angaben der Neueingetroffenen ab, ob auf den individuellen »Karten« »russisch« oder »ukrainisch« als Nationalität stand.

Nach den Sowjets bildeten die Italiener die nächste große Welle, nachdem der König und Badoglio kapituliert hatten. Alle italienischen Soldaten, die nicht an der Seite des deutschen Verbündeten weiterkämpfen wollten, wurden gefangengenommen, und viele, die man als eindeutige Gegner betrachtete oder die wegen Widerstandshandlungen festgenommen waren, landeten in Konzentrationslagern, vor allem in Dachau. Die Franzosen, während des letzten Jahres der deutschen Besatzung massenweise verhaftet, massenweise deportiert, als die Deutschen vor dem Heranrücken der Alliierten die Gefängnisse leerten, und massenweise von Natzweiler und seinen westlich des Rheins gelegenen Kommandos ins Reichsgebiet verlegt, als das Elsaß befreit wurde, bildeten die letzte der großen nationalen Zugangswellen, abgesehen von den etwa fünfundzwanzigtausend (überwiegend ungarischen) Juden, die von Auschwitz kommend in die »Außenkommandos« Mühldorf, Kaufering und Landsberg verlegt wurden.

Neben den umfangreichen nationalen Gruppen gab es kleinere, die man an den Fingern abzählen konnte: einige Rumänen von der Eisernen Garde, an die zehn Engländer (darunter ein junger Geistlicher von der Insel Jersey und der Hauptmann O'Leary, der in Wirklichkeit ein belgischer Offizier war), einige Armenier, darunter der entsetzliche Lager-Kapo Meanssarian. Eine besondere Gruppe bildeten schließlich die Rotspanier, Republikaner, die zum größten Teil in Frankreich verhaftet worden waren. Ursprünglich an die fünfhundert, von Franco-Spanien ausgebürgert, waren sie, wie die Armenier, Staatsangehörige eines nicht existierenden, von der Geschichte vorübergehend vernichteten Gebildes.

Die Russen – die größte Gruppe – bildeten auf den ersten Blick eine unterschiedslose Masse. Zumeist jung und kräftig – anderenfalls hätten sie die vorausgegangenen Etappen des Leidensweges nicht überlebt –, schienen sie fast alle dem einfachen Volk zu entstammen, teils Arbeiter, teils Bauern. Ein zehn Zentimeter breiter Streifen auf ihren runden Köpfen war kahlgeschoren, während rechts und links davon die Haare die vorgeschriebene Länge von fünf Millimetern hatten, wie bei den anderen Gefangenen.

Neben den Russen trugen nur die Italiener dieses zusätzliche Schandmal, die einen, weil sie dem russisch-bolschewistischen Untermenschentum angehörten, die anderen wegen des »schmählichen Verrats« ihres Königs und seines Marschalls. Sämtliche Häftlinge wanderten alle drei Wochen unter die Haarschneidegeräte der Blockfriseure, die ihre Instrumente mehr oder weniger geschickt handhabten. Gelegentlich fiel zusammen mit den Haaren ein Stück vom Ohr herab. Die Stellung der Friseure galt als privilegiert; diejenigen, die sie innehatten, genossen wie die Stubendienste reale Vorteile, hoben sich im Kielwasser des Stubenältesten und des Blockältesten aus der Masse heraus, hatten die besten Betten und reichhaltigere Rationen; sie gehörten einer Klasse von Halbprominenten an, die sich gegenüber denen, die es nicht schafften, sich aus der großen Masse herauszuheben, rücksichtsloser zu verhalten pflegten als die wirklichen Aristokraten, die wirklichen Prominenten.

Viele Blockälteste und einige andere Würdenträger gehörten zu einer Kategorie von Superprominenten, die als Inhaber einer »Haarkarte« einen normalen militärischen Haarschnitt tragen durften. Lange Haare waren das sichtbarste äußere Zeichen der Zugehörigkeit zur Elite, deren Hauptmerkmale »Sicherheit« und »Macht« waren.

Zu den wenigen Angehörigen dieser gehobenen Kaste gehörte der Lagerläufer Swida, ein polnischer Intellektueller, der lange in Paris gelebt hatte; er war gewiß konservativ, ja reaktionär, mit Sicherheit ein Antisemit, und er brachte Frankreich und den Franzosen sehr gemischte Empfindungen entgegen: Neben großer Bewunderung hegte er uns gegenüber eine Verachtung, die durch die nicht gerade ruhmreiche Niederlage von 1940 und die deutschfreundliche Politik von Vichy gespeist wurde, eine amüsierte Herablassung angesichts unserer Unkenntnis fremder Sprachen, insbesondere des Deutschen, der *Lingua franca* im Lager und, jenseits unserer elektrischen Stacheldrähte, in ganz Mittel- und Südosteuropa, von Finnland bis Bulgarien, und schließlich eine Schadenfreude, die ebenfalls nichts ausschließlich Deutsches oder Polnisches hatte. Swida wollte als Pariser gelten, er besaß oberflächliche Kenntnisse von Literatur und Kunst, mit denen er blenden konnte, wenn er von den touristischen Hochburgen unserer Hauptstadt sprach, aber von seiner langen, hageren Gestalt und seinen scharfen Zügen ging etwas aus, das mißtrauisch machte. Ich habe zahlreiche recht angenehme Gespräche mit ihm geführt, aber ich blieb auf der Hut. Er war selbst unter seinen Landsleuten ziemlich isoliert, und man konnte sich fragen, worauf die Gunst beruhte, die es ihm erlaubte, lange Haare zu tragen.

Ein anderer Häftling mit langen Haaren trug außerdem um den linken Arm die violette Binde des Ehrenhäftlings. Paul Ravoux war Korrespondent der Agence Havas in Berlin gewesen; im Lager wurde gemunkelt, er habe in dieser Eigenschaft die Mehrzahl der hohen Naziführer kennengelernt, besonders Himmler, mit dem er sich einigermaßen angefreundet haben sollte. Die Umstände seiner Verhaftung sind mir bis heute unbekannt, aber sie hatten wohl angesichts seiner späteren Karriere nichts Unehrenhaftes; im Lager soll Ravoux dem Gerücht zufolge auf ausdrücklichen Befehl von Heinrich Himmler einen Sonderstatus genossen haben.

Er wurde aus der SS-Kantine verpflegt und hatte seine »Haarkarte«. Die französischen »Politischen« mieden ihn, obwohl man ihm nichts Bestimmtes vorwerfen konnte; was uns mißtrauisch machte, war die Freundschaft Himmlers. Nach Kriegsende kehrte er nach Berlin zurück, um dort den *Kurier* zu gründen und zu leiten, eine Tageszeitung unter französischer Lizenz, die als ein seriöses und gut gemachtes Blatt galt.

Die Russen übernahmen in der inneren Lagerverwaltung keine Funktionen, wofür SS-Anordnungen zweifellos ebenso verantwortlich waren wie eigene Beschlüsse ihrer Gruppe. Sie hatten eine Untergrundorganisation, wie sich in den letzten Wochen vor der Befreiung zeigte, als sich das Internationale Lagerkomitee bildete.

Aus dem Dunkel der Anonymität ließen die Russen bei

dieser Gelegenheit einen General hervortreten, der ihr Repräsentant im Komitee wurde, aber es ist denkbar, daß er nur ein Strohmann war für die wirklichen Inhaber der heimlichen Macht, die nie die Maske fallen ließen. Scheel angesehen wie alle Kriegsgefangenen, weil er nicht im Kampf gefallen war, wurde der General Michailow nach der Befreiung der Lager nicht mehr in den Aktivdienst geholt, sondern an die Spitze eines Komitees gestellt, dessen Aufgabe es war, die russischen Emigranten in Deutschland und Osteuropa zur Rückkehr ins Vaterland zu bewegen.

Neben den »erwachsenen«, disziplinierten Häftlingen, die zum größten Teil die Schule der Roten Armee durchlaufen hatten und aus Kriegsgefangenenlagern kamen, gab es eine große und unruhige Gruppe von jungen Ukrainern, die als Halbwüchsige zur Zwangsarbeit nach Deutschland verfrachtet und ins KZ geschickt worden waren, nachdem sie durch ein Delikt oder durch Ungehorsam aufgefallen waren. Es waren Jungen von fünfzehn, sechzehn Jahren, die den schützenden Rahmen der Familie seit langem entbehrten und in einer inhumanen Welt um das nackte Überleben kämpfen mußten. Für viele war die Existenz sicherlich schon vor der Einlieferung ins Lager seit vielen Monaten nicht minder gefährdet und exponiert gewesen. In Dachau kamen aus ihren Reihen die »Günstlinge« etlicher Block- und Kommandoführer; zugleich Diener und Leibwächter, wohlgenährt und im Warmen sitzend, waren sie sich bewußt, daß sie eine praktisch unbegrenzte Protektion genossen, daß sie in einer Welt aufwuchsen, in der allein das Gesetz des Stärkeren regierte, und wann immer sie jemanden antrafen, der ihnen schwächer erschien, versagten sie es sich nicht, ihn zu bestehlen, zu mißhandeln und zu schlagen, denn wer körperlich schwach war, dem ermangelte es auch fast in jedem Fall an Protektion und Einfluß.

Taugenichtse, Diebe und, wenn es sein mußte, auch Mörder, waren die jungen Ukrainer, die keine offizielle, aber eine in fürchterlicher Weise effiziente Kategorie bildeten, zu unserer Zeit eine der größten Plagen des Lagers.

Wahrscheinlich war es eine kleine Bande von Ukrainern, die mir eines Nachts meine Lederschuhe stahl, die ich immerhin unter meinem Strohkopfkissen versteckt hatte; in einem der Schuhe hatte ich meine Brille in Sicherheit gebracht. Diese Jungen waren von Sondereinheiten, die zweibeinige Arbeitstiere nach Deutschland schaffen sollten, aus ihren Familien herausgerissen worden, oder sie stammten aus Familien, die der Krieg schon zuvor getrennt hatte.

Ihre Welt war voll von Gewalttaten, Ungerechtigkeiten, Metzeleien. Ihre Moral wurde einzig vom Überlebensdrang diktiert. In den Kommandos übten die Sowjets im allgemeinen eine eherne Solidarität, aber gelegentlich kam es zu heftigen Zusammenstößen zwischen russischen »Proletariern« und jungen ukrainischen »Delinquenten«. Die ehemaligen Soldaten konnten für Jugendliche, die sich vor den Prominenten erniedrigten, nur Verachtung empfinden. Unter diesen Jungen, die in doppelter Weise Opfer zweier inhumaner totalitärer Systeme waren, wurde bisweilen das Verlangen nach einer anderen Beziehung, einer anderen Realität laut. Christliche Franzosen, die mit ihnen in einem Kommando zusammen waren, haben mit einigen dieser Jungen gemeinsam eine sehr tiefe spirituelle Erfahrung erleben können.

*

Die Polen bildeten die zweite der ethnischen Gruppen, die zweite, wenn man nach der numerischen Bedeutung geht, aber die erste, was ihr kulturelles und politisches Gewicht anging, das heißt die erste nach den Deutschen und den Österreichern, die jedoch Ende 1944, nachdem die tauglichen Männer zur Division Dirlewanger gegangen waren, zahlenmäßig keine große Rolle mehr spielten. Zweitausend polnische Priester waren nach Dachau deportiert worden, von denen 1944 noch mehr als achthundert übrig waren, und daneben Tausende von Offizieren, Lehrern, Beamten und Angestellten aller Art, nicht zu vergessen zahllose Bauern und Arbeiter, die Widerstandskämpfer oder Partisanen gewesen waren oder ganz einfach Menschen, die irgendeinem Deutschen oder einer deutschen Dienststelle mißfallen hatten. Zu unserer Zeit umfaßte die polnische Gruppe rund achttausend Personen. Keine der anderen Gemeinschaften in Dachau, vielleicht mit Ausnahme der Luxemburger, besaß ein so starkes, so durchdringendes Nationalbewußtsein.

Der unversöhnliche Haß auf die Deutschen, der sie alle beseelte, war nur zu vergleichen mit ihrem heftigen Abscheu vor den Russen. Natürlich gab es in der polnischen Gruppe von Dachau keinen erklärten Kommunisten. Wäre ein solcher der Gestapo entgangen, so hätten sich die Polen im Lager seines Schicksals angenommen, und das hätte im besten Falle bedeutet, daß man ihn auf eine Transportliste gesetzt hätte.

Vielleicht hat es gleichwohl heimliche Kommunisten gegeben – und mit Sicherheit Opportunisten. Eine so wichtige Persönlichkeit wie der Lagerschreiber Domagala, der Emmerich Wenger als Chef der Schreibstube ablöste, hat nach Informationen, die mir nach dem Krieg zugingen, im kommunistischen Polen rasch Karriere gemacht und wurde Woiwode des Bezirks Posen. Er ist uns als ein besonnener, gerechter und zuverlässiger Mensch in Erinnerung geblieben. Unter den Polen wie unter den übrigen Gefangenen slawischer Herkunft gab es einige, die nur ein paar Worte Deutsch radebrechten, aber die meisten sprachen es gut und sogar sehr gut. Andererseits konnten sich alle Slawen, von den Serben über die Polen und die Tschechen bis zu den Russen, in einer Art gemeinsamer slawischer »Koine« verständigen, wobei jeder sich in seiner eigenen Sprache äußerte und dabei Wörter oder Wendungen vermied, die für seinen Gesprächspartner schwierig sein mochten.

Die Franzosen beklagten sich über die Brutalität der Polen, ihre Härte, ihre hochmütige und herablassende Haltung. Die Polen empörten sich wiederum darüber, daß die Franzosen durch ihre Unordnung, ihre Disziplinlosigkeit und ihre Entschlossenheit, schlecht zu arbeiten, um nicht dem Feind zu nutzen, gewisse Vorteile, die innerhalb eines Kommandos bestanden, aufs Spiel setzten. Wenn man diese Beziehung mit einer gewissen Distanz betrachtete, wurde einem klar, in welchem Maße ganz Ost- und Südosteuropa dem Einflußbereich der deutschen Kultur angehörte, in welchem Maße trotz des Hasses auf die Deutschen Tugenden und Vorbilder deutscher Herkunft die Einstellungen und Verhaltensweisen dieser Völker mitbestimmten.

Die ungeheure Ausstrahlung, die das verabscheute Deutschland gleichwohl auf die Nationen ausübte, die es direkt oder indirekt kolonisiert, durchdrungen und erzogen hatte, war durch die Siege Hitlers noch verstärkt, beziehungsweise wiederhergestellt worden. Der kulturelle Einfluß Frankreichs schien mir sehr viel schwächer, oberflächlicher, war mehr eine Sache des Snobismus von Aristokraten und Intellektuellen. Darüber hinaus war der Antisemitismus, wie wir vielen Gesprächen entnehmen konnten, in Polen und selbst in der Tschechoslowakei – wenn auch dort in geringerem Maße – ein ganz wesentliches Element der allgemeinen Mentalität. Viele meiner polnischen Kameraden gestanden unumwunden, wie sehr sie es bedauerten, daß Hitler sich die verrückte Idee in den Kopf gesetzt hatte, das polnische Volk auszurotten, statt ein unüberwindliches deutsch-polnisches Bündnis gegen den russischen, jüdischen und atheistischen Bolschewismus zu schmieden.

Die polnische Kirche, so wie sie sich uns in unseren Gesprächen mit zahlreichen Priestern darstellte, war nicht nur wesensgleich mit der Nation, sondern außerdem eng verzahnt mit einer noch weitgehend feudalen gesellschaftlichen und politischen Ordnung. Es war eine Kirche mit unzähligen Märtyrern, die aber in vielen Zügen der spanischen Kirche ähnelte und sich bis auf wenige Ausnahmen in eine soziale Welt einfügte, die sich heftig und unablässig gegen die Werte der Aufklärung, die Willensfreiheit, die Menschenrechte und die Demokratie, wehrte.

Was nach 1945 in Polen geschehen ist, hat mich nur mäßig überrascht, denn ich entdeckte darin wieder die gesellschaftliche und nationale Verwurzelung der Kirche, ihre Rolle als Institution und als moralische Kraft gegenüber Okkupanten jeglicher Art, ihren großartigen inneren Zusammenhalt, die unerschütterliche Disziplin der Priester und der Gläubigen, die fast monarchische Autorität ihrer Führer; allerdings habe ich nicht vorausgesehen, wie sehr die Entfaltung dieser Kräfte und Tugenden erleichtert werden sollte durch die Zerstörung der feudalen oder quasifeudalen Strukturen der alten Gesellschaft, man könnte auch sagen, die Veränderung dieser Strukturen durch einen neuen Feudalismus, dem es an historischer, nationaler und moralischer Legitimität gebrach.

Die polnische Kirche des Jahres 1989 erinnert mich oft an die, die ich in Dachau kennengelernt habe, sie ist gewiß faktisch moderner, aber von einer Modernität, die rasch an ihre Grenzen stößt. Papst Johannes Paul II. ist von dieser Kirche geformt und geprägt worden; in seinen Äußerungen entdecke ich wieder die Worte und Untertöne einiger meiner Gesprächspartner in Dachau, bereichert und gefestigt durch die erzwungene Koexistenz mit einem kommunistischen Staats- und Parteiapparat.

Das Neue am polnischen Katholizismus, etwas, das mir in Dachau überhaupt nicht begegnet ist und natürlich auch nicht begegnen konnte, ist Walesa, ist eine zugleich soziale, politische und spirituelle Bewegung, die getragen wird von einem erwachsenen und mündigen Volk, das noch immer ein kindliches Verhältnis zur Geistlichkeit hat, das aber überhaupt nicht fügsam, überhaupt nicht passiv ist, das imstande ist, über dem Ruinenfeld, das der Kommunismus hinterlassen hat, eine gesellschaftliche Ordnung zu errichten, die ebenso lebendig ist wie die des Spätfeudalismus, aber reicher, vielfältiger, freier und sehr viel weniger ungerecht.

Das elende Dasein, das ich in Dachau mit einer großen Mehrheit von Angehörigen osteuropäischer Länder, mit Russen, Polen, Tschechen und Südslawen, geteilt habe, macht es mir für alle Zeiten unmöglich, mich mit einem Europa abzufinden, das nur dessen westliche Teile umfassen würde. Besonders Polen scheint mir eines der Fundamente Europas zu sein, mit dem gleichen Recht wie Frankreich, Deutschland, Großbritannien, Italien und Spanien. Die andere Hälfte Europas, die Amerika und England dem totalitären, kommunistischen, russischen Europa überlassen mußten, ist mir weiterhin individuell gegenwärtig in den Zügen meiner Gefährten von Dachau. Sie nicht der Einsamkeit der Knechtschaft preiszugeben, die sie seit fast einem halben Jahrhundert erdulden, während wir unsere wiedererlangten Freiheiten genießen, bleibt für mich ein politisches und zugleich moralisches Gebot.

Wenn viele Polen gegenüber den leibhaftigen Franzosen eine Mischung aus Verachtung und Verärgerung empfanden, so behielten unsere Kultur und unsere Sprache doch weiterhin eine große Anziehungskraft bei ihren Eliten, allerdings aus gelegentlich enttäuschenden Gründen. Viele junge Franzosen, ob Studenten oder Lehrer, wußten sich das zunutze zu machen und gaben Französischstunden, für die sie im allgemeinen mit Naturalien entlohnt wurden, also mit Scheiben von Lagerbrot; die Ergänzung des Speisezettels war willkommen, und obendrein zwangen die erteilten Stunden zu einer geistigen Anstrengung und wirkten der drohenden Abstumpfung entgegen. Gelegentlich führten sie zu interessanten Konfrontationen.

Generell fiel uns auf, daß die Kenntnis fremder Sprachen im Bildungsverständnis unserer Kameraden aus den osteuropäischen Völkern einen hohen Rang einnahm und daß sie über die diesbezügliche Unbildung der meisten Franzosen schockiert waren. Unsere Landsleute konnten nur schwer begreifen, daß die Tschechen, die Slowenen, die Polen, die Serben, die Ungarn und die Rumänen im Laufe ihrer Geschichte unablässig dem politischen, ja sogar staatlichen, dem wirtschaftlichen und kulturellen Einfluß mächtigerer Nachbarvölker ausgesetzt waren.

Die meisten dieser kleinen Völker waren jahrhundertelang Bestandteile großer Imperien gewesen, der »Supermächte« des alten Europa: des Heiligen Römischen Reiches Deutscher Nation, des russischen Reiches, des Osmanischen Reiches. Mit Ausnahme der Polen relativ gering an Zahl, waren sie stets gezwungen gewesen, einen Teil dessen, was sie brauchten, vom Ausland zu kaufen, zu leihen oder zu kopieren. Die Kenntnis fremder Sprachen war eine wesentliche Voraussetzung des individuellen und kollektiven Überlebens. Seit Kriegsende machen die Franzosen nun angesichts des schwindelerregenden Aufstiegs der englischen Sprache nicht ohne Schmerzen eine vergleichbare Erfahrung.

*

Auch die Tschechen ließen zwiespältige Gefühle gegenüber den Franzosen erkennen. Sie konnten uns kaum verzeihen, daß wir sie mit dem Münchner Abkommen hatten fallenlassen, auch wenn sich viele in der Résistance schon von jener Zeit an einer Politik widersetzt hatten, deren Logik geradewegs zum Waffenstillstand und zur Kollaboration führte. Natürlich mußten wir ihnen teilweise recht geben; man ist immer für das verantwortlich, was im Namen des eigenen Landes gesagt und getan wird, und sei es auch von Regierungen, die man verurteilt und bekämpft.

Die nationale Gruppe der Tschechen, nicht so groß wie die der Polen, umfaßte gleichwohl über viertausend Mann (Stammlager und Kommandos zusammengenommen), und es war, nach den Deutschen und den Österreichern, die älteste Gemeinschaft im Lager. Sie verhielten sich jedoch eher zurückhaltend, nahmen weniger exponierte Stellungen ein, obwohl es auch unter ihnen eine Reihe von Offizieren, hohen Beamten, Intellektuellen und Priestern gab, darunter ein späterer Erzbischof von Prag.

Ihr Volkscharakter, der nicht so hochgemut, nicht so extrovertiert und nicht so romantisch ist wie der der Polen, äußerte sich in einer gewissen Zurückhaltung. Nach und nach freundete ich mich mit Wlado an, der in meinem Alter war. Auch er arbeitete in einer Schreibstube im direkten Kontakt mit der SS, was für mich die Reserviertheit und die Distanz erklärte, mit denen er mir lange begegnete. Trotz seiner Jugend war er, mit über vier Jahren im Lager, bereits ein »alter Hase«. Langsam änderte sich sein Verhalten, wurde er herzlicher und offener. Nun gab er mir viele ausgezeichnete Ratschläge, wie man sich gegenüber »unseren« SS-Leuten verhalten sollte; er wußte über das Leben und die »Heldentaten« jedes einzelnen und über die nur in Ausnahmefällen freundschaftlichen Beziehungen zwischen ihnen genauestens Bescheid. Er berichtete mir auch von der geheimen politischen Geschichte des Lagers, von der großen antikommunistischen Säuberung des Jahres 1942 und der »Machtübernahme« der Österreicher und Polen, die seitdem unter den Häftlingen die inoffizielle Macht ausübten.

Wlado stammte aus einer bekannten tschechischen Politikerfamilie, sein Vater hatte an der Seite von Masaryk und Benesch eine Rolle gespielt. Er kam also, ganz anders als meine polnischen Gesprächspartner, aus einer im französischen Wortsinne radikalen, einer antiklerikalen, freimaurerischen, demokratischen und republikanischen Tradition. Das tschechische Volk hat sich in einer zugleich religiösen, nationalen und sozialen Erhebung im Spätmittelalter als erstes gegen die römische Kirche erhoben und den Heeren des Kaisers und des Papstes über zwanzig Jahre lang getrotzt.

Von der hussitischen Revolution führte eine gerade historische Linie zur protestantischen Reformation, so daß ihnen die Kirche, als römische und deutsche, in einem doppelten Sinne fremd wurde. Nach der Schlacht am Weißen Berge, in der der Habsburger Kaiser Ferdinand II. im Jahre 1620 den Sieg davontrug, wurden die überwiegend protestantischen Länder Böhmen und Mähren durch die Gegenreformation wieder dem Katholizismus zugeführt; für die Tschechen war diese Schlacht eine sowohl politische als auch kulturelle Katastrophe. Das Wiedererstarken der tschechischen Nation im 19. Jahrhundert war daher weitgehend antiklerikal und antikatholisch ausgerichtet, und die katholische Kirche hat, anders als in Polen, nie als letzte Verteidigerin der nationalen Existenz fungiert. Erst seit wenigen Jahren scheint sich in dieser Hinsicht in Böhmen und Mähren etwas zu ändern.

In der Slowakei nahmen die Dinge einen völlig anderen Verlauf. Die Slowaken, die »armen Verwandten« der Tschechen, hatten stets zum Königreich Ungarn gehört, während Böhmen und Mähren Teile des Reiches waren. In der Slowakei – von der hussitischen Bewegung kaum berührt – wurde die katholische Kirche zur Verteidigerin des Volkstums gegen die übersteigerten Magyarisierungsbemühungen der Budapester Regierung; nach 1918 geriet der slowakische Katholizismus in einen heftigen Gegensatz zum Zentralismus der antiklerikalen und laizistischen Regierung in Prag.

Nach dem Münchner Abkommen wurde die Slowakei

unter der Führung eines Kirchenmannes, des Mgr. Tiso, zu einem Satellitenstaat Hitler-Deutschlands, womit sich die geringe Zahl slowakischer Häftlinge in Dachau erklärte. Von Herbst 1944 an wurden jedoch einige eingeliefert, nachdem eine Partisanenbewegung dort den offenen Kampf gegen die Streitkräfte des Hitlerreiches aufgenommen hatte.

Einer der zur Prominenz zählenden Tschechen war Dr. Blaha, ein Arzt, der im Revier arbeitete. Er hatte als einer der ersten Gelegenheit bekommen, seinen Beruf im Krankenbau auszuüben, als die SS der Alleinherrschaft der unausgebildeten Pfleger, der Stuben- und Blockältesten ein Ende setzte. Er genoß ein gewisses Ansehen und war, glaube ich, seinen französischen Kollegen wohlgesonnen. Allerdings verschlimmerten sich die gesundheitlichen Probleme vom Spätherbst 1944 an so rapide, daß man all die französischen Ärzte, die seit dem Sommer in so großer Zahl eingetroffen waren, dringend brauchte.

Zu der elenden körperlichen Verfassung, die auf Unterernährung und auf die in manchen Kommandos geforderte übermäßige Arbeit zurückging, kam die chronische Ruhr und die Typhusepidemie hinzu. Als schließlich die Hälfte des Lagers zum Revier wurde, ließen sich viele der französischen Ärzte und Medizinstudenten in den Typhus-Blöcken einschließen.

Als Zeuge in den Prozessen von Nürnberg und Dachau war Dr. Blaha später Urheber der Kontroverse um die Gaskammer »unseres« Lagers.

Nicht weit vom Häftlingslager entfernt, jenseits der elektrischen Umzäunung und des dahinterliegenden kleinen Grabens, lag im Schatten großer Laubbäume ein kleines Gebäude, das als Duschraum hergerichtet war. In der Nähe befand sich das Krematorium, dessen hoher Kamin vom Lager aus zu sehen war, und eine kleine Freifläche mit einem Kugelfang, die als Hinrichtungsplatz diente. Dort ermordete man während unseres Lageraufenthalts die 93 russischen Offiziere, die von der Innsbrucker Gestapo eingeliefert worden waren (von ihrer Existenz erfuhren wir, als uns eines Morgens Personalbögen mit der Eintragung »Abgang durch Tod« ausgehändigt wurden), und unseren großen Freund, den General Delestraint.

Der Duschraum war in Wirklichkeit eine Gaskammer. Allerdings hat von denen, die ich in Dachau kennenlernte, von den Prominenten, deren Freund ich wurde, niemand auch nur die geringste Anspielung auf diese entsetzliche Einrichtung gemacht. Weder der Luxemburger Pfarrer Jules Jost, der so etwas wie ein Ehrenmitglied unserer Gruppe geworden war, noch mein tschechischer Freund Wlado noch Friedl Volgger, der Südtiroler Kapo vom Arbeitseinsatz, der ebenfalls ein Freund von uns war, keiner sprach mir gegenüber jemals von der Gaskammer, und auch in den unzähligen vertraulichen Papieren, die durch die Hände der Schreiber der Politischen gegangen sind, fand sich nicht ein Wort über ihren Betrieb.

Im übrigen lag das Gebäude der Gaskammer nicht weit von unserem Arbeitsplatz entfernt und ganz in der Nähe des Jourhauses; eine ungewöhnliche Geschäftigkeit oder verheimlichte Zugänge hätten der stets wachen Neugier der Häftlinge nicht entgehen können. Kurz, niemand hat je einen Beweis dafür gesehen, daß die Dachauer Gaskammer in Betrieb war. Das Gegenteil behauptete allein Dr. Blaha in seinen Aussagen bei den großen Prozessen nach dem Krieg, wobei aber die entsprechenden Aussagen nicht einmal untereinander übereinstimmen.

Allerdings habe ich diese Gaskammer nach der Befreiung mit eigenen Augen gesehen, und in den Akten von Dachau, die ich 1952 im Auftrag des französischen Komitees für die Geschichte des Zweiten Weltkrieges zu prüfen hatte, habe ich sogar eine umfängliche Verwaltungskorrespondenz gefunden, in der es um den Bau dieser Einrichtung ging, den die SS bei einer Privatfirma in Auftrag gegeben hatte. Diese Korrespondenz ging, wenn ich mich recht erinnere, auf das Jahr 1941 zurück.

Wie kann man sich nun erklären, daß es da eine Gaskammer gegeben hat, die offenbar nie benutzt worden ist, während nicht nur die Gaskammern von Auschwitz, sondern auch die in Ravensbrück, Buchenwald und Mauthausen bestehenden Anlagen zur Tötung mittels Gas – um nur die zu nennen, von denen ich mit Sicherheit weiß – auf vollen Touren liefen?

Der Widerspruch, der hier sichtbar wird, läßt sich nach meiner Meinung damit erklären, daß es im Leben und der Funktionsweise des Lagers Dachau zwei verschiedene Phasen gegeben hat. Seit die geheime Aktion zur sogenannten »Vernichtung lebensunwerten Lebens«, das von Hitler betriebene und geschaffene Euthanasieprogramm, begonnen hatte, wurden Kranke und Geschwächte (»Muselmänner«) aus dem Lager Dachau in die psychiatrische Anstalt Hartheim bei Linz in Österreich gebracht und dort vernichtet. Offenbar sollte im Rahmen des Vorhabens, alle Lager mit Gaskammern auszustatten, auch Dachau eine erhalten, teils um die Komplikationen einer Verlegung nach Hartheim zu vermeiden, teils in der Absicht, die Tötung mittels Gas kontinuierlich zu betreiben (»Endlösung der Judenfrage«, Beseitigung der Zigeuner). Doch als die Gaskammer dann fertig war, kam es wahrscheinlich zur Einstufung Dachaus in die Lagerstufe I.

Zu dieser Einstufung gehörte auch die Zusammenführung aller inhaftierten katholischen Priester in Dachau. In diesem »Musterlager« sollte es weder Juden noch »NN«-(Nacht-und-Nebel-)Gefangene geben, die man ohne ein Lebenszeichen bei Nacht und Nebel verschwinden lassen wollte (im Prinzip sollten alle französischen Widerstandskämpfer als »NN« eingestuft und deshalb von Dachau in Lager der Stufe III umgeleitet werden); in diesem »Schau-

Lager« Dachau eine Gaskammer zu betreiben, wäre einfach unlogisch gewesen, weil es dort keine massenhaften Tötungen mehr geben sollte.

Die Transporte von Schwachen und Kranken, deren Zusammenstellung wir beobachteten und deren Ziel wir kannten (Buchenwald oder Bergen-Belsen), waren für die Gaskammern anderer Lager bestimmt. Umgekehrt verhielt es sich mit den 93 russischen Offizieren, der einzigen Massenexekution seit 1943 (seit Michelet und Jules Jost im Lager waren; was vorher war, kann ich nicht mit Bestimmtheit sagen): Sie wurden nicht vergast, sondern erschossen, wahrscheinlich mit Maschinenpistolen.

Warum bin ich auf diese hypothetische Gaskammer so ausführlich eingegangen? In Frankreich, in Deutschland und in anderen Ländern der freien Welt ist eine »revisionistische« Kampagne im Gange, die die Existenz der Gaskammern bestreitet. Diese Kampagne, von Gruppen und von Einzelnen betrieben, die sich nach dem Nazismus zurücksehnen und durch die Bank Antisemiten sind, hat vor allem Auschwitz und seine unzähligen jüdischen Opfer im Auge.

Wenn man die absurden und widerwärtigen Behauptungen der »Revisionisten« zunichte machen will, muß man sich auf unanfechtbare Beweise stützen. Wer von unseren Kameraden glaubt, ohne jeden Beweis behaupten zu sollen, daß die Gaskammer von Dachau tatsächlich in Betrieb gewesen sei, trägt indirekt zur Schwächung der Beweise bei, die für jene Orte vorliegen, an denen Millionen von Menschen unter schrecklichen Bedingungen umgekommen sind.

*

Es ist anzunehmen, daß unter unseren Tschechen auch Kommunisten waren, aber mir ist keiner begegnet. Unsere sozialistischen und national-sozialen Freunde (letztere zählten zur Partei von Masaryk und Benesch) sind ebenso wie die Liberalen, die Konservativen, die Offiziere und die Priester allesamt nach der Befreiung der Tschechoslowakei heimgekehrt.

Anders als in Polen, wo das kommunistische Lubliner Komitee im Gefolge der russischen Armee seine Herrschaft errichtete, herrschten in der Tschechoslowakei nach 1945 leidlich normale demokratische Verhältnisse, die durch sowjetische Übergriffe und durch die Forderungen der Kommunisten zwar immer stärker ausgehöhlt wurden, aber bis zum »Prager Umsturz« von 1948 ohne durchschlagenden Erfolg. Auch Wlado kehrte in seine Heimat zurück. Er hat alle Tragödien, die die tschechoslowakische Geschichte seit vierzig Jahren prägen, überlebt. Alljährlich schickt er mir eine Neujahrskarte, aber wir haben uns nie wiedergesehen.

Unter den slawischen Völkern bildeten die Slowenen in Dachau die viertstärkste Gruppe. Bis 1918 hatte dieses kleine Volk ungeteilt unter der Herrschaft der Habsburger gelebt. Seine erst in jüngerer Zeit entstandenen Eliten hatten zumindest teilweise ihre Studien in deutscher Sprache absolviert, doch bestand eine heftige Rivalität zwischen Deutschen und Slowenen im äußersten Südosten des Alpenvorlandes, in der Steiermark und in Kärnten, und als das slowenische Volk sich 1918 mit den Kroaten und den Serben zu Jugoslawien zusammenschloß, wurden einige Bezirke dieser Länder Slowenien angegliedert. In Kärnten bestand aber weiterhin eine kleine slowenische Minderheit. Ein größerer Teil des slowenischen Volkes lebte in den zuvor österreichischen Provinzen Görz (Gorizia) und Istrien sowie in Triest, Gebieten, die zunächst Italien als »Terra irredenta« für sich beanspruchte, die dann aber nach 1918 Slowenien an Jugoslawien »heimholen« wollte (nach 1945 wurde ihre teilweise Angliederung erreicht). Dafür gab es in den Gebieten der Süd-Steiermark, die nach 1918 zu Jugoslawien geschlagen worden waren, ebenso wie im benachbarten Krain eine beachtliche deutsche Minderheit.

Als Hitler 1941 Jugoslawien besetzte, gliederte er diese südlichen Teile der Steiermark und Kärntens, die Österreich 1918 hatte abtreten müssen, wieder dem Großdeutschen Reich an, während die Italiener den Rest von Slowenien besetzten. Zu den größeren Städten der zwischen 1918 und 1941 jugoslawischen Süd-Steiermark gehörten Maribor (Marburg) und Celje (Cilli). Die Errichtung einer slowenischen Abteilung am Gymnasium von Cilli gegen den Willen militanter Kräfte in der deutschen Bevölkerung hatte vor 1914 jahrelang die Arbeit des österreichischen Parlaments gelähmt. Aus Cilli stammte mein Kollege Peric, der vor mir und dann mit mir Hauptschreiber der Kartei der Politischen Abteilung war. Peric war ein großer Mensch in meinem Alter, Häftling seit 1941; seine runden Wangen zeigten, daß er zur Minderheit der Prominenten gehörte. Er hatte unter den Schülern des berühmten Gymnasiums zu den treibenden Kräften der slowenisch-nationalen Pfadfinderbewegung gehört.

Er war direkt von der Schulbank ins Konzentrationslager gewandert. Ruhig, ein guter Beobachter, deutsch wie ein Deutscher (oder vielmehr wie ein Österreicher) sprechend, war er ein Patriot, der die Sieger haßte, der aber der Meinung war, der einzig mögliche Akt des Widerstandes im Lager bestehe im Überleben. Anfangs begegnete er mir mit einem gewissen Mißtrauen, das in einer so gefährlichen Welt wie dem Konzentrationslager natürlich und gerechtfertigt war, und doppelt gerechtfertigt in dem besonders gefährlichen Teil dieser Welt, den das Kommando der Politischen Abteilung darstellte.

Aber recht bald akzeptierte er mich und diente mir als Führer an einem Ort, wo man aus Unkenntnis der ungeschriebenen Regeln leicht Fehler machen konnte. Während wir in den langen Monaten des Herbstes, des Winters und des Frühlings still nebeneinander arbeiteten, erhofften und fürchteten wir gemeinsam den Zusammenbruch der SS-

Herrschaft. Wir mußten dieses so sehr herbeigesehnte Datum fürchten, hatten wir doch damit zu rechnen, daß die SS uns als Mitwisser von Staatsgeheimnissen und eventuelle Belastungszeugen ansehen und versucht sein könnten, sich unserer im letzten Moment zu entledigen.

Peric und seine Freunde hatten einen weiteren Grund, die Zukunft zu fürchten; als militante Patrioten, die aus bürgerlichen Familien stammten und seit langer Zeit inhaftiert waren, hatten sie von Titos Kommunisten, die mit Zustimmung der Angelsachsen im wiederhergestellten Jugoslawien die Herren werden sollten, nichts Gutes zu erwarten. Das slowenische Volk war in seiner überwältigenden Mehrheit dem Katholizismus sehr treu ergeben; ähnlich wie in Polen hatte die Kirche, die sich mit der Nation identifizierte, das kulturelle Erwachen dieses kleinen Volkes angeleitet. Peric machte sich über die Schwierigkeiten, die ihn erwarteten, keine Illusionen. Ich weiß nicht, was aus ihm geworden ist, aber schon in Dachau rissen nach der Befreiung die Tito-Kommunisten die Vertretung der Jugoslawen an sich.

Ihr Repräsentant Juranic saß im internationalen Lagerkomitee. Innerhalb der Selbstverwaltung, die unter dem Vorsitz von Patrick O'Leary und unter der Kontrolle des amerikanischen Hauptmanns Rosenberg entstand, war Juranic verantwortlich für den Bunker, der zu einem Gefängnis für Verräter, Kollaborateure und Verdächtige geworden war. Rasch verbreitete sich das Gerücht, daß das Leben dort keine Idylle wäre.

Unter den neuen Gefangenen, die durch die Wendung des Schicksals jetzt die Stelle der bestraften Häftlinge einnahmen, waren auch Franzosen, die sich als Freiwillige zur Division Charlemagne oder zur Waffen-SS gemeldet hatten; aus dem SS-Straflager (es lag neben dem Schutzhaftlager, und oft hatten wir gesehen, wie Trupps von SS-Sträflingen im Gleichschritt »unseren« Appellplatz überquerten) hatten sie sich im Durcheinander der letzten und der ersten Tage in das Häftlingslager schleichen können. Nachdem man sie erkannt und identifiziert hatte, waren sie in den Bunker gekommen, wo der Kamerad Juranic herrschte.

Als er davon hörte, rief Edmond Michelet aus: »Gleichgültig, was sie gemacht haben – das ist eine Geschichte zwischen ihnen und uns; ich lasse keine Franzosen in den Händen dieses jugoslawischen Kommunisten«, und er befahl mir, sie auf der Stelle zu holen. Ich ging, und auf meine Bitte hin begleitete mich ein französischer Hauptmann in Uniform, der uns gerade einen Besuch abstattete. Juranic war über diese Einmischung in seinen Bereich sichtlich erbost, wagte aber nicht, sich unserem Verlangen zu widersetzen.

Ich lief also durch die Gänge des Bunkers und ließ mir nacheinander alle Zellen öffnen, in denen so viele unserer Kameraden schreckliche Torturen durchgemacht hatten. Auch den jetzigen Insassen ging es offensichtlich schlecht. Als bekannt wurde, daß ich gekommen war, um Franzosen abzuholen, behaupteten alle, französischer Nationalität oder französischer Abstammung zu sein. Aber die Anweisung war strikt, und ich konnte sie gegenüber Juranic und den Amerikanern nicht überschreiten.

So begnügte ich mich damit, meine kleine Schar dadurch zu erweitern, daß ich einige Zweifelsfälle aufnahm – Deutsche, die im Elsaß geboren waren, angebliche Nachfahren von Hugenotten –, und führte sie, noch immer von dem Hauptmann flankiert, in das französische Lager. Ich fragte mich, ob nicht auch der arme Peric gern einen französischen Großvater für sich entdeckt hätte.

*

Für die Franzosen von Dachau war Luxemburg eines der wichtigsten Länder Europas. Gemessen an der Gesamtbevölkerung des Staates, waren die Luxemburger weit überrepräsentiert. Wäre unser Anteil ebenso groß gewesen, hätte Dachau 45 000 französische Gefangene gezählt!

Im übrigen war Französisch, auch wenn zuhause und untereinander Moselfränkisch, ein deutscher Dialekt, gesprochen wurde, die Amtssprache des Großherzogtums. Für die Luxemburger war es daher eine Fortsetzung ihres Widerstandes, wenn sie sich in Dachau des Französischen bedienten und den Franzosen ihre freundschaftliche Solidarität bewiesen. Die Untertanen der Großherzogin Charlotte, die ja alle die beiden Sprachen beherrschten, dienten den Franzosen gern als Dolmetscher und Vermittler. Dabei glichen die meisten unserer Luxemburger durch ihre ernste und bedächtige Art, durch eine gewisse Gemessenheit, Naivität und Provinzialität, durch ihren sehr klerikalen und sehr politischen, tief vom Zentrum, der großen katholischen deutschen Partei, geprägten Katholizismus mehr ihren Gegnern als ihren Verbündeten und Schützlingen.

Deutschsprachig, diszipliniert und ordentlich, hatten sie im großen und ganzen gute Kommandos. Unser Freund Jules Jost, ein junger Priester und Sohn eines Eisenbahners, im Lager seit 1943, erfreute uns durch seine stets ausgeglichene Stimmung, seine unerschöpfliche Bereitschaft zum Zuhören und durch seine diplomatische Kunst. Er kannte jeden, und er sah es jedem an, wenn er Schwierigkeiten hatte. Mit einem elegant geschnittenen gestreiften Häftlingsanzug bekleidet, eilte er durch die Alleen der Blocks und durch die Gänge des Reviers. Als ein »Rezeptionist«, der Vertrauen genoß, übte er seine Funktionen nicht nur im Lager selbst aus; bewacht von einem SS-Mann, der seinem Befehl unterstellt zu sein schien, fuhr er zu den in der Umgebung von Landsberg improvisierten Waldlagern, um die Tausende von unglücklichen Juden aus Ungarn, die pausenlos dort eingeliefert wurden, auf Meldebögen zu erfassen.

Denen, die ganz verzweifelt waren, hat er mit seiner ruhigen und herzlichen Stimme einen Augenblick des Trostes geschenkt. Er hat uns mehr als jeder andere über das Lager, seine Regeln, seine Persönlichkeiten, seine Institutionen und seine Vorgeschichte unterrichtet. Die SS-Führer, die für uns namenlose Mythen blieben, kannte er fast alle persönlich. Er kümmerte sich um unsere Probleme, verhalf Leuten, die uneingeteilt waren, zu einem Kommando, und bemühte sich, wenn einer aus unserer Gruppe herausgerissen zu werden drohte, ihn von der Transportliste streichen zu lassen.

Wir wiederum amüsierten und überraschten ihn durch das Pariserische, das Spontane und Lockere an unserer Lebensart, an unserer Handlungs- und Redeweise. Leute wie wir waren ihm weder in seiner Familie noch im Seminar je begegnet. Als ehemaliger Sekretär des Bischofs hatte er sicherlich am Hof des Großherzogs verkehrt, aber auch dort dürften junge Intellektuelle unseres Schlages eher eine Seltenheit gewesen sein. So freundete er sich mit uns an und lauschte lächelnd unseren ätzenden Gesprächen und unseren poetischen Wortgefechten. Mich schloß er besonders ins Herz, weil ich Deutsch sprach, weil ich, wie er, zu einem wichtigen Kommando gehörte, wo es galt, das Vertrauen der SS zu erlangen, ohne es zu verdienen, und sicherlich auch, weil ich in unserer Gruppe der einzige praktizierende Katholik war.

Obwohl François aufgrund der von ihm ausstrahlenden moralischen Autorität unser eigentlicher Führer war, wirkte ich nach außen hin als der »Manager«, der Organisator, der Verwalter. In den Gesprächen mit Jules Jost erfuhr ich manches über die luxemburgische Politik, über den Hof und über die römische Kirche. Nach dem Krieg ist er jahrelang oft nach Paris gekommen, um alte Freunde aus der Häftlingszeit zu besuchen. Er war damals oberster Militärgeistlicher der luxemburgischen Armee.

Bescheiden, großmütig, unerschütterlich, mit der Welt vertraut und zugleich sehr weltfern, war Pfarrer Jules für unsere kleine Gruppe ein Freund und ein Beschützer. Ihm und seinen Landsleuten wurde die Genugtuung zuteil, nur wenige Tage nach der Befreiung den Besuch ihres Erbprinzen, des gegenwärtigen Großherzogs Jean, zu empfangen, der in der englischen Armee diente. Die luxemburgischen Deportierten von Dachau waren die einzigen, die mit einem so ranghohen Besuch geehrt wurden. In diesem kleinen Land, wo alle sich kannten, herrschte eine sehr starke Solidarität. Deshalb hatte Hitler beschlossen, die Luxemburger, das ganze Volk, nach Polen zu deportieren, um die starken Bande ihrer gemeinschaftlichen Identität zu zerreißen. Er hatte nicht die Zeit, einen so verhängnisvollen Plan auszuführen, und Gott sei Dank konnte er auch das analoge Projekt, die deutschen Bewohner Südtirols in den Warthegau oder das polnische Pomerellen zu verpflanzen, nicht zu seinem bösen Ende führen.

Unser Freund Volgger war mit den Nazis in Konflikt geraten, weil er sich gegen diese Umsiedlung wehrte, durch die die Südtiroler Bauern, die über ein Jahrtausend lang freie Menschen geblieben waren, ihren Bergen und ihrer Geschichte entrissen werden sollten. In ihrer geographischen, politischen und kulturellen Grenzsituation waren Jost und Volgger die Verkörperung wesentlicher Tugenden einer deutschen Überlieferung, die Hitler zerstören wollte.

*

Auch die Belgier standen uns sehr nahe – vor allem aufgrund der Sprache. Diejenigen, mit denen wir regelmäßig zusammenkamen – Bob Claessens, der bekannte kommunistische Anwalt aus Antwerpen, der tolerant und großmütig war (wie verzweifelt mußte er sich auf die Hoffnung versteifen, wie stark mußte allen Schwierigkeiten zum Trotz sein Glaubensbedürfnis sein, daß er seinen Humanismus mit dem Stalinismus in Einklang bringen konnte?), der Pater De Coningk, ein Jesuit im besten Mannesalter, an das Befehlen ebenso gewöhnt wie an die Demut, und selbst Arthur Haulot, der reservierte, undurchschaubare Chef aller Pfleger des Reviers in seiner Eigenschaft als Revierkapo (eine der höchsten Stellungen im Lager), der später in Belgien als Hochkommissar für den Tourismus politische Karriere machen sollte – sie alle, ob Wallonen, Brüsseler oder Flamen, waren Intellektuelle, die das Französische als einen wesentlichen Bestandteil ihres Erbes pflegten.

Es kann auch sein, daß ein heimliches Leiden sie mit uns verband. Alle französischen Widerstandskämpfer hatten an der permanenten Demütigung zu tragen, ihr Land in den Händen einer »nationalen« Regierung zu wissen, die sich lange auf eine Scheinlegitimität hatte berufen können, weil sie vorübergehend massenhafte Zustimmung erfuhr, eine Zustimmung freilich, die auf Selbsttäuschungen und falschen Überlegungen beruhte, motiviert von Furcht, Kleinmut, engstirnigem politischem Revanchedenken, von den Fehlkalkulationen der Zyniker, kurz, von der feigen Selbstentlastung. In der gleichen Weise litten die Belgier darunter, daß ihr König keine eindeutige Haltung bezog, daß Entscheidungen ihrer angesehensten Regierungsmitglieder durch Unschlüssigkeit verzögert worden waren, und daß die Besatzungsmacht und ihre Kollaborateure sich die allzu lange unterdrückten Bestrebungen und den aufgestauten Groll des flämischen Bevölkerungsteils zunutze machen konnten.

Dennoch waren die Flamen ebenso zahlreich und ebenso eifrig am Widerstandskampf beteiligt – und ebenso stark in Dachau vertreten – wie die französischsprachigen Belgier. Allerdings konnten wir alle das luxemburgische Volk nur darum beneiden, mit welcher totalen Einmütigkeit es sich der Annexion durch Hitler widersetzt hatte.

Wenig Kontakt hatten wir zu den Holländern und den

Norwegern, obwohl sie doch, vor allem die letzteren, gemessen an der Gesamtbevölkerung ihres Landes recht zahlreich im Lager vertreten waren. Sie bildeten Gruppen, die sehr in sich abgeschlossen waren, stolz und wenig geneigt, sich mit dem bunten Gewimmel der Völker des Ostens und des Südens zu vermischen. Es gab wenige Dänen, was, wie wir erst nach dem Krieg erfuhren, dem mutigen Auftreten des deutschen Diplomaten Georg Ferdinand Duckwitz zu verdanken war, der sich listig und hartnäckig dagegen wehrte, daß die Gestapo in das Königreich eindrang, aber auch der würdevollen Standhaftigkeit des Königs, der im Lande blieb, sich aber weigerte, auch nur den geringsten Regierungsakt zu vollziehen.

Georg Ferdinand Duckwitz bewies seinen Kollegen vom Auswärtigen Amt, was sie hätten tun und verhindern können, wenn sie von dem gleichen Willen beseelt gewesen wären, von innen heraus gegen ihre verbrecherischen Führer zu kämpfen. Für einmal wurde die Tugend belohnt: Duckwitz, der in ganz Dänemark freundschaftliche Wertschätzung genoß, sollte seine Karriere als Staatssekretär im Bonner Auswärtigen Amt beenden. Das Ansehen, das Holländer, Norweger und Dänen in unseren Augen genossen, hatte ihnen die unzweideutige und geradlinige Haltung der Führer ihres Landes verschafft: Als die Kampfhandlungen auf dem nationalen Territorium eingestellt werden mußten, gingen die Königin der Niederlande und der König von Norwegen mit ihren Ministern nach London, damit ihr Land und ihr Volk weiterhin im Kriegszustand blieben. Die Kollaborateure, die Musserts und Quislinge, konnten in diesen Ländern nur Minderheiten von Abweichlern, irregeleiteten Ehrgeizlingen und gewöhnlichen Kriminellen hinter ihren Fahnen, denen der Makel des Verrats anhaftete, vereinen. Jeder Widerstandskämpfer verstand sich als Soldat der legitimen Armee.

In Frankreich mußte die Résistance wegen des unverzeihlichen Fehlers Pétains einen Bürgerkrieg gegen den Staatsapparat führen, während das Volk sich nur allmählich und nie vollständig von den falschen Gewißheiten und den wahren Lügen befreite, die mit Billigung des »Siegers von Verdun« verbreitet wurden.

Es ist bekannt, daß die oberste Leitung der SS, Himmler selbst und der Chef des RSHA, Walter Schellenberg, eine seltsam schillernde Persönlichkeit, in den letzten Kriegswochen auf eigene Rechnung und zum persönlichen Vorteil eine Art Sonderfrieden, eine Art Privatkapitulation auszuhandeln versuchten. Viele ungarische Juden und wahrscheinlich auch – zumindest indirekt, aber darauf komme ich noch zurück – die Masse der Häftlinge von Dachau verdanken ihr Leben diesen geheimen Verhandlungen.

Einer der wesentlichen Verhandlungspartner war der Graf Folke Bernadotte, ein Neffe des schwedischen Königs und Vizepräsident des Schwedischen Roten Kreuzes. Bernadotte sorgte sich aus skandinavischer Solidarität in erster Linie um das Schicksal der norwegischen und dänischen Deportierten. So kam es, daß im März 1945 eine Mission des Internationalen Roten Kreuzes im Lager eintraf und sich in der ersten Baracke auf der Seite mit den geraden Nummern, direkt am Appellplatz, wo sich bereits die Post, die Bibliothek und das Depot der Kantine befanden, niederließ, um für unsere Kameraden, die Untertanen der Könige Haakon von Norwegen und Christian von Dänemark waren (die Könige waren übrigens Brüder), die Abfahrt nach Schweden zu organisieren.

Brandneue Reisebusse, die die Fahne des Roten Kreuzes trugen, brachten die Skandinavier fort. Gewiß beneideten wir sie, aber diese Abreise war doch ein offenkundiges Anzeichen für ein nunmehr unausweichliches Ende. Zur gleichen Zeit erhielt das Internationale Rote Kreuz die Erlaubnis, sich im Lager niederzulassen, um die Verteilung der Pakete zu überwachen, nachdem es sich bereit erklärt hatte, diese allen Staatsangehörigen der alliierten Mächte zuzuleiten, mit Ausnahme der Russen – die Sowjetunion war vor langer Zeit von der Genfer Konvention zurückgetreten – und der Italiener, denen Deutschland nicht den Status von Kriegführenden zuerkannte, weil die Regierung der Italienischen Sozialrepublik, die Regierung von Mussolini, treu zur Achse hielt. Die SS hatte Anweisungen erhalten, die Abgesandten des Roten Kreuzes in der Erfüllung ihrer Mission nicht zu behindern, und diese beschränkten sich strikt auf das Austeilen der Pakete.

Sie hatten, soweit ich weiß, keinen Kontakt mit der illegalen Lagerleitung und bemühten sich nicht um Informationen über unsere Lebensbedingungen. In dieser Zeit wurde ein Schweizer, ein protestantischer Pastor, entlassen, einer der wenigen Schweizer unter den Häftlingen. Obwohl frankophon, blieb er eine etwas mysteriöse Gestalt, und wir hatten uns stets vor ihm in acht genommen. Ich glaube mich zu erinnern, daß er nach der Heimkehr Schwierigkeiten mit den Schweizer Behörden hatte. Wahrscheinlich hatte er irgendwann nazistischen Verlockungen nachgegeben...

Lange bevor die Staatsangehörigen der übrigen alliierten Mächte ihre Rote-Kreuz-Pakete erhielten, gelangten die Franzosen in den Genuß solcher Sendungen. Kurz vor Weihnachten wurden die Blockältesten von der SS angewiesen, alle französischen Staatsangehörigen zur Post zu schicken. Jedem wurde ein Fünf-Kilo-Paket ausgehändigt, das über das Internationale Komitee in Genf vom Französischen Roten Kreuz kam. Tatsächlich handelte es sich um Pakete, wie sie den Kriegsgefangenen regelmäßig geschickt wurden; wie hatte das Rote Kreuz es nur fertig gebracht, daß die französischen Häftlinge in den Konzentrationslagern in den Genuß dieser Sendung kamen? War das bereits ein Vorzeichen der erwähnten Bemühungen um ein Sonderabkommen, der Verhandlungen mit Graf Bernadotte?

Die Häftlinge von Dachau hatten tatsächlich das Recht, wöchentlich ein Paket zu empfangen, aber grundsätzlich nur von ihrer Familie, so daß die Ausübung dieses Rechts praktisch auf diejenigen beschränkt war, deren Familie ihren Wohnsitz im Großdeutschen Reich oder in den besetzten Gebieten hatten. Frankreich gehörte seit dem Herbst 1944 nicht mehr dazu, und im Gegensatz zu den Deutschen, den Österreichern, den Tschechen, den Polen und den Holländern hatten die Franzosen, die zum größten Teil erst im Sommer 1944 gekommen waren, nie etwas erhalten. Für viele von uns kamen diese Pakete gerade rechtzeitig: Um Weihnachten wog ich nur noch 35 Kilo – bis zur Befreiung sollte ich mit 55 Kilo wieder ein annähernd normales Gewicht erreichen.

Die Pakete enthielten herrliche Sachen: Sardinenbüchsen mit hundert Sardinen, Zucker, Zigaretten, Grieß, Kaffee. Was macht man mit hundert Sardinen auf einmal, die sich nicht lange halten, wenn die Büchse einmal offen ist? In einer Gruppe wie der unseren, die gemeinsame Küche machte, stellte sich diese Frage im Grunde nicht. Zu den sieben ursprünglichen Mitgliedern waren im Herbst Jean Lorenceau und Jean Bruneau (Tristan) hinzugekommen, junge Leute, die zum Widerstandsnetz der Écoles de Cadre du Maquis (Réseau Périclès) gehörten, bei dem auch Gaston Gosselin, Gilbert Lazard und ich »gearbeitet« hatten. Später holten wir Paul Teitgen hinzu, der in sehr schlechtem Zustand mit einem Transport aus Buchenwald kam. Jean Sussel hatte mit seinem Bruder Pierre-Henri im Comité général des Experts gearbeitet, das von den vereinigten Bewegungen der Résistance beauftragt war, die Institutionen des befreiten Frankreich vorzubereiten. Uns war es eine selbstverständliche Pflicht, ihn in unsere Solidarität einzubinden. Außerdem war er charmant und klug, von einer rauhbeinigen Freundlichkeit, stets bereit, den anderen zu helfen; sein strenger Katholizismus paßte sehr gut mit der ästhetischen Strenge Zebus zusammen. Wir waren also zehn, und Lorenceau, groß und stark, wurde unser Koch. Er ließ abends auf dem Stubenofen die Sardinen in ihrem Öl schmoren; jeder hatte Anspruch auf eine Ration von zehn Sardinen, dazu gab es gezuckerten Grießbrei. Als Jefim in den Krankenbau kam, brachte ich ihm täglich seine Ration, und ich muß gestehen, daß ich nicht immer der Versuchung widerstanden habe, von dem Anteil des kranken Freundes einen oder zwei Löffelvoll zu entnehmen.

Der Kaffee, mit dem wir nichts anfangen konnten, wurde von den Kommandos, die mit der Zivilbevölkerung Kontakt hatten, auf dem schwarzen Markt teuer verkauft. Wir tauschten für den Rote-Kreuz-Kaffee Medikamente gegen Typhus ein, mit denen wir François zu heilen hofften. Auch unsere Gauloises, weit besser als der ukrainische Machorka, der mehr Stroh als Tabak enthielt, verschafften uns mancherlei Vorteile.

Das Paketwunder sollte sich noch mehrmals wiederholen. In den ersten drei Monaten des Jahres 1945 erhielt jeder Franzose zwölf Pakete zu fünf Kilo. Das hatte niemand erwartet, es war unvorstellbar, und so genossen die Franzosen in den Blöcken und Kommandos ein rapide steigendes Ansehen; viele Polen und Deutsche bekamen in dieser Zeit keine Pakete mehr von ihren Familien – die sowjetischen Truppen drangen an der Ostfront vor, und die Bombardements, die immer mehr zunahmen und immer zerstörerischer wurden, zerrütteten schließlich die inneren Verkehrsverbindungen des Reiches. In der französischen Gemeinschaft wurden Stimmen laut, die sich dafür aussprachen, mit allen zu teilen. War es nicht unerträglich, wie die Nachbarn jede unserer Handbewegungen mit hungrigen Blicken verfolgten und uns zusahen, wie wir kauten? Unsere Gruppe gehörte zu denen, die sich gegen diesen humanitären Vorschlag wandten. In der Zeit, als sie reichlich versorgt waren, hatten die Deutschen und die Polen ihre Pakete nicht mit den Angehörigen der anderen Nationen geteilt. Selbst die polnischen Priester bezahlten den Französischunterricht, den ausgehungerte französische Studenten ihnen gaben, mit Lagerbrot und behielten das Weißbrot und die Kuchen, die sie von zuhause bekamen, für sich und ihre Freunde.

Was hätten außerdem 70 000 Gefangene bei der Aufteilung von 5000 französischen Paketen bekommen? Keinem war es verwehrt, individuell mit seinen Nachbarn von der Stube oder vom Kommando zu teilen. Hätten wir anders gehandelt, wären doppelt oder dreimal soviele Franzosen gestorben. Auf die Haltung, die wir damals eingenommen haben, bin ich nicht stolz, aber ich bereue sie nicht, und ich denke, daß ich wieder so handeln würde.

Nach der Befreiung erfuhr ich den Grund der außergewöhnlichen Fülle, die uns zugute gekommen war: Das Internationale Rote Kreuz war von den Nazi-Behörden angewiesen worden, sämtliche Pakete, die für alle französischen Häftlinge in allen Lagern des Reiches bestimmt waren, nach Dachau zu leiten. Dachau sollte als allgemeines Zwischenlager dienen, aber nachdem die Pakete da waren, erklärte sich die SS außerstande, die Weiterleitung zu den anderen Lagern zu gewährleisten, weil zu der Desorganisation der Verkehrsverbindungen ein strenger Winter hinzukam. Das Rote Kreuz wollte die Pakete aber nicht in die Schweiz zurückschicken und beschloß, sie an Ort und Stelle zu verteilen. Wir haben, ohne es gewußt oder gewollt zu haben, vom Hunger der anderen profitiert. Da während der gesamten Dauer der Operation, drei Monate lang, die Leute vom Roten Kreuz anwesend waren, ist nicht ein Paket von einem SS-Mann veruntreut worden; bei anderen Gelegenheiten hatten sich einige unserer »Wächter« aber keineswegs gescheut, das Gepäck der Neuankömmlinge um die wertvollsten Sachen zu erleichtern.

*

In unserem »Völkerbund«, einem Bund der eingesperrten Nationen, nahmen die Italiener die Stellung eines Subproletariats ein, knapp über den Juden, wenn es, außer in den »Waldlagern«, Juden gegeben hätte. Die Italiener hatten die Deutschen nach dem Bündniswechsel von 1915 zum zweiten Male »verraten«. Sie hatten 1940 dem besiegten Frankreich einen Eselstritt versetzt. Für die Russen waren sie die ruhmlosen Verbündeten der nazistischen Eindringlinge. Da sie die kroatischen Faschisten unterstützten und die Slowenen sowie die Slawen in Dalmatien unterdrückten, wurden sie von den Jugoslawen gehaßt. Von den Heldentaten des italienischen Widerstands, die nach dem Krieg in bewunderungswürdigen Filmen dargestellt worden sind, wußte man damals nichts. Die Italiener – *poveri figli di mamma* – waren innerhalb einer für sie unbegreiflichen Welt vollkommen isoliert, entstellt durch den kahlrasierten Scheitel, die »Lausallee«, ein Symbol der Verachtung, die sie umgab. Dabei lebten unter ihnen bemerkenswerte Menschen, von denen wir einige kennenlernten, zum Beispiel den Pfarrer Manziana, einen kultivierten und ruhigen Priester, dessen Augen eine inbrünstige Spiritualität verrieten. Er wurde später Bischof von Crema, und dort hat Edmond Michelet ihn wiederholt besucht, wenn er mit jenen unter seinen fünfzig Enkelkindern, die gerade fünfzehn geworden waren, seine alljährliche Italienreise machte. Bei der Befreiung lernten wir den Pastor Melodia kennen, einen protestantischen Sizilianer, der merkwürdigerweise ausersehen worden war, die Italiener im internationalen Komitee zu vertreten. Hatte er vielleicht Beziehungen zur italienischen Immigration in den Vereinigten Staaten?

Ich habe bereits erwähnt, daß es eine relativ kleine spanische Gruppe gab, annähernd vom gleichen Umfang wie die Luxemburger und, wie sie, von hoher sozialer und menschlicher Qualität. Die Spanier waren fast ausnahmslos »Politische«. Unter ihnen gab es nicht jene für die französische Gruppe so charakteristischen »Geiseln«, die sich noch immer fragten, »warum sie da waren«, obwohl sie doch nicht im geringsten opponiert hatten, weder gegen die Besatzungsmacht noch gegen die »Regierung des Marschalls«! Diese amorphe Masse lebte in einem Zustand dumpfer Feindseligkeit gegen die Widerstandskämpfer, die von ihr mehr oder weniger für ihr Unglück verantwortlich gemacht wurden. Nichts dergleichen bei den »Rotspaniern«, die überwiegend in den Reihen der republikanischen Armee gekämpft hatten und für die es ganz selbstverständlich war, sich am Kampf gegen die Nazis zu beteiligen, wußten sie doch, daß Franco nur mit Hilfe der italienischen und der deutschen Diktatur hatte siegen können. Die Spanier bewahrten sich, obwohl sie sehr unter dem Klima litten, eine vorbildliche Würde. Viele von ihnen waren der Herkunft nach Arbeiter; die Erfahrungen des politischen und militärischen Kampfes hatten sie zu einem hohen Maße von Ordnung und Disziplin befähigt.

Gegen die Franzosen verhielten sie sich fast alle sehr solidarisch, trotz des üblen Empfangs, den die Regierung Daladier ihnen 1939 bereitet hatte, und der unverhohlenen Feindseligkeit, mit der die »Behörden« von Vichy sie behandelten. Dank Edmond Michelet wurde ihnen diese Solidarität später vergolten.

Als erfahrene Arbeiter hatten sie in der Regel gute Kommandos, bei denen es möglich war, etwas zu »organisieren«, was in der Lagersprache bedeutete, zurechtzukommen, sich das Nötigste zu beschaffen, einen mehr oder weniger vorteilhaften Tauschhandel aufzuziehen.

Nach der Befreiung versuchten die Amerikaner, mit Hilfe einfacher Vorstellungen Ordnung in das Chaos der Konzentrationslager zu bringen. Dazu gehörte der Begriff der »displaced persons«: die Häftlinge, die Deportierten, die Zwangsarbeiter, die Flüchtlinge unterschiedlichster Art, die die Nazis alle in einen großen Topf gesteckt hatten, diese unübersehbare, bunt durcheinandergewürfelte Völkerschaft zerfiel für die amerikanische Militäradministration in drei große Kategorien. Da gab es zunächst die Kollaborateure und Helfershelfer des Feindes, Kriegsverbrecher unterschiedlichen Kalibers, die es ihrer verdienten Strafe zuzuführen galt. Diesem Schema folgend, lieferten Amerikaner und Briten – letztere kaum entschuldbar, weil sie genau wußten, was sie taten – später Zehntausende von Soldaten und Offizieren der Armee Wlassow, die sich im Bündnis mit Hitler gegen die totalitäre Herrschaft Stalins aufgelehnt hatten, an die Sowjets aus.

Dann gab es all jene, die, infolge des Krieges fern ihrer Heimat, so rasch wie möglich heimkehren wollten. Dies traf natürlich auf die französische Gemeinschaft von Dachau zu. Schließlich gab es als dritte Kategorie die »displaced persons«, die aus unterschiedlichen Gründen nicht heimkehren wollten oder konnten. Zu ihnen gehörten vor allem die überlebenden Juden aus Polen, Rußland, den baltischen Staaten und Rumänien, die der in diesen Ländern traditionelle und vom Nazismus übersteigerte Antisemitismus davon abschreckte, in ihre »Heimat« zurückzukehren, wo ihre Familien umgekommen waren, wo man ihre Häuser verwüstet oder besetzt und ihren Besitz gestohlen oder usurpiert hatte.

Viele von ihnen – wie übrigens auch viele Nichtjuden aus diesen Ländern – wollten darüber hinaus nicht in ein Vaterland zurück, das unter die Herrschaft der Kommunisten geraten war. Diese Leute wurden, sofern nicht eine alliierte Regierung sie anforderte, wie es mit den Soldaten Wlassows geschah, deren Auslieferung die Sowjets forderten, vorläufig von den Amerikanern unterhalten, in der Hoffnung, die Bürde auf die Deutschen abwälzen zu können, die schließlich dafür verantwortlich waren, daß diese Flüchtlinge sich in ihrem Land befanden.

In den ersten Wochen nach der Befreiung gingen das Internationale Komitee und die amerikanische Militärbehörde daran, die geographische Verteilung der Lagerinsassen im Sinne dieser einfachen Idee umzugestalten. Wie schon gesagt, verschwanden die Kollaborateure des Feindes, sobald sie entdeckt wurden, im Bunker, der unter der Aufsicht von Juranic stand. Die Angehörigen der alliierten Länder mit »normalem« Status wurden in gut erhaltene Gebäude auf dem riesigen Gelände des SS-Lagers eingewiesen. Die Franzosen erhielten auf diese Weise einen ganzen Komplex von Kasernen, Offizierswohnungen, Kasinos und Krankenhäusern, wo wir bis zur allgemeinen offiziellen Repatriierung eine vorläufige nationale Existenz organisieren konnten.

Dort entdeckten wir auch Arrestlokale, so daß wir die französischen Kollaborateure, die ich eines Tages auf Anweisung von Michelet aus dem Bunker holte, in unsere eigene Obhut nehmen konnten. Ich selbst hatte zusammen mit Gosselin in der Nähe eine reizende kleine Villa ausfindig gemacht, die ganz unseren Bedürfnissen entsprach. Im Erdgeschoß eine Küche sowie ein geräumiges Eßzimmer und ein Salon mit etwas schweren, aber bequemen Möbeln, im ersten Stock zwei Schlafzimmer mit je eigenem Bad – wir fühlten uns dort großartig, ein wenig abgeschirmt von der bedrückenden Enge des Kollektivlebens, das in den neuen Kasernen weiterging. Im Eßzimmer gab es einen großen runden Tisch. Eine riesige Hakenkreuzfahne diente uns als Tischdecke.

Als die französische Kolonie in die neuen Räumlichkeiten umzog, wollten wir die spanischen Kameraden mitnehmen. Die Amerikaner hatten das bisherige Häftlingslager für »displaced persons« vorgesehen, mit deren unmittelbarer Repatriierung nicht zu rechnen war. Michelet und das französische Komitee waren sich darin einig, daß die »Rotspanier« als Kämpfer des französischen Widerstandes, die man in Frankreich verhaftet hatte, unter unsere Verantwortung fielen. Die amerikanische Behörde wollte davon nichts wissen. Die Spanier, die nicht zu Franco zurück wollten, waren ebenso »displaced persons« wie die Polen, die sich weigerten, in ein Vaterland zurückzukehren, das von den Kommunisten okkupiert war. Trotzdem durften wir sie vorläufig in unsere neue Unterkunft mitnehmen.

Als die Repatriierung bevorstand, erklärte Michelet dem Hauptmann Rosenberg, die Spanier würden mit uns nach Frankreich zurückkehren. Er war strikt dagegen. Michelet ließ daraufhin in die Repatriierungslisten, die wir für die Amerikaner erstellen sollten, alle Spanier aufnehmen, wobei er darauf achtete, daß ihre Namen alphabetisch zwischen denen der Franzosen eingetragen wurden. Bei den wenigen und mit Arbeit überlasteten Amerikanern machte sich natürlich keiner die Mühe, diese Listen, auf denen Tausende von Namen standen, genau zu überprüfen.

Am nächsten Morgen bestiegen Franzosen und Spanier in aller Frühe die Busse, die General de Lattre hergeschickt hatte, um sie in die Erholungsheime zu bringen, die in der lieblichen Bodenseelandschaft für sie bereitstanden; nur Michelet und seine Mitarbeiter hatten es vorgezogen, ein wenig später, nach Erledigung ihrer Aufgabe, direkt nach Frankreich zurückzukehren. Gegen 8 Uhr tauchte wütend Hauptmann Rosenberg mit seinen Begleitern bei uns auf: »Wo sind die Spanier?« brüllte er, nachdem er im Laufschritt durch die leeren Kasernen geeilt war. »Ich weiß von nichts«, erwiderte Michelet scheinheilig. »Offenbar sind sie während der Nacht verschwunden.« Rosenberg war ein netter Mensch, seine Wut legte sich rasch; zum Abschied schüttelte er uns die Hand und wünschte uns alles Gute.

Die Spanier, die Dachau überlebt hatten, kehrten also nach Frankreich zurück. Die meisten mußten dreißig Jahre warten, ehe sie ihre Heimat wiedersahen. Viele haben diese zweite Befreiung nicht erlebt.

Nachtwache

Wie schwer ist es, um Mitternacht aufzuwachen, wenn man keine Uhr hat! Gewiß, der kleine Nachtwächter, der neben der Lampe mit dem großen Schirm aus rotem Papier am Eingang sitzt, hat mir versprochen, mich zu wecken. Aber kann man ihm trauen? Er ist so schwach, daß es ihm Mühe macht, die Urinflasche, die ein fast unhörbarer und dennoch herzzerreißender Schrei von Zeit zu Zeit bei ihm anfordert, in den hinteren Teil des Schlafraumes zu tragen. »Flasché, Flasché« lautet dieser Schrei, und der Akzent, den Franzosen, Italiener, Griechen und Slawen auf das schwache E des deutschen Wortes setzen, wirkt wie eine flehentliche Beschwörung.

Den Verzauberungen, den Erinnerungen und den Ängsten der Nacht preisgegeben, sind die Kranken, die unter ihren Laken schlafen, jeder in einem Bett für sich und im Warmen, unter allen Bewohnern dieser Insel gewiß nicht am übelsten dran, aber sie sind vollkommen wehrlos, gänzlich ausgeliefert. Die Flasché und mehr noch die Schüssel, die ebenfalls die Endbetonung auf dem schwachen E annimmt, sind Instrumente der Folter und der Erleichterung, Instrumente mit einem beinahe sakralen Charakter.

Muß der Kranke, der keinerlei Vorrechte besitzt, der im hintersten Winkel des Schlafraums liegt, wo es finster ist und stinkt, auf dem Bett der dritten Etage, niedergedrückt von der Stubendecke, die sich direkt über ihm befindet, so daß er sich nicht aufsetzen kann – muß er sich nicht fürchten, am Tage den Stubendienst oder in der Nacht den Wächter zu rufen, diese erhabenen Gestalten, in deren Ermessen es liegt, ihn zu hören oder auch nicht zu hören, ihn zu rütteln oder ihn sanft zu behandeln, ihm eine Extraration Suppe zu geben oder ihm nur eine halbe Kelle klaren Wassers in sein hingestrecktes Eßgeschirr zu gießen? Der Entschluß, die kurze Atempause, die der Schlaf gewährt, die kurze Abwesenheit von Schmerz und Furcht zu beenden, um den körperlichen Funktionen zu gehorchen, die in vielen Fällen gestört sind (denn in diesem Saal der Abteilung »Innere Krankheiten« haben vier von fünf Patienten Durchfall) – dieser Entschluß ist ein bitterer Zwang, und am Ende haßt man den eigenen Körper ebenso wie die Folterer und die beneideten Privilegierten.

Für den, der eine dieser schrecklichen, nicht genau benennbaren Krankheiten kaum hinter sich hat, die in der »Welt« nur eine Unpäßlichkeit wären und hier in den meisten Fällen tödlich sind, für den, der mit noch unsicheren Schritten Füße und Pantoffeln nach sich schleppt (diese offiziellen Pantoffeln, die ein Nachtwächter an den anderen weitergibt, wenn er nach vier Stunden Nachtwache in sein Bett und in den Krankenstand zurückkehrt), für ihn ist das Wachen kein leichter »Druckposten«, sondern damit sichert er sich einige Tage Erholungszeit, bevor er in den »Block« zurückkehrt, zumeist in den Block der Uneingeteilten, derer, die kein Kommando haben, keine Brotzeit, keine Extraration, kein zweites Frühstück gegen 10 Uhr, derer, die zu dritt in einem Bett schlafen oder auf dem Boden, direkt auf den Dielen, derer, die die Allee des Blocks nicht verlassen dürfen, die sich tagsüber nicht in der Stube aufhalten dürfen, sondern im Wind, im Regen, im Schnee herumstehen müssen, ohne Mantel, das Eßgeschirr in der Hand oder am Gürtel befestigt, damit man es ihnen nicht stiehlt.

Besser bleibt man da noch einige Tage im Krankenbau und wärmt sich, vor sich hindämmernd oder lesend, den Rücken gegen den großen Ofen aus grünen glasierten Kacheln gelehnt, den der Oberpfleger mit Kohlen füttert, die er eimerweise eintauscht gegen Kartoffeln oder Medikamente, die von den Rationen der Stubeninsassen »abgezwackt« wurden.

Er ist ein guter Pfleger, einer der besten, ein alter Arbeiter aus dem Elsaß, Zimmermann von Beruf, einer der besten, obwohl er pausenlos brüllt und gelegentlich »seine« Kranken schlägt.

Wo kommen diese Männer her? Ihr Geheimnis, das vielleicht gar keines ist, wird man nie erfahren. Im Lager muß man, wie während der Résistance, vertrauen, und Vertrauen ist ein Risiko. Gewiß muß man sich nach Möglichkeit absichern, aber trotz aller Absicherungen bekomme ich keine vollständige und gründliche Kenntnis von dem Menschen, aus dem ich einen Verbindungsmann machen will, von seiner Herkunft und seinen Zielen, von der Absicht, die er bereits in sich trägt.

Wie kann ich wissen, ob er nicht unter der Folter sprechen wird, wie kann ich sicher sein, daß er nicht ein feindlicher Agent ist, daß er kein Spitzel der SS oder des Lagerältesten ist? Wie kann ich wissen, ob der Pfleger mir wohlgesinnt ist, und aus welchem Grund? Wie kann ich wissen, ob seine Freundschaftsbeteuerungen aufrichtig sind? Wie kann ich wissen, woher diese Aufrichtigkeit kommt und welche Vergangenheit sie auslöschen soll?

Der Pfleger aus Mülhausen im Elsaß, der seine Kranken bestahl, um ihnen einheizen zu können, war in der Lagerkartei nicht als Franzose verzeichnet. Hatte er sich für Deutschland entschieden? Und wann? Er gab sich als ein »Politischer« aus, aber in unklaren Wendungen und ohne seine Position, falls er denn eine hatte, zu verraten. Seine Feinde sagten, seine Hand sei früher gefürchtet worden, sie habe nicht nur geschlagen, sondern auch getötet.

Wie soll man Licht in diese Sache bringen, während es doch darum geht, zu überleben, durchzuhalten, diesen oder jenen Freund und sich selbst zu retten? Als nach der Befreiung das französische Komitee daran ging, eine Bestandsaufnahme seiner Leute zu machen, die »Politischen« und die Kriminellen auseinanderzusortieren und die getarnten Verräter aufzuspüren, kam der Pfleger und berief sich auf seine französische Nationalität.

Er erschien in Begleitung eines Burschen von fünfzehn Jahren, eines kleinen litauischen Juden, den er ins Elsaß mitnehmen und adoptieren wollte. Was konnten wir über seine Taten sagen, was über sein Herz? Die Zeit ist so lang und so namenlos, und doch wurden wir täglich und stündlich von Forderungen gedrängt, die nicht bis zum Abschluß der Untersuchung aufgeschoben werden konnten.

Heilige Größe der natürlichen Funktionen! Die Männer lauerten angstvoll auf die Geräusche und Empfindungen ihrer Entleerung. Jedesmal, wenn die Fäkalien in flüssiger Form kamen, zerrann eine Hoffnung. Jeder Tag Durchfall ließ das Ende näherrücken, und eines Morgens war der Kranke nur noch wie jener kleine Franzose mit dem Körper eines Knaben, übersät von Ekzemen, und die Hüften ragten hervor wie eine flache Einfassung, wie der Sockel einer Säule, aus dem sich spindeldürr Unterleib und Oberkörper erhoben.

Dreimal hatte er innerhalb einer halben Stunde die Schüssel verlangt, zweimal im Laufe eines Vormittags seine Laken beschmutzt, man hatte ihn auf die stinkende Matratze gebettet, noch am Morgen hatte er sich nicht beherrschen können und gierig den widerlichen Sud von »Kaffee« getrunken, obwohl seine Nachbarn ihn ermahnten, sich zusammenzunehmen, und er hatte mich nach Kriegsmeldungen gefragt: »Haben sie Köln genommen?« hat er mich mit keuchender Stimme gefragt. »Stimmt es, daß sie den Rhein überschritten haben?« Dann hat er erneut nach der Schüssel verlangt, und da die Schüssel nicht schnell genug kam, hat er sich auf seine mageren gelben Beine erhoben, und

Spuren von Flüssigkeit klebten ihm am Gesäß. Er hat ein paar unsichere Schritte gemacht, er hat sich ein wenig vorgebeugt, und dann hat er uns sein Hinterteil gezeigt, und aus dem schwarzen Loch ist ein langer, schwarzer, schwarzer Strahl hervorgeschossen, flüssig wie Urin; das hörte überhaupt nicht auf, und dann ist er hingestürzt.

Man hat ihn aus seinem Dreck aufgehoben und auf seine Matratze gelegt, und innerhalb einer Viertelstunde war er tot, und am Abend schlief auf dem Strohsack, den man umgedreht hatte, in frischen, blau-weißen Laken, ein neuer Kranker, glücklich, im Warmen zu sein, glücklich über sein Bett, glücklich, für eine Zeitlang der Hölle des Quarantäneblocks entronnen zu sein.

Ich bin vor Mitternacht aufgewacht, aber ich hatte nicht den Mut, mich zu erheben. Der kleine Wächter döste vor sich hin, ich sah ihn von meinem Bett aus, den Kopf auf die Hände gestützt, im Lichtschein seiner Lampe. Dann, um Mitternacht, ist er gekommen, mich zu wecken. Ich war auf und fragte mich erneut, ob ich recht daran getan hatte, während des ersten Teils der Nacht zu schlafen. Gewiß, ich war selbst krank gewesen, aber war das eine richtige Krankheit, verglichen mit dem Typhus von François? Gewiß, zu Beginn der Nacht konnte es vorkommen, daß ein Oberpfleger oder ein gefährlicher, allmächtiger Beamter von den Hauptprivilegierten des Reviers, vielleicht sogar – wer weiß? – ein SS-Mann oder einer dieser Zivilisten mit gepflegtem und kultiviertem Äußeren, die manchmal aus Räumen kamen, deren Betreten in sieben Sprachen verboten war und in denen sich grauenhafte Mysterien abspielten (Experimente an lebenden Menschen, wie wir später erfahren sollten) – es konnte vorkommen, daß einer von ihnen noch durch die Gänge streifte und den Kranken, der vorschriftswidrig auf den Beinen war, fragte, warum er noch so spät unterwegs sei. Aber ich hatte François der Pflege des belgischen Stubendienstes vom Block 17 anvertraut, ungeachtet dessen, daß der französische Arzt sich für ihn verbürgt hatte. Wem soll man trauen? Was hat er für ein Interesse daran, François gut zu pflegen?

Gewiß, er ist unser Freund, und wir haben ein bißchen Macht, wir sind die Freunde von Michelet, der mehr Macht hat. Der Arzt scheint nett zu sein. Er ißt seine Milchsuppe in dem kleinen Raum, den man inmitten der Sterbenden für ihn hergerichtet hat. Das ist kein geruhsames Pöstchen. Er ist ein hingebungsvoller Arzt, über den wir Gutes gehört haben. Er ist ein Widerstandskämpfer, ein Patriot. Aber wer kann schon in ihn hineinschauen? Wer weiß, was für ein Mensch er jetzt ist? Und wer ist er, daß er sich für seinen Nächsten verbürgt, den kleinen flämischen Stubendienst mit dem runden, ernsten Gesicht, der katholisch ist, denn als ich am Spätnachmittag kam, habe ich das kleine Gebetbuch für französische Gefangene gesehen, das er unter seinen Sachen aufbewahrt?

Fertig. Pullover über das Hemd gestreift, lange Hosen über die Unterhose gezogen; das ist streng verboten: Ein Kranker darf nichts als eine Unterhose und ein Hemd haben, aber die Freunde haben mir lange Hose, Pullover und Überzieher geschickt, nicht ohne sie vorher desinfizieren zu lassen, durch Vermittlung von Michelet; auch das ein Vergehen, denn es gibt keine »individuelle« Desinfektion, alle Sachen kommen auf einen Haufen und wandern alle drei Monate in das kollektive Desinfektionsbad; man hat kein Recht auf persönliche Kleidungsstücke, wenn sie aus dem Bad kommen, muß jeder sich nehmen, was ihm gerade in die Hände fällt. Keiner hat das Recht, er selbst zu sein, aber der Pfleger drückt beide Augen zu. Meine guten Lederschuhe, das einzige, was ich außer dem Gürtel von draußen mitbringen durfte, hundertmal gestopfte Socken, noch ein Geschenk von Michelet, den Wollschal, ein Geschenk von Sommet, um den Kopf und über die Ohren gewickelt, ich bin abmarschbereit.

Der Nachtwächter döst, ein Kranker neben meinem Bett ruft nach der Flasche, vermutlich der holländische Offizier, der neben mir liegt; er ist der illegale Führer der holländischen Kolonie und genießt das herrliche Privileg, wie ich in einem der wenigen Betten ohne zweite und dritte Etage zu liegen. Ich trete sacht auf den fadenscheinigen Läufer, der den Tritt meiner derben Schuhe nur wenig dämpft.

Links unter dem Fenster der Berg von Holzschuhen; die Kranken, die keine Schuhe haben (die große Mehrheit), müssen barfuß dorthin gehen und sich ihre heraussuchen, bevor sie zu den Waschräumen gehen. Die Tür ist immer angelehnt, damit niemand sie aus Versehen zuschlägt und den Schlaf der anderen stört.

Ich ziehe sie hinter mir zu, und eisige Luft schlägt mir ins Gesicht, reine Luft, nicht verpestet durch den schweren Atem und den gemeinsamen Geruch von hundertachtzig kranken Körpern.

Block 9 ist der letzte Block des »normalen« Reviers. Block 1 Operationssaal, fachärztliche Untersuchungsräume, Sekretariatsräume, prunkvolle Räume für die Besuche und Inspektionen; Block 3 Chirurgie; Blöcke 5, 7 und 9 »Innere Krankheiten«; 11 und 13 Schwindsüchtige. Daran schlossen sich normalerweise Wohnblöcke an, von den Tbc-Baracken durch vergitterte Fenster getrennt. Aber jetzt erstreckt sich von Block 15 bis 19 das Reservat der Typhuskranken. Bald wird Block 21 hinzukommen.

Drei bis vier Blöcke zu je vier Stuben. In jeder Stube liegen annähernd einhundertfünfzig Typhuskranke. Eine riesige Kaserne, in der zweitausend fiebernde, angegriffene, apathische, unruhige, von Durchfall geplagte, im Krampf erstarrte Körper liegen.

Die Blöcke liegen parallel hintereinander, dazwischen die Blockstraßen, jeweils durch Gitter getrennt von der Lagerstraße, der großen Hauptstraße, die regelrecht das Rückgrat des Lagers bildet und von Michelet in »Rue de la

Liberté« umgetauft werden sollte. Die Blöcke und die Blockstraßen gehen also im rechten Winkel von der Lagerstraße ab. Zwischen den Blöcken 1 und 9 sind die Blockstraßen unterbrochen durch überdachte Gänge, die zwischen den Waschräumen benachbarter Blöcke verlaufen. Durch diese Anordnung konnte man die Zwischenräume zwischen den Blöcken trockenen Fußes und ohne sich der Kälte auszusetzen durchqueren. Aber ab Block 9 blieben die Revierblöcke der Schwindsüchtigen, die zu strengster Isolierung verdammt waren, und die neuen Revierblöcke der Typhuskranken durch normale, acht Meter breite Blockstraßen voneinander getrennt, durch acht Meter Schnee und tödliche Kälte.

Ich befinde mich auf dem Flur vor dem Waschraum. Rechts die Tür zu meiner Stube. Links die Stube 3. Vor mir die Tür zu den Toiletten und zum eigentlichen Waschraum. Hinter mir die Tür, die auf die Blockstraße hinausgeht, offen. Ein Kranker tritt schwankend aus der Stube 3. Er hält seine Unterhose, an der keine Knöpfe sind, fest. Er sieht mich nicht an. Eingehüllt in seinen Schlaf und in sein Bedürfnis. Durch die offene Außentür trägt der Wind die Feuchtigkeit der Schneekristalle herein. Die Tür zum Waschraum steht ebenfalls offen, genau wie die auf der anderen Seite, die auf die andere Blockstraße hinausgeht. Ein Luftzug, der bestimmt mehr als einem den Tod gebracht hat und dem man nicht beikommt. Wie oft habe ich, wenn ich urinieren ging, diese Türen geschlossen, die irgend jemand nicht ganz zugezogen hatte! Zwischen den Blöcken 9 und 10 trete ich in den Schnee hinaus.

Der Himmel ist von Sternen erfüllt, nicht von fernen Welten, sondern von Schnee, ganz nah. Die Luft beißt, schlägt, kühlt, ist köstlich. Tagsüber erinnern die Tbc-Blöcke 11 und 13 an einen Vogel- oder Affenkäfig. Die Schwindsüchtigen, von denen fast keiner ein Bett für sich hat, zu Hunderten zusammengepfercht, Sterbende neben gutartigen Fällen, sind voll lärmender Unruhe. Die übrigen Kranken sind kraftlos, niedergedrückt, von Fieberanfällen angegriffen.

Vielen der Schwindsüchtigen scheint es gutzugehen, sie brauchen nicht zu arbeiten, bekommen normale Rationen, ja, gelegentlich sogar Milch und Bier. Käfige voller Vögel und Affen. Aber diese Häufung von giftigen Ausdünstungen jagt einem Angst ein. Große mehrfarbige und mehrsprachige Schilder verbieten den Zutritt zu dieser Krankenstation. Der Außenstehende entdeckt in seinem Innersten das alte, atavistische Entsetzen der Menschheit vor dem Aussätzigen. Wird nicht gleich einer hervorstürzen und sich mit einem giftigen Kuß für meine unverschämte und leichtfertige Gesundheit rächen? Manchmal scheint es, als ernte der Außenstehende nur feindselige, verstörte Blicke. Wenn er hier etwas zu erledigen hat, beeilt er sich und meidet die Berührung von Gegenständen oder Körpern. Wenn er auf dem Gang, wo sich die Bewohner drängen, unabsichtlich gestreift wird, ergreift ihn eine jähe Panik, die alles in ihm auf Abwehr gehen läßt, eine wahnwitzige Angst, so daß er schreien und um sich schlagen könnte. In unserer Gemeinschaft kann jeder erfahren, wie nahe er am Abgrund ist.

Aber nachts rührt sich dort nichts, weder die Sterbenden noch die Simulanten. Der Block ist schnell durchquert, durch den Waschraum mit den gegenüberliegenden Türen. Erneut acht Meter Schnee. Block 13, der letzte des alten Reviers. Im Waschraum unter den rieselnden Wasserhähnen vier oder fünf Bierfässer. Bier – sonst erfülle ich mir diesen Traum durch die Dreingabe von Zigaretten oder Schokolade, mit Hilfe eines Tbc-Kranken französisch-ungarischer Herkunft: Wenn er kann, bringt er mir eiskaltes Bier in einem Eßgeschirr, an dessen Aluminiumwandung winzige Tröpfchen perlen. Aus der gegenüberliegenden Wand hat man eine Tür herausgesägt. Über Steine hinweg führt eine wackelige Planke in den Hof. Hier beginnt das Reich des Typhus und die Angst vor seinem kleinen Propheten, der Laus.

Ich fürchte mich entsetzlich. Die Nacht ist böse, die Stille feindselig, die Kälte fürchterlich. Alles ist verboten: nachts bekleidet zu sein, seinen Block zu verlassen, die Blöcke der Schwindsüchtigen zu durchqueren, die Quarantäneblöcke der Typhuskranken zu betreten. Die Krankheit ist allgegenwärtig, aber nirgendwo spürbarer als hier. Auch wenn man weiß, daß der Typhus nur durch den Biß der Laus übertragen wird und daß es im Revier nicht viele Läuse gibt, sehr viel weniger als in den Wohnblöcken, muß man einfach daran denken, wieviel verseuchtes Blut hier auf engem Raum zusammenkommt.

Die Berührung eines dieser fauligen Körper scheint gefährlicher zu sein als die Gastfreundschaft, die man gezwungenermaßen Tag und Nacht den kleinen braunen Tierchen auf dem eigenen Körper gewährt. Ich habe Angst, und ich mache mir Vorwürfe, daß ich mich zu diesem gefährlichen Abenteuer gezwungen habe. Der Schlaf sinkt schwer in meine Glieder. Die Einsamkeit lastet drückend auf mir. Aber die Angst kommt von weiter her.

Die ganze Angst der Lagerzeit, diese unzähligen Male, wo man die Furcht und die Angst überlistet hat, die ganze Angst der Résistance und des Untergrundkampfes kommt zusammen und wird erdrückend. Der aus dem Schlaf gerissene Mensch ist schutzlos. Aber der Körper funktioniert trotzdem. Die Furcht ist ein dichter Nebel. Der Körper zerteilt ihn, durchquert ihn, schnell, schnell, es geht noch zu langsam für mich. Block 15. Ein weiterer Waschraum, eine weitere Planke. Block 17. Mit klopfendem Herzen und keuchend schüttele ich auf der obersten der drei Stufen den Schnee ab, der an meinen Schuhen haftet. Ich weiß von keiner anderen Welt. Das Draußen ist nicht einmal mehr als Vergessenes vorhanden.

Von den beiden Räumen, die zusammen eine »Stube« des Blocks bilden, dem Wohnraum und dem Schlafraum, werden jetzt beide als Lazarett benutzt. Die sonst dem Stubenältesten vorbehaltene Nische aus aneinandergerückten Metallschränken, die ein Bett und – des öfteren – die Liebschaften des Aufsehers mit irgendeinem »kleinen Russen« gegen den Schlafraum abschirmen, ein Tisch, zwei Hocker und eine Lampe dienen hier dem Pfleger.

Der Pfleger schläft. Die diensthabenden Stubendienste sitzen an den Ofen gelehnt, der die Mitte des Raums einnimmt. In der Lücke, die die Maurer auf halber Höhe der Ofenwand ausgespart haben, steht ein großer Kochtopf mit rohen, geschälten Kartoffeln und wartet darauf, aufs Feuer gesetzt zu werden; er zieht sofort meinen Blick auf sich. Hinter dem Ofen ein großer Tisch und darauf eine Schüssel, eine Kanne Wasser, ein Stück Seife, ein Handtuch. Dort wäscht man sich die Hände, wenn man einen Typhuskranken angefaßt hat. Am Vorabend hat man eine sterilisierende Flüssigkeit in die Schüssel getan. Vier oder fünf Stubendienste tauchen die ganze Nacht über immer wieder ihre Hände dort ein, nachdem sie die Typhuskranken versorgt, gewaschen und ihnen den Hintern abgeputzt haben.

Der Gedanke an die sterilisierende Flüssigkeit hindert einen daran, einfach in den Waschraum zu gehen und sich unter dem fließenden Wasser die Hände zu waschen. »Und wenn es doch wahr wäre?« Das Prestige oder der Mythos der Wissenschaft. Ringsum die Betten. Die Typhuskranken haben mit Rücksicht auf ihre Krankheit jeder ein Bett für sich. Im übrigen würden sie sich bei der für sie typischen Unruhe ohne diese Vorsichtsmaßnahme gegenseitig aus dem Bett stoßen. Trotzdem liegen die meisten von ihnen auf zwei Etagen – die unruhigeren unten, die sanften oben. Die Sanften, das sind die Sterbenden und die Rekonvaleszenten. Die, die am Erlöschen sind, und die, welche bereits wieder aufwachen, bleiben Bettnachbarn.

Die Typhuskranken liegen nackt, zumeist ohne Decke. Zum Glück ist der Raum gut geheizt. Wahrscheinlich gibt es nicht genügend Laken und Hemden, um die verschmutzten Sachen ständig zu ersetzen. Die Raumtemperatur bewahrt sie möglicherweise vor Erkältungen und Lungenentzündungen – jedenfalls sagen das die Ärzte. Doch der Anblick dieser Körper aller Alters- und Konstitutionsstufen – muskulöse Männer, abgezehrte Greise mit faltiger Haut, glatte, magere Jünglinge, bleiche, fette, rote und malvenfarbige Hauttypen, unschuldige, schamlose, verbrauchte Geschlechtsteile – kann einen nicht gleichgültig lassen. Die Nacktheit behält jenseits des Schamgefühls eine Ausstrahlung, etwas Schockierendes. *Das* Glied spricht, anders als all die Glieder, die leiden. Nur einige der ruhigsten Patienten haben Laken und Hemden behalten dürfen. Sie sind eine Erholung für das Auge.

Neben dem Ofen ein merkwürdiger Stuhl mit Rücken- und Armlehnen. In der Sitzfläche ein großes rundes Loch, darunter ein offener Eimer. Da kommt ein nackter Kranker, ein magerer Greis, der im Zivilleben vielleicht keine fünfzig Jahre zählte. Er ist Rekonvaleszent und bewegt sich seltsam ruckartig, zögernd, stößt sich an den Möbeln, tastet sich vorwärts. Er scheint betrunken. Aber es sind nur die Gleichgewichtsstörungen, die nach einer schweren Typhuserkrankung ganz normal sind. Er schafft es nicht, sich zu setzen. Ein Stubendienst stützt ihn.

Das Licht ist diffus, auf die Umgebung des Ofens begrenzt, so daß die Kranken in einer unruhigen Dunkelheit verschwinden. Die rot angestrichene Glühbirne pendelt an einem langen Kabel leicht hin und her. Der Greis ist fertig. Langsam kehrt er zu seinem Bett zurück, stößt sich an den Möbeln, tastet sich voran. Aber kaum hat er sich niedergelassen, auf dem Rücken liegend und – ich bemerke es, als ich zu ihm trete – mit offenen Augen in das trübe rote Licht der Glühbirne starrend, als mir durch die täuschende Stille hindurch die unablässige Unruhe der Kranken zu Bewußtsein kommt. Ich bemerke Gestammel, Bewegungen von Gliedmaßen, ein Aufeinanderpressen von Zähnen, so als steckten die Kiefer im Schraubstock zweier mächtiger unsichtbarer Hände; erstickte Schreie, Röcheln, Körper, die die Lage wechseln, sich ruhelos hin und her werfen; einige schlafen tief und schnarchen, andere schlafen leicht und murmeln vor sich hin; hier atmet einer tief und regelmäßig, dort oberflächlich und hektisch; hier bietet die Nacht keine Erholung. Doch inmitten dieser keuchenden Unruhe gibt es einige Rekonvaleszenten, die ganz einfach schlafen, erschöpft in einen köstlichen, stärkenden Schlaf gesunken sind, unbezwingbare Körper, die wieder zu leben beginnen, denn »diesmal war es noch nicht soweit«.

Gerade habe ich mich an das Bett von François gesetzt, als ein mächtiger Lärm die Stube hinter mir aufschrecken läßt; ein Körper stürzt hin, Glas zerbricht. Der hochgewachsene junge Russe, der mir schon beim Eintreten aufgefallen war mit seinem kraftvollen, fetten, vom Fieberschweiß wie eingeölten Körper, bis auf die leicht rötliche Scham unbehaart, ist von seinem Bett heruntergesprungen und hat sich, unverständliche Worte ausstoßend, zum Fenster gestürzt.

Er hat mit seiner Faust eine Scheibe eingeschlagen. Die Faust blutet, drei Stubendienste haben Mühe, den Jungen, der sich wie ein großes, glattes, glänzendes Meerestier windet und mit den Füßen aufstampft, festzuhalten. Durch das Loch weht es herein. Die Birne schwingt hin und her, so als wäre sie beunruhigt, und um den Rasenden herum tanzen die Schatten. Die Stubendienste werfen ihn gewaltsam auf ein freies Bett im »Erdgeschoß«. Mit Seilen binden sie ihm Hände und Füße am Bett fest. Ein dickes Seil hält den Körper in der Mitte fest. Der Kopf hebt sich, fällt zurück, wendet sich nach links, nach rechts. Schließlich wird er ruhig. Die Augen fallen zu, und die kleinen Schweißperlen auf der Stirn und der Oberlippe sind lebendiger als der Gesichtsausdruck des Schlafenden.

*

Ich konnte mir nicht den Kopf am oberen Bett stoßen, denn es war keines da. Ich genoß dieses Privileg auch hier wieder und setzte mich neben unseren Freund; jetzt konnte ich François betrachten, der lang und schmal auf dem Rücken lag, bis zum Kinn mit einem Laken bedeckt. Als ruhiger Patient durfte er ein Bettuch haben. Das Halbdunkel verstärkte die scharfen Kanten, die sich in sein Gesicht eingegraben hatten. In den Wochen, die er im Krankenbau verbracht hatte, bevor er für nur eine Woche zu uns in den Block 24 zurückgekehrt war, waren die schwarzen Haare nachgewachsen. Bestimmt hatte er sich bei diesem ersten Aufenthalt im Revier den Typhus geholt. Sein Haar war dicht und kräftig, das einzige Zeichen der Fülle in diesem Gesicht, das jetzt beim Wiedersehen kantig und eingefallen war.

Regungslos lag der Kopf auf dem Kissen, leblos, wie es schien, körperlos, einfach dort abgelegt, wo das Laken endete. Ein Bart von acht Tagen konnte die Höhlen, die sich dort eingegraben hatten, wo die Wangen gewesen waren, nicht ausfüllen. Die Nase, groß, kräftig, fleischig, aber ohne eine Spur von Vulgarität – vielleicht fehlte dem Ansatz der Nasenflügel wegen ihrer Schwere ein Hauch von Eleganz –, beherrschte jetzt dieses von innen heraus verzehrte Gesicht, eine riesige Nase, klingenförmig, spitz, herrisch und faszinierend. Die Augen waren nicht geschlossen, sondern halb offen, und als ich näher kam, sah ich das Weiße der verdrehten Augäpfel. Der Mund, ebenfalls halb offen – nein, es war nicht der Mund, es waren nur die Lippen –, lächelte, aber es war ein falsches Lächeln, das auf Muskelverkrampfungen beruhte. Die Kiefer, ebenfalls verkrampft, waren pausenlos in Bewegung, und ihr leichtes Zittern war mehr mit den Ohren als mit den Augen wahrzunehmen, am Geräusch der aufeinanderschlagenden Zähne.

Anderntags, bei Tageslicht, fand ich sein Gesicht grau und durchscheinend, so als ob das Blut aus ihm gewichen wäre. Aber die Stirn und die Schläfen waren gerötet und heiß. Ich zog das Laken fort. Wie mager er war: gestreckt, starr, verkrampft, alle Muskeln angespannt! Der riesige Kopf erschien unverhältnismäßig wuchtig auf diesen Körper gestülpt, der nichts als Länge war. Die flache Brust, der eingefallene Bauch ließ rings um den Nabel kaum wahrnehmbar die kleinen, dunkleren Typhusflecken erkennen.

An den Schultern, die beinahe nicht aus dem Oberkörper herausragten, fast kindliche Schultern, setzten Arme ohne Muskeln an, die in der Mitte ebenso dünn waren wie am Ellenbogen. Dabei waren sie nicht gestreckt, sondern gebeugt, die Unterarme lagen auf der Brust, und die Finger, die sich unablässig hoben und senkten, trommelten unermüdlich auf der gespannten Haut über den Schlüsselbeinen. Sanft versuchte ich, seinen rechten Arm zu strecken, aber es war aussichtslos, ich hätte ihn brechen müssen. Ich nahm diesen gebrochenen Blick, diese Finger, die den Takt zu einem unheimlichen und furchtbaren Prozeß schlugen, als Zeichen meiner Ohnmacht auf. Ich zog das Laken wieder bis zum Hals hinauf und sagte leise zu ihm: »Guten Abend, François, ich werde bei dir bleiben.«

Wenn der Kranke, der schlafende oder der sterbende, uns auch nicht hören kann, weil er sowenig bei sich ist wie bei uns, so meinen wir doch, daß statt der Worte und, eher als sie, unsere Gedanken ihn erreichen werden. Ich konnte an diesem Krankenbett nur wenig helfen, diese Agonie von Stunde zu Stunde durch ein wenig Flüssigkeit erleichtern, nach der der Kranke zu verlangen schien. Durch eine Mitteilung des Doktors, die der alte Auboiroux, der die Türen und Betten desinfizierte, den Freunden zutrug, hatten wir tags zuvor erfahren, daß die Krise unmittelbar bevorstand.

In dieser Einsamkeit der letzten Stunden wollte ich ihn nicht allein lassen, und ich mochte mich auch nicht durch den Schlaf, der alles vergessen läßt, von einem Abenteuer ausschließen, bei dem er nicht mehr imstande war, Hilfe oder Zeugen herbeizurufen. Wenn wir Freunden beistehen und etwas an ihrem Schicksal ändern möchten, können wir das ebenso durch unsere Stimme tun wie durch unsere Gedanken und das Gebet.

Es ist nutzlos, bei Sterbenden zu wachen. Es war nicht nur nutzlos, es war außerdem nicht einmal verboten. Für jene, die über den engen Horizont ihrer Vorschriften nicht hinausdenken konnten und ihrerseits die Vorschriften aufgestellt hatten, nach denen unser Dasein ablaufen sollte, war es unvorstellbar gewesen, daß ein Häftling nackt zu einem anderen, sterbenden Häftling ging, um bei ihm zu wachen. Man hatte einfach nicht daran gedacht, etwas so Ausgefallenes zu verbieten. Sich am Bett eines sterbenden Freundes aufzuhalten, im Krankenbau, in einem fremden und isolierten Block, nachts, während ringsum die Epidemie wütete – das war eine solche Anhäufung von Übertretungen, ja von Verbrechen, wie man sie unmöglich hatte vorhersehen können.

Es war eben vollkommen natürlich – und deshalb war es hier völlig überraschend. Zugleich war es vollkommen ungefährlich, wenn die beiden Ärzte und die beiden Pfleger – die von »meinem« Block und die vom »Typhusblock« – einverstanden waren. Ich riskierte praktisch nichts. Aber es hätte gut sein können, daß ich überhaupt nicht daran gedacht hätte. Es hätte sein können, daß mein Freund tagelang im Todeskampf gelegen hätte, vier Blöcke weiter, fünfzig Meter von meinem Bett entfernt, und ich nicht zu ihm geeilt wäre. Niemand hätte sich darüber gewundert.

Ich kehrte zum Ofen zurück. In einem Eimer, der mit einem Brett zugedeckt war, befand sich Tee – jedenfalls nannte man es so – vom Vortag. Ich nahm ein leeres Eßgeschirr und füllte es. Der Stubendienst sagte mir: »Er schläft.« Ich bat ihn um einen Löffel. Ich trug einen Hocker zum Bett. Unter dem Laken des Nachbarn ragte ein grauer Fuß hervor. Auf dem Hocker sitzend, führte ich den Löffel an die Zähne, die leise aufeinanderschlugen. Ich versuchte, sie ein wenig auseinanderzubekommen. Die Kiefer gaben nicht nach. Ich neigte den gefüllten Löffel ein wenig. Die Zähne hörten auf zu klappern, aber sie öffneten sich noch immer nicht. Ganz allmählich sickerte die Flüssigkeit zwischen den Zähnen hindurch und rann die Kehle hinunter. Als ich den Tee zu schnell einzuflößen versuchte, floß er von den kraftlosen Lippen herab und befleckte das Laken. Sechs- oder siebenmal wiederholte ich meinen Versuch, dann brachte ich das Eßgeschirr und den Löffel zum Tisch zurück. Wieder auf dem Hocker sitzend, begann ich, meine Gedanken auf François zu konzentrieren, der im Sterben lag.

Ich weiß, daß mein Gebet den Weg der Vorsehung nicht verändern kann. Aber ich weiß nicht, was die Vorsehung ist, noch was sie vorgesehen hat. Sie sieht alles gleichzeitig, in einer Ordnung, in der die Zeit keine Rolle spielt, aber um die Wege zu bereiten, ist mein freies Gebet ebenso notwendig wie meine freie Ablehnung. Soll ich für den sterbenden Freund bitten, er möge nicht sterben? Das könnte ich tun, aber das Wichtigste ist – für ihn wie für mich –, sich durch das Gebet in das Geschehen zu fügen, mag es zum Leben oder zum Tod führen, und ihn dabei zu begleiten. Ich wagte nicht zu sagen: »Herr, rette ihn«, aber wichtig war, daß ich sagte: »Herr«.

Ich wußte nicht, ob meine Freundschaft ihn zum Leben oder zum Tode geleiten würde. Wie auch immer, ich mußte bei ihm sein. Die Versuchung ist stark, all unsere Liebe in den Gedanken hineinzuwerfen, der sich mit all unserer Kraft auf diesen erschöpften Körper und auf diese abwesende Seele richtet, um sie festzuhalten. So inbrünstig ich wünschte, ihn leben zu sehen, so wagte ich doch nicht, dieser Versuchung nachzugeben. Einem Sterbenden beizustehen, sagte ich mir – und ich hatte es zuvor noch nie getan –, das muß heißen, Hilfe für ihn zu erbitten und sich zu fügen. Ich versuchte es, und es war schwer.

»Er soll leben«, dachte ich, »mach, daß er lebt«, und das war bereits mehr, als ich hatte erbitten wollen. Sich fügen, nichts als beten, und sich bereit halten, dasein, wachen. Wachen – welche schreckliche Bedeutung hat dieses Wort für den, der stundenlang ausharren wird im Halbdunkel, gefangen zwischen dem Schlafbedürfnit, der Nähe des Todes und dem Hunger. Wachen, beten – aber worauf konzentriere ich meine Gedanken, die, kaum habe ich sie eingeholt, wieder entfliehen, um dem früheren oder, falls er weiterleben sollte, dem künftigen Leben des Freundes nachzusinnen, die zu den Kameraden hinüberwandern, die am anderen Ende der Welt, im Block 24, fünfzig Meter entfernt, schlafen, aber das ist am anderen Ende der Welt, denn sie schlafen, und ich wache bei François, der sterben wird.

Wie ruhelos und unstet sind die Gedanken, daß sie das Wachen nicht eine halbe Stunde lang ertragen! Kann ich dem Freund nicht eine Nacht schenken, in der ich nichts als Gegenwart bin? Um mich zu konzentrieren, muß ich auf Gesten zurückgreifen: Wenn ich mir die feuchte Stirn abwische, erreiche ich für einen Augenblick dieses völlige Einssein mit mir selbst in der Aufmerksamkeit, von dem ich wünschte, es würde die ganze Nacht anhalten. Und wenn seine Gesundung von mir abhinge? Wenn sie von der Kraft meines Gebetes abhinge, wenn ich jedes Abschweifen der Gedanken unterbinden und bewirken könnte, daß der Kampf der Substanzen in dem kranken Gehirn im einen oder anderen Sinne siegreich endet? Gott kann Berge versetzen, aber es steht mir nicht zu, ihn darum zu bitten.

Nicht der alten magischen Angst, nicht der spiritistischen Versuchung nachgeben. Aber ich vermag nicht einmal für den kurzen Augenblick ohne Eigengewicht, den eine Nacht darstellt, ganz bei dem kranken Freund und bei Gott zu sein. Selbst der Augenblick entschwindet. Während ich noch höre, wie er vorbeifliegt, stürzt er plötzlich hervor, um nie mehr zu enden. Wie jene Türen in den Alpträumen der Kindheit, Türen, die nirgendwo hinführen, Türen ohne Wände und Rahmen, die immer schneller auf meine Augen zukamen, ohne sich zu bewegen, um mich mit ihrer unerträglichen Größe zu zermalmen, in der gleichen Weise – aber in entgegengesetzter Richtung – entschwindet der Augenblick und entfernt sich von mir, und als ich mich am Fuß des Bettes wiederfinde, ist die Zeit nicht vergangen, ist nichts geschehen, und ich weiß nur, daß es schlecht ist, diese Zeit zu verbringen, zu wünschen, daß die Zeit vergeht, statt die Zeit zu vergessen.

Ich versuche ihn wiederzufinden, diesen Freund hier, noch ist es nicht sehr schwierig. Dieser Kopf, den meine unzuverlässige Erinnerung später oft nur mit Mühe aus den Einzelheiten künstlich wieder zusammensetzen wird, ohne daß ihr die erschütternde Erleuchtung zuhilfe käme, die uns das Gesicht des Verstorbenen als ein lebendes Bild vor Augen führt – noch ist dieser Kopf da, ich kann ihn sehen und berühren, und er ist, mag der Geist auch abwesend sein, durch das Leiden noch gegenwärtiger geworden.

Die Narbe unten am Kinn, eine kleine Aufschwellung von einer schlecht vernähten Wunde, der einzige Makel in diesem vollkommenen Profil – noch kann ich sie berühren. Aber es fällt mir schon schwer, mir die Stimme zu vergegenwärtigen. Ich weiß, daß sie tief war, sie konnte so gut einen vorwurfsvollen, zornigen, verächtlichen, spöttischen, belustigten Ausdruck annehmen. Aber ich höre sie nicht. Falls er stirbt, werden wir nicht zusammen nach Paris zurückkehren. Wir werden nicht mehr das kleine Appartement in der Villa an der Avenue des Ternes wiedersehen.

Die Mozartsonaten, die er, wenn die »Faux Papiers«, die Aktionsgruppen oder das Theater ihm die Zeit dazu ließen, noch spät am Abend mit seinem Klavierlehrer auf einem monatsweise gemieteten Flügel einübte, wird er nicht mehr zu Ende spielen.

Ich frage mich, was die Gestapo mit dem Flügel gemacht hat. Und wir werden nicht zusammen Obersten der Résistance-Streitkräfte sein, wie wir im September scherzhaft sagten, als wir im Block 30 die Kommentare der Nazizeitungen zur Befreiung von Paris lasen. Er wird nicht seine Weltreise machen und auch nicht seine große Untersuchung über die Pädagogik in anderen Ländern, den einzigen Auftrag, um den er die erste Regierung nach der Befreiung ersuchen wollte.

Die politischen Ziele der Résistance interessierten ihn nicht; an manchen Tagen wollte er durchaus eine Revolution machen, weil die Dicken und die Fetten ihn allzusehr anwiderten, aber politische Revolutionen interessierten ihn im Grunde nicht, nur das Abenteuer und die Empörung – wie oft haben wir darüber gestritten! Und die Vierzeiler? Er wird die Vierzeiler, die er mit einem Nagel als Feder direkt auf die Wände seiner Zelle in Fresnes schrieb, nicht veröffentlichen. Ich muß die Vierzeiler wieder ausfindig machen. »Ihr werdet nichts von mir erfahren.« Nein, das stimmt nicht, ich weiß nur noch die letzte Zeile: »Süßwassermärtyrer zu Fresnes in Frankreich.« Ach ja: »Denke an das Warschauer Ghetto...«, und der Wachende ertappt sich, weit von seinem Gebet entfernt, dabei, wie er nach der früheren Stimme des Freundes sucht, die der gegenwärtige Freund, weniger als einen Meter entfernt, selbst nicht wiedererklingen lassen kann.

Wie gut täte es, wenn ich jetzt in meinem sauberen eigenen Bett im Block 9 wäre. Der Schlaf befällt mich von allen Seiten. Der Hocker ist nicht bequem. Wenn er wenigstens eine Rückenlehne hätte. François atmet schwer. Die Zähne arbeiten, ebenso die Finger, die ihre schwache Bewegung, die keine Regung des Lebens mehr ist, dem Laken mitteilen, das einen Abwesenden zudeckt.

Ich stehe auf, um einige Falten zu glätten. Als ich mit der Hand am Körper entlangfahre, spüre ich, daß das untere Laken völlig durchnäßt ist. Der Kranke hat keine Kontrolle mehr über seine Organe. Zwei- oder dreimal täglich wird die Bettwäsche gewechselt. Was tun? Bis zum Morgen warten? Die Stubendienste zu bitten ist zwecklos. Das hat mir der Doktor gestern gesagt. Man kann nicht bei jedem Patienten zehnmal pro Tag und pro Nacht die Wäsche wechseln. Ich weiß nicht, ob er schläft oder ob er sich in dem Zwischenzustand befindet, der weder Wachzustand noch Ruhe des Schlafes ist. Aber er wird die ganze Nacht bis 6 Uhr oder vielleicht 7 Uhr in seinem durchnäßten Bett liegen, und man wird mir keine Laken geben, um das Bett neu zu beziehen, und ich kann nichts daran ändern. Andere sind ohne Laken und ohne Bett gestorben, sind gestorben an Schlägen, an schrecklichen Verletzungen und nicht an Typhus, sind gestorben in Verzweiflung und nicht mit ungebeugtem Geist, fröhlich und voll beißender Ironie (»Du glaubst doch nicht«, sagte er lachend zu mir, »daß wir hier lebend herauskommen, das ist unmöglich«; dabei meinte er, wir würden trotzdem damit fertigwerden, jedoch, hinter dem scheinbaren Zynismus und der Hoffnung breitete sich auch dumpfe Furcht aus), aber dieser Kranke ist mein Freund François und ich kann nichts tun, damit er ein sauberes Bett bekommt.

Ich setze mich wieder hin, aber da mir mein Rücken zu weh tut, stelle ich meinen Hocker zwischen Ofen und Tisch. An den Ofen gelehnt, spüre ich, wie von den großen grünen Kacheln aus langsam die Wärme in mich eindringt. Herr, mach, daß er nicht stirbt. Ich lausche auf dieses leise Atemgeräusch. Die Stubendienste sitzen um den Ofen herum und betrachten den Topf mit den Kartoffeln, der mitten in der Glut steht. Während ich bete und ihm den Rücken zukehre, beobachte ich ihn ebenfalls.

Der Hunger ist unbeschreiblich. Die Tafel am Fußende des Bettes von François, auf der die Temperaturen eingetragen sind, ist kaum zu erkennen. Das Krankenblatt mit den Angaben über Temperatur, Puls und allen möglichen ärztlichen Bemerkungen in mehr oder weniger klassischem Latein spielt in der Verwaltung des Reviers eine große Rolle.

Sowohl in seiner ursprünglichen Konzeption als auch in den Formen, die sich daraus entwickelt haben und die selbst in ihren schlimmsten Auswüchsen dieser Konzeption nie untreu wurden, verlangt das KZ-System, daß die Akten auf jeden Fall besser behandelt werden als die Menschen, über die diese Akten geführt werden, und die »Blätter« der Kranken besser als ihr Körper. Die Kurven des Fiebers und der Pulszahl, die eine blau, die andere rot, sind darin festgehalten, beginnend mit der Aufnahme ins Revier. François ist jetzt zwölf Tage hier. Die Kurven sind fast ununterbrochen hoch. Gegenwärtig halten sie sich, mit einigen kleineren Zacken, an der obersten Grenze.

Patienten, die nur leicht erkrankt sind, und Rekonvaleszenten, die Lust auf einen zusätzlichen Imbiß haben und eine saubere Handschrift vorweisen können, sichern sich durch diese Arbeit einige zusätzliche Tage im Revier. Wenn sie gebildet sind, korrigieren sie gelegentlich das Latein des polnischen Doktors – eine harmlose und wirkungslose Revanche des nutzlos gewordenen Wissens.

Wenn der Kranke verstorben ist oder wenn er das Revier verläßt, wandert sein Blatt zur Registratur, einem riesigen Raum im Block 1, wo vier oder fünf Häftlinge, Privilegierte unter den Privilegierten, alte Professoren, Bibliothekare, erfahrene Politiker, sie sorgfältig zunächst in farbige Aktendeckel und dann in gewaltige Kästen einordnen. In diesem großen hellen Raum herrscht eine Atmosphäre der Ruhe, der Beschaulichkeit und des Friedens. Die Männer von der Registratur sind alt, mächtig oder mit Mächtigen befreundet. Es sind überwiegend Deutsche oder Österreicher, seit vielen Jahren im Lager. Das Leben, in dem sie sich häuslich eingerichtet haben, kann noch lange so weitergehen.

Sie sind vorsichtig, sehr vorsichtig, mildtätig, geschwätzig (untereinander), naschhaft. Sie veranstalten kleine Feiern untereinander, und als vor einigen Wochen einer von ihnen Geburtstag hatte, gab es Torte mit Schlagsahne. Sie gehören zumeist gemäßigten Richtungen an, sind katholisch, konservativ. Sie haben aus konfessioneller oder schlicht menschlicher Solidarität – das alles ist unentwirrbar miteinander vermengt – einigen französischen Notabeln geholfen, darunter an erster Stelle Edmond Michelet, und auf diese Weise hat sich ihr Einfluß nach und nach vorteilhaft für viele Franzosen ausgewirkt, die nie etwas von dieser kleinen Gruppe alter Männer hören werden, denen eine riesige Bibliothek untersteht, in der jedes Blatt in den dicken, an den Wänden aufgereihten Bänden einen Toten darstellt.

Die Kartoffeln sind gar. Die Stubendienste stellen den Topf auf einen Hocker, setzen sich im Kreis um ihren Schatz und beginnen zu essen. Es muß 2 Uhr morgens sein. Der Hunger nagt an mir. Der ganze Körper tut mir weh. Ich stehe auf, so als wollte ich mir die Beine vertreten, und blicke im Vorübergehen verstohlen zu den Essenden hinüber. Selbst der Lärm, den ich beim Aufstehen gemacht habe, entlockt ihnen keine Reaktion. Es ist verrückt, daß sie mich die Nacht über hierlassen, aber ihnen kann es nicht schaden. Doch vom magischen Kreis ihrer Tischgemeinschaft bleibe ich ausgeschlossen. Das gemeinsame Kochen stiftet die stärkste Bindung im Lager, tiefer als die zerrissene Familie, als die zerbrochene Freundschaft, als der Glaube, der nicht immer über die dunklen Regungen des Hungers obsiegt.

Sogar mit François habe ich mehr als einmal gestritten – und ich habe einen elementaren physischen Haß auf ihn gehabt, ich hätte ihm an die Gurgel fahren können, und eines Tages sind wir mit den Fäusten aufeinander losgegangen –, weil es notwendig geworden war, innerhalb unserer Gruppe zwei Eßgemeinschaften zu bilden, da wir in zwei verschiedenen Stuben des gleichen Blocks untergebracht waren und er zu der anderen gehört hatte, wodurch es über die Aufteilung unserer Nahrungsmittel»vorräte« zu Unklarheiten gekommen war.

Hier gehöre ich nicht zur »Gruppe«. Ich gehöre nicht zum Kreis derer, die sich jeder von ihrer Abendration drei Kartoffeln aufgespart und in den gemeinsamen Topf getan haben; es kann auch sein, daß sie beschlossen haben, sich einen Zuschlag zu teilen, der vermutlich aus den Rationen jener Patienten stammt, die nicht essen können. Sie verzehren ihn, und ich kehre zu meinem Hocker zurück und lausche auf den Atem von François.

»Herr, laß ihn leben!« Für diese Nacht existiert kein Draußen. Wie man vergißt, daß es Städte ohne Stacheldrahtumzäunung gibt! Hier ist man sich selbst genug, diese Stadt genügt mir – und wenn die Gedanken noch immer ausschweifen und zu den früheren und künftigen Orten zurückkehren, so fallen die Erfordernisse und Aufregungen des Alltagslebens einem um so gründlicheren Vergessen anheim.

Welch eine Fülle von Vorgängen, Bildern und Wahrnehmungen, die mir später in Paris wiederbegegnen, ist durch sechzehn Monate Gefängnis und Lager ausgelöscht worden. Das Vergessen weitet sich aus. Vielleicht wird nach zehn Jahren auch die Erinnerung vergessen haben, noch zu dem früheren Haus, der früheren Frau, der früheren Partei zurückzukehren. Sogar die Treue, eine mühsame, anstrengende Eroberung, die jeden Tag neu erworben werden muß, wird vom Vergessen eingeholt und genügt sich selbst, wird zu einer Liebe, die vergessen hat, was sie liebte. Die Nacht, in die man hineinlauscht, hat hier nicht die erregende, schrankenlose Weite, die der Morgen nicht kennt; hier hat die Nacht genau bekannte Mauern und Drahtzäune, durch die Hochspannungsströme fließen. Und hinter den Mauern gibt es nichts.

Für den von weither gekommenen Häftling ist das ferne Frankreich real und das Lager ringsum ebenfalls. Aber zwischen den Mauern von Dachau und der Westfront gibt es nichts. Das weite Deutschland existiert für uns nicht mehr. Wir können es uns nicht vorstellen. Wir haben es nie gesehen. Dachau liegt für uns auf dem Mond, in der Wüste. Das Lager, eine Nachahmung der menschlichen Welt, ist für uns die einzige reale Welt – und draußen gibt es nichts, bis nach Frankreich.

Die Stubendienste sind mit dem Essen fertig. Sie haben ihre Hocker wieder an den Tisch gestellt und sind in den anderen Raum gegangen, um nach ihren Kranken zu sehen. Einer hat sich schlafen gelegt. Den Topf mit einigen Kartoffeln, die übriggeblieben sind, haben sie auf den Herd gestellt. Da ich allein war, brauchte ich nur aufzustehen. Wenn ich mich auf die Zehenspitzen erhob, konnte ich in den Topf hineinlangen. Ich habe die beiden größten genommen und sie mir beide in den Mund gestopft. Meine Wangen waren aufgebläht wie bei einem Kind, das allein ist und spielt, es wäre Trompeter. Ich hatte Mühe, meine Kiefer zu bewegen und die weiche, warme Masse zu zerdrücken. Ich habe sie schnell hinuntergeschluckt, zu schnell, denn der Geschmack war sofort verschwunden, und ich bin hungrig geblieben.

Der Körper von François war eingeschlafen. Sein Atem war nicht mehr zu hören. Ich habe noch zu beten versucht. Auch ich bin ein wenig eingenickt. Als ich aus dem Schlaf aufschreckte, hatte ich einen bitteren Geschmack im Mund, die Zunge klebte mir am Gaumen, mein Rücken war wie gerädert. Ich habe an einen Himbeersaft gedacht, in der Milchbar auf dem Boulevard Montmartre, wo François, Pierre Lebar und ich uns im Winter 1943/44 abends mit dem kleinen Devay getroffen hatten, den François zu seinem Adjutanten gemacht hatte. Milch. Ich bin in den Waschraum gegangen, um mir den Mund auszuspülen, und trotz der Kälte habe ich ein wenig trinken müssen, ungeachtet aller Verbote (wegen der Typhusgefahr).

Das ewige Leben. Falls François stirbt – in welchem Sinne wird er weiterexistieren? Sein ganzes Leben ist rein gewesen. Ich lächelte bei dem Gedanken an die so vielfältigen Formen von Reinheit. So viele Sünden sind rein. Der Tag ist angebrochen. Hier erkennt man das Herannahen des neuen Tages nicht am Gesang der Vögel vor dem ersten Morgengrauen. Keiner bildet sich ein, daß sich in den hohen Pappeln der Lagerstraße auch nur Spatzen aufhalten könnten. Es ist noch dunkel, erst gegen 5 Uhr wird es hell, dann beginnt der Tag wirklich. Im hinteren Raum sind einige Stubendienste, die tagsüber Dienst haben, aufgestanden. Sie sind in den Waschraum gegangen. Einer von ihnen hat die Hauptbeleuchtung eingeschaltet. Auf einmal ist mir bewußt geworden, daß in der Dunkelheit, die von der roten Glühbirne kaum erhellt wurde, eine tiefe und unerklärliche Heiterkeit über dem ganzen Raum gelegen hatte. Das grelle Licht läßt alle Häßlichkeiten hervortreten. Der Pfleger begann seine Runde mit dem Thermometer.

Der Atem von François ging ruhiger. Ich habe den Pfleger gebeten, herzukommen und sich ihn anzusehen. Er hat gemeint, man sollte ihn nicht stören, denn er sei ruhig. »Sieht so aus, als käme er durch«, hat er in einem seltsamen Deutsch zu mir gesagt, mit einem starken, eher tschechischen als polnischen Akzent – er trug keinen Buchstaben auf seinem roten Dreieck. »Ich dachte nicht, daß er die Nacht überstehen würde.« – »Um sieben gibst du ihm seine Spritze«, habe ich ihn gebeten. »Hast du alles, was du brauchst?« – »Ja, der Doktor hat es mir gestern abend gegeben.«

Dann bin ich François zum Abschied leicht mit der Hand über die Stirn gefahren und habe rasch die Höfe und Blöcke durchquert, die mich von meinem Bett trennten. Die Schwindsüchtigen waren dabei, sich gründlich zu waschen. Die Nacht blieb unangenehm kalt und feucht, noch war nicht ein Schimmer zu sehen. In der Stube 4 war es warm. »Na, wie geht's deinem Freund?« sprach mich der polnische Doktor an; er trank eine Tasse Tee in seinem kleinen, bis zur Decke mit Heilkräutern angefüllten Winkel (das war sein Tick; er ließ sie, im Tausch gegen Zigaretten, aus München kommen, und für jede Krankheit gab es eine andere, bittere, konzentrierte Mixtur, die man morgens und abends unter dem spöttischen Blick der kleinen Stubendienste austrinken mußte; sie hatten diese Droge auszugeben und darauf zu achten, daß die Kranken ihr Glas nicht in einen Eimer oder ein Eßgeschirr ausleerten). »Leg dich schlafen!« Mein Bett war wundervoll.

Der Tod

Ich war mit einer Adenitis ins Revier gekommen, einer sehr schmerzhaften Entzündung der Lymphknoten im Hals, die wahrscheinlich auf einer veränderten Zusammensetzung des Blutes beruhte, die ihrerseits eine Folge der Unterernährung war. Wenn die Kräutertees des polnischen Arztes mir auch nicht die erwartete Heilung brachten – wieder in Frankreich, mußte ich wegen der »Monocytose«, die sich in Dachau in meinem Organismus entwickelt hatte, jahrelang in Behandlung –, so war die Ruhe doch ein wahres Geschenk des Himmels. Welch ein Glück, daß ich nicht zusammen mit allen anderen um 4 Uhr 30 aufstehen mußte (die Häftlinge im Revier wurden gesondert gezählt, nicht in dem Block, aus dem sie stammten), daß ich erlaubterweise den ganzen Tag im Bett bleiben konnte, daß die Alltagskost durch eine Milchsuppe oder eine zusätzliche Scheibe Brot ein wenig aufgebessert wurde! Aber diese Atempause konnte nicht ewig währen. An einem Samstagmorgen sagte der polnische Arzt zu mir: »Morgen abend mußt du wieder in den Block zurück; so krank, daß ich dich länger als vierzehn Tage hierbehalten kann, bist du nicht, und dein Kommando wird am Ende ungeduldig.« Am Sonntagabend zog ich also wieder meine »Zivil«kleider an, die die Stubendienste des Reviers gewaschen und gebügelt hatten (ich entlohnte sie dafür mit Zigaretten, denn eigentlich rauchte ich nicht), und verließ, mit meinen Büchern, Eßgeschirr und Becher versehen, die Zauberwelt des Reviers und begab mich wieder auf den Boden der KZ-Realität.

Am Montagmorgen um 4 Uhr 30 wurde mein schlaftrunkener Körper genau wie vor dem Zwischenaufenthalt im Revier durch das übliche Wecken aufgerüttelt.

Die Zauberwelt des Reviers war eine sehr merkwürdige Welt, bisweilen sogar eine verkehrte Welt, verglichen mit dem Lager, das seinerseits schon eine verkehrte Welt war. Das hatte ich sehr früh bemerkt, denn in der zweiten Woche unseres Aufenthalts im Quarantäneblock hatte ich rasende Zahnschmerzen bekommen. Der Stubenälteste steckte mich zu den Kranken, die an diesem Morgen ins Revier gebracht werden sollten. So kam es, daß ich um 8 Uhr im Wartezimmer der Zahnpraxis saß, im Block 1, mit Blick auf den Appellplatz. Nach der Einrichtung zu schließen, saß ich bei einem bedeutenden Arzt, aber der österreichische Dentist belehrte mich rasch eines Besseren: Nach SS-Vorschrift durfte er Zähne nur ziehen, behandeln durfte er sie nicht. Da ich eine schwere Entzündung hatte, zog er mir den Zahn, übrigens ohne Betäubung; mein Pariser Zahnarzt hätte es nicht besser machen können. Da ich aber schon einige Jahre zuvor einen der linken Eckzähne verloren hatte, wiesen meine Zähne an dieser Stelle jetzt eine doppelte Lücke auf, was kaum zur Schönheit meiner äußeren Erscheinung beitrug.

Zu den Merkwürdigkeiten des Reviers gehörte ferner, daß man dort lange Zeit keine Ärzte haben wollte. So war es jedenfalls bis 1942 oder 1943 gewesen, bis zu den großen »Verbesserungen«, die, so betonten die seit langem einsitzenden Häftlinge immer wieder, aus dem KL Dachau ein »Sanatorium« gemacht hatten.

Bis dahin hatten allein die Pfleger im Krankenbau das Regiment geführt, von denen kaum einer auch nur die Spur einer beruflichen Qualifikation besaß. Die SS hatte Häftlinge, die ihnen genehm waren, zu Pflegern ernannt, zumeist Berufsverbrecher oder »Asoziale«. Manche fanden offenbar Gefallen an ihrer Funktion und fingen an, Amputationen und andere Operationen vorzunehmen. Als sich schließlich

Häftlingsärzte um die Patienten im Revier kümmern durften, wurden sie den Pflegern unterstellt, von denen sich viele einen Spaß daraus machten, die ärztlichen Maßnahmen zu kontrieren.

Als man schließlich zur »Vernichtung durch Arbeit« überging, bei der es galt, den Häftling möglichst lange am Leben zu erhalten, damit die Ausbeutung seiner Arbeitskraft möglichst rentabel wurde, und als sich später Epidemien entwickelten, besonders das Fleckfieber, bekamen die Ärzte ein wenig mehr Einfluß, doch in jedem Block und in jeder Stube des Reviers lagen die Machtverhältnisse anders, und für den Kranken, der dort eingewiesen wurde, war es ratsam, sie zu kennen und zu respektieren. Ein alter, zur Häftlingsaristokratie gehörender Pfleger konnte sich leicht durchsetzen gegen einen jungen Arzt, der als Neuling hereinkam und von den eigentlichen Regeln des rücksichtslosen Machtkampfes keine Ahnung hatte.

Die Ausweitung des Reviers bis auf den Block 29 (es umfaßte jetzt, im Winter 1944/45, die Hälfte des Häftlingslagers) kam den französischen Ärzten und Medizinstudenten »zugute«, von denen viele diesen neuen Stationen zugewiesen wurden. Zugewiesen bedeutete übrigens, eingesperrt zu sein, denn die Ärzte durften ebensowenig wie ihre Patienten die Typhus-Blöcke verlassen. Die meisten haben sich tadellos verhalten; mit größter Selbstlosigkeit pflegten sie die Lebenden und standen den Sterbenden bei.

In diesem riesigen Komplex, in dem jetzt Tausende von leidenden Menschen zusammengepfercht waren, gab es noch Raum für sonderbare, ulkige Enklaven. Durch die Unterernährung und die Ruhr kam es vielfach zu Hämorrhoiden. Wie man mir sagte, stand Dr. P., ein französischer Arzt, in hohem Ansehen, weil er diesem schmerzhaften und lästigen Gebrechen abzuhelfen wußte. Ich richtete es so ein, daß ich ihn konsultieren konnte. P. hatte so etwas wie ein elektrisches Vibrationsbällchen konstruiert, ein medizinisches Massagegerät, das die stechenden Schmerzen tatsächlich linderte und sogar die Entzündungen zurückgehen ließ. Er behandelte mich, und wir freundeten uns an; er war, glaube ich, kein richtiger Arzt, sondern eher ein Masseur, aber er war geschickt und wohlwollend.

Er hatte im Revier einen Bereich für sich, und dort gab es eine Badewanne, eine echte Badewanne mit heißem Wasser, und eines Tages fragte ich ihn, ob ich nicht ein Bad nehmen dürfte. Er erlaubte es mir, und wenn die Pflichten meines Kommandos es gestatteten – denn man kam nur während der Arbeitszeit in das Revier hinein und mußte eine schriftliche Genehmigung des Blockführers vorweisen –, schlich ich mich zu P., der mir sogar ein Stück Seife von minderer Qualität überließ. Ich ließ mich in die bis oben gefüllte Wanne gleiten, und das Wohlgefühl, das mich dabei überkam, werde ich wohl kein zweites Mal in meinem Leben erfahren. »Doktor« P. war bestimmt harmlos, und er hat seinen Kameraden auch geholfen, aber seine unangefochtene Stellung im Revier verdankte er der Tatsache, daß er als Masseur die Leiden eines schwerkriegsbeschädigten SS-Führers linderte. P. brauchte daher nicht die schlechte Laune oder die Abneigung eines »Pflegers«, eines Stubenältesten oder eines Stubendienstes zu fürchten, der ansonsten durchaus genügend Macht besaß, um sogar einen echten Arzt in ein Kommando für Erdarbeiten zu stecken.

Der Augenarzt des Reviers war in seiner Heimatstadt – ich weiß nicht mehr, ob es Prag oder Budapest war – Chefarzt gewesen. Mit ihm bekam ich zu tun an dem Tag oder vielmehr nach der Nacht, in der mir meine Brille gestohlen wurde. Um sie abends in Sicherheit zu bringen, schob ich sie in einen meiner Schuhe, und die Schuhe stellte ich dann unter das strohgefüllte Kopfkissen. Eines Nachts, während ich im bleiernen Schlaf der Erschöpfung versunken war, schaffte es jemand, mir die Schuhe unter dem Kopf hervorzuziehen, ohne mich zu wecken. Es waren gute Lederschuhe, die im Lager einen hohen Tauschwert besaßen.

Nun bin ich zwar kurzsichtig, aber nicht so stark, daß es mich am Morgen daran gehindert hätte, mit den übrigen Angehörigen des Kommandos zur Politischen hinauszumarschieren. Dort wurde es spannend. Als Kommandoführer Schüssler bemerkte, daß ich keine Brille mehr hatte, erkundigte er sich, wieso sie abhanden gekommen war, und begann furchtbar zu brüllen; Gotteslästerungen wechselten sich ab mit Verwünschungen der Diebe, die er wegen Sabotage zu hängen drohte. Nachdem er sich ein wenig beruhigt hatte, beschloß er, mich ins Lager zurückzuschicken, denn ohne Brille konnte ich ohnehin nicht viel tun. Mit einem Laufzettel für die Effektenkammer und für das Revier versehen, wurde ich von einem jungen SS-Mann zum Jourhaus zurückgebracht. In der Kammer konnte ich mir ein Paar guterhaltene Militär-Schnürstiefel aussuchen. Verglichen mit meinen alten Schuhen von Compiègne hatte ich keinen schlechten Tausch gemacht. Im Revier wurde ich zum Augenarzt gebracht, der mir erklärte, er könne mir keine neue Brille verschreiben, weil die gesamte deutsche Produktion den Angehörigen des Herrenvolkes vorbehalten sei; aber Gottseidank – wenn man es so sagen darf – gab es noch die Toten. Die rapide zunehmenden Todesfälle sicherten dem Augenarzt einen ebenfalls rasch zunehmenden Brillenvorrat, denn die Pfleger hatten Anweisung, die Brillen der Verstorbenen ihm zu übermitteln. Er führte mich vor eine große Kiste, in der bunt durcheinandergewürfelt die unterschiedlichsten Sehhilfen lagen.

Nun galt es natürlich, passende Gläser und dazu ein Gestell zu finden, das mir ebenfalls paßte, und das war nicht ganz einfach. Zunächst mußte ich mich mit einem Kneifer begnügen, der auf meiner Nase nicht recht das Gleichgewicht hielt. Damit er mir nicht immer wieder herunterfiel, befestigte ich ihn an einem Bindfaden, den ich mir ums Ohr wickelte. Doch ein paar Tage später ließ der Augenarzt mich zu sich kommen und händigte mir eine randlose Brille mit vergoldetem Gestell aus, die mir hervorragend paßte.

Mit einer Mischung aus Neugier und Entsetzen betrachtete ich die große, mit den Brillen von Toten gefüllte Kiste. In Fresnes hatte François unter Anspielung auf seine falsche Identität eines totgeborenen Kindes (das war damals das Nonplusultra der falschen Identitäten) in einem seiner Vierzeiler geschrieben: »Der Name eines Toten ist mein Panzer.« Jetzt war es die Brille eines Toten, mit deren Hilfe ich Bedrohungen und Gefahren erkennen konnte.

Bevor ich nach Dachau kam, hatte ich noch keinen Toten gesehen. In unserer merkwürdigen Zivilisation wird der Tod in kaum zugängliche Randbereiche verbannt. Im eigenen Hause, umgeben von den Angehörigen, in einem familiären Rahmen sterben zu dürfen, ist zu einem seltenen Privileg geworden. Im Herbst 1944 traf eines Abends aus Natzweiler ein großer Transport in einem ganz entsetzlichen Zustand ein. Man brauchte dringend eine große Zahl von »Rezeptionisten«, die Französisch sprachen. Zusammen mit den übrigen verfügbaren Mitgliedern der Gruppe begab ich mich zum Duschraum auf der anderen Seite des Appellplatzes, wo sich uns ein Anblick bot, der an Dantes Inferno gemahnte.

Unter dampfenden Strömen heißen Wassers lagen, während ringsum angstvolle Schreie ertönten, Hunderte von zusammengebrochenen Menschen am Boden. Inmitten dieses Chaos war es schwer, die Toten von den Sterbenden zu unterscheiden. An eine Feststellung der Identität der Neuangekommenen war nicht zu denken; wir gingen vielmehr daran, die Kranken aufzurichten, zu waschen und anzukleiden, die Toten in eine Ecke zu tragen und diejenigen, die sich nicht auf den Beinen halten konnten, in eine andere Ecke zu legen. Die Duschen liefen währenddessen weiter, und das war sogar gut, denn so konnten wir diejenigen, die sich mit ihren Exkrementen beschmutzt hatten, unter fließendem Wasser abwaschen.

Manche waren erschöpft und halb bewußtlos – sie wimmerten in einem vom wirklichen Leben bereits abgelösten Zustand der Umnachtung vor sich hin. Um ein wenig Ordnung in dieses heillose Durcheinander zu bringen, mußten wir über die Leichen hinwegschreiten, so als seien es gewöhnliche Dinge, eine Türschwelle etwa oder ein Bordstein. Nicht einmal mir, der ich noch nie zuvor eine menschliche Leiche gesehen hatte, kam das ungewöhnlich vor.

Es lag also nicht an der Gewohnheit; mir kam es von Anfang an, schon beim ersten Mal, so vor, als gehörten der Tod und die Toten wie selbstverständlich zum Lagerleben; mir war, glaube ich, nicht einmal recht bewußt, daß die Toten Tote waren. Es waren fremde, namenlose Tote, fleischlose Objekte, die, nachdem ihr Leben erloschen war, keinen Bezug zu mir hatten, wo doch in unserer Welt nur das galt, was sich auf unsere individuelle Existenz bezog, deren Horizont auf elementare Dimensionen geschrumpft war. Deshalb war allein der Tod von François ein wirklicher Tod.

Wenn alles unsicher ist, wenn alles von fernen Entscheidungen abhängt, auf die wir keinen Einfluß haben, wenn alles jederzeit zunichte werden kann, dann klammert sich auch der Lebens- und Überlebenswille an die allernächsten, alltäglichsten Fetzen der Realität, ja sogar an ganz verstiegene, völlig unbegründete Hoffnungen.

Im Winter stießen wir auf dem Weg zum Waschraum jeden Morgen auf die bereits erstarrten und gefrorenen Leichen von Kameraden, die in der Nacht gestorben waren und die von den Stubendiensten gleich nach dem Wecken in diese Sanitärräume geschleppt worden waren, damit sie vom Kommando der Leichenträger dort abgeholt werden konnten. Dieser Tod war uns vertraut und blieb uns dennoch fremd, auch wenn wir mit der einen oder anderen dieser armen Gestalten einen Namen verbinden konnten. Die Ernte, die der Tod am Vortage gehalten hatte, sah ich täglich in der Kartei ankommen, Dutzende und Aberdutzende von abgebrochenen Existenzen, die jetzt beendet waren und archiviert werden konnten.

Nach den ersten kalten Nächten in den Blöcken 30 und 24, in denen wir nacheinander untergebracht waren, gingen bekannte und geachtete Menschen von uns, überwiegend, um im Revier zu sterben. Nachdem sie dem täglichen Blick entschwunden waren, gerieten sie schnell in Vergessenheit, so als seien sie abtransportiert worden, was ja bei vielen Alten und Kranken, die von SS-Ärzten »selektiert« wurden, auch zutraf. Man fürchtete sich deshalb vor der Aussicht, zu einem Muselmann zu werden – ein Ausdruck des schaurigen Lagerjargons, der mit den Anhängern der islamischen Religion bestimmt nichts zu tun hatte. Die Selektierten wußten in der Regel, daß ihr Transport ein Himmelfahrtskommando war.

Bis 1942 wurden Männer, die zu schwach und zu krank waren, um arbeiten zu können, zu einem der Zentren der »Vernichtung lebensunwerten Lebens« gebracht, wo das Euthanasieprogramm der Nazis durchgeführt wurde, nach Haar bei München und vor allem nach Hartheim bei Linz. Während unserer Lagerzeit wurden Kameraden, die das Unglück traf, zu Lagern verschickt, in denen Gaskammern betrieben wurden, nach Buchenwald, Ravensbrück, Neuengamme oder in die Todeslager von Bergen-Belsen. Zu den Menschen, die ich sterben oder in den Tod fahren sah, gehörten der Vater unseres Kameraden Lesèvre, der mit seiner guten Laune und seiner Freundlichkeit lange die Moral seiner Stubengenossen hochgehalten hatte, und Georges Lapierre, ein alter Mann, der mit seiner Würde und seiner Hoffnung alle beeindruckte; er war Generalsekretär des Lehrerverbandes gewesen, ein sozialistischer Humanist im Sinne von Jaurès; ich hatte 1936 als Dolmetscher für ihn gearbeitet; unser guter Lapierre hatte es sich zum Ziel gesetzt, in Schulheften, die er sich irgendwie verschafft hatte, für die zukünftigen Kinder der neuen, befreiten Republik eine große Geschichte Frankreichs niederzuschreiben. Ich habe sie abfahren sehen, und bis in die allerletzten Tage unseres Exils hinein habe ich nicht eine Sekunde lang auch nur die geringste Angst verspürt, daß auch ich sterben könnte.

Ich habe immer geglaubt, gewußt, daß ich das Lager lebend verlassen würde, daß mein Leben noch nicht abgeschlossen war. Es war eine so elementare Gewißheit, daß nicht einmal der Gedanke an meinen Tod Eingang in mein Leben fand. Michelet hatte recht, wenn er sagte, ich sei ohne Bewußtsein, denn der Gedanke an meinen möglichen Tod hat nie mein Bewußtsein gestreift. Diese innere Blindheit war in der Welt von Dachau bestimmt eine Stärke. Viele unserer Kameraden sind buchstäblich vor Angst gestorben, weil das Ausmaß ihrer Angst schließlich ihren Lebenswillen lähmte.

*

Jetzt, da ich wieder im Block war, konnte ich mich nicht mehr in der Weise um François kümmern wie während meines Aufenthalts im Revier. Die Mittagspause war kurz; erst am Abend, wenn die Kommandos zurückgekehrt waren, betrat ich den abgesperrten Revierbereich, mit ernster und geschäftiger Miene, wie es sich für einen Prominenten gehört, eine Akte unter den Arm geklemmt. Ich kannte eine ausreichende Zahl von Ärzten, um meine unerlaubte Anwesenheit einigermaßen rechtfertigen zu können, aber der Pförtner, dem ich die Zauberworte »Schreiber, Politische« zuraunte, hat nie eine Erklärung von mir verlangt. Im Typhus-Block war eine Besserung eingetreten, François lächelte mich an, ich glaubte, ein hingehauchtes Wort zu vernehmen. Ein Ausdruck von Dankbarkeit lag auf seinem ausgezehrten Gesicht. Jeden Tag sah ich dieser Begegnung mit klopfendem Herzen entgegen. Die hartnäckige Hoffnung erweiterte ihr Nest.

Ein Kamerad, der als einer der letzten aus Frankreich eintraf, erzählte uns, in seinem Gepäck befinde sich der Roman von François *(Vous ne mourrez nullement)*, der erst nach seiner Verhaftung erschienen war, so daß er ihn nie zu Gesicht bekommen hatte. Die Leute von der Bibliothek, denen wir diesen Zusammenhang erläuterten, wandten sich an die Häftlinge, die in der Effektenkammer tätig waren, und baten sie, aus den Sachen, die unter dem Namen Maurice Pessis abgelegt waren, den Band herauszuholen. Nachdem er in der Bibliothek gelandet war, kümmerten sich deutsche Kameraden darum, daß er gebunden wurde. Einige Tage später präsentierten sie uns das Buch: Die eher leichtlebige Geschichte leuchtete in den Farben der Trikolore. Als gute Kommunisten hatten sie sich gefreut, daß sie endlich einmal Patrioten sein durften, und wollten doppelt patriotisch sein. In unserer Lagerwelt war das eine verrückte und zugleich sehr rührende Geste. Einige aus unserer Gruppe und Beschäftigte der Bibliothek formierten sich zu einem Zug, um François sein Buch zu zeigen, aber es ist nicht sicher, ob er es erkannt hat.

Noch heute, da er schon fast ein halbes Jahrhundert tot ist, gelingt es mir nicht, das Bild des reifen François Vernet, eines Mannes in den besten Jahren, an der Grenze zum Alter, von der stolzen, anmaßenden und bezaubernden Persönlichkeit seiner Jugendzeit zu trennen. Hochgewachsen, kraftvoll, gebildet, flogen ihm, wo er auch hinkam, die Herzen zu, man mußte ihn einfach bewundern und lieben, und ich fügte mich diesem Zwang bereitwillig. Er entstammte einer jüdischen Familie aus Saloniki mit weit zurückliegenden spanischen Ursprüngen, von der er sich früh gelöst hatte, doch als der Krieg und die Besatzung kamen, sorgte er mit einer betonten Distanz für seinen Vater. Als glänzender Schüler des Lycée Henri IV hatte er dort die Vorbereitungsklasse für die Aufnahme in die École normale supérieure besucht, und schon in dieser Zeit hatte er geschrieben; der Zeitströmung entsprechend pazifistisch eingestellt, hatte er sich dem Wehrdienst entziehen wollen, aber auf eine originelle Art, die ein hohes Maß an Selbstkontrolle verlangte: Monatelang hatte er den Verrückten gespielt, bis ein Generalarzt ihm sagte: »Mein Freund, Sie sind ebensowenig verrückt wie ich, aber Ihre Ausdauer soll belohnt werden.« Gleich nach der Kriegserklärung meldete er sich freiwillig, aber jetzt wollte die Armee diesen gefährlichen Irren nicht haben. Das Erziehungsministerium scheute sich jedoch nicht, ihn als Hilfslehrer einzustellen.

Von diesen Monaten, die er mit Kindern verbracht hatte, sprach François voll Zärtlichkeit. Als ich ihn kennenlernte, hatte er sich in ein kleines Dorf der Montagne Noire unweit Vichy zurückgezogen. Er stand unter Vertrag bei dem Verleger Léon Pierre Quint, der sich zu jener Zeit um den Wiederaufbau seines Verlages im Süden Frankreichs, der damals von den Deutschen noch unbesetzten Zone, bemühte. Der Verleger – eine eigenwillige Persönlichkeit, hochgebildet, neurotisch und, wie ich glaube, drogensüchtig, weil er entsetzlich unter einer gewissen Lähmung der Beine litt – schickte sich an, den ersten Roman von François zu veröffentlichen, der uns stark an Paul Nizans *Conspiration* erinnerte.

François war seit längerem mit Jefim und Franz Thomassin befreundet (letzterer war neben Pierre Lebar der einzige von unserer Gruppe, der der Verhaftung entgehen sollte); in Lyon stand er außerdem in enger Beziehung zu Jean Beaufret, unserem Philosophen. Gewöhnlich hatte er meine kleinen Betätigungen im Rahmen der Résistance mit herablassender und distanzierter Sympathie betrachtet, und so war ich überrascht, als er, wieder einmal auf der

Durchreise in Lyon, erklärte, auch er würde sich gern an unserem Kampf beteiligen. Er, der bislang die größte Verachtung für die Politik bekundet und sich den Anschein gegeben hatte, einzig an der Kunst und am Kult des Ichs interessiert zu sein, fand es unziemlich, andere ihren Kopf hinhalten zu lassen in einer Sache, in die er zwangsläufig mitverwickelt war. Natürlich verabscheute er Dummheit und Bosheit, aber außerdem, glaube ich, nahm er es Hitler übel, daß er ihm nicht die Freiheit ließ, selbst darüber zu entscheiden, wo er sich engagierte und wem seine Solidarität gehörte. François haßte alle Zwänge; jetzt akzeptierte er den Zwang des Krieges, weil er sich ungezwungen und zu einem von ihm gewählten Zeitpunkt dafür entschieden hatte.

Da die Abteilung »Identität« der Vereinigten Bewegungen der Résistance, mit der ich für die Zone Süd befaßt war, für die »besetzte« Zone (beziehungsweise, da jetzt ganz Frankreich besetzt war, die Zone Nord) einen Verantwortlichen brauchte, schlug ich Pierre Kahn, unserem nationalen Leiter, François für diese Aufgabe vor, und er stimmte zu.

Freudig ging François nach Paris und baute dort innerhalb weniger Wochen ein sehr großes Netz auf, das er mit Lust und Findigkeit verfestigte. Bald hatte er in allen Pariser Bezirksverwaltungen seine Vertrauensleute. So kam er auf die Idee mit den Identitäten totgeborener Kinder, die gegen jede unangenehme Überraschung abgesichert waren: Im Geburtenregister wurden die Todesfälle nicht verzeichnet – sie kamen in eine andere Kartei –, und auch wenn die französische Polizei oder die Gestapo »beschleunigte« Nachforschungen anstellte, stieß sie also nur auf die gleichen Angaben, die auf der Kennkarte standen, so daß keine Gefahr bestand, eines Tages dem wahren Inhaber der Identität gegenübergestellt zu werden.

Zum Zeitpunkt unserer Verhaftung hatte man begonnen, die Führer der Résistance mit diesen »ehernen« Identitäten auszustatten; François selbst besaß eine solche unter dem Namen Henry Bernard, und sie hielt allen Überprüfungen durch die Gestapo stand. Dieses Glück war mir nicht beschieden, denn meine Kennkarte kam »meinem« Gestapomann auf Anhieb verdächtig vor, obwohl sie echt war, d.h. obwohl sie auf der Stadtverwaltung mit echten Stempeln versehen und registriert worden war. Um die Verwaltungsangestellte nicht zu verraten, entschloß ich mich nach einem recht handfesten Verhör zu dem Geständnis, in Wirklichkeit sei mein Name Pierre Citron.

Da mein alter Freund Pierre Citron sich in Marokko befand, bestand keine Gefahr, daß man mich widerlegen würde, und ich glaubte, Tag und Ort seiner Geburt genau zu kennen. Tatsächlich hatte ich mich im Datum geirrt, aber die Gestapo hatte keine Zeit mehr für eine Nachprüfung.

Auch wenn er wichtige Funktionen in der Résistance ausübte (er kümmerte sich außerdem um ein »Comité d'Action contre la Déportation«, das Juden und anderen bedrohten Flüchtlingen half), widmete François sich doch weiterhin mit Leidenschaft der Literatur, dem Theater und der Musik. Wenn ich ihn alle drei oder vier Wochen in Paris traf, war ich immer wieder hingerissen. Neidlos empfand ich jene Bewunderung für ihn, die den Cyrano Rostands sagen läßt: »Molière besaß Genie, Christian aber war schön.« François besaß Genie, und er war schön, er zwang seiner Umgebung so etwas wie eine ästhetische und moralische Diktatur auf: Was er verwarf und verurteilte, das war einfach häßlich und verwerflich.

Seine stolze Art von Widerstand ging jedoch einher mit einer gewissen Leichtfertigkeit. So hatte er bei einer Wäscherin, die seinen Namen und seine Adresse kannte, einen »Briefkasten« eingerichtet. Am 10. Februar 1944 hatten wir – François, Igor, Jefim und ich – in einem chinesischen

Restaurant zusammen zu Mittag gegessen. Damals war das eine gute Adresse, denn die Chinesen, angeblich Untertanen der projapanischen Regierung von Nanking, wurden von den Deutschen als Angehörige einer verbündeten Macht betrachtet und erhielten deshalb Sonderzuteilungen an Reis. François sagte mir, er habe Mozart-Platten aufgestöbert, und unter Mißachtung aller konspirativen Regeln, nach denen persönliche Kontakte unzulässig sind, suchte ich ihn am Spätnachmittag in seinem Appartement in der Villa an der Avenue des Ternes auf.

Igor und Jefim, die für unseren Dienst arbeiteten, erschienen gleichfalls, dazu zwei reizende Mädchen, die François eingeladen hatte. Als ich noch einen Unbekannten eintreten sah, sagte ich zu François: »Du hast uns nicht gesagt, daß du noch jemanden erwartest«, aber da rief der Unbekannte schon: »Hände hoch, deutsche Polizei!« Die beiden Mädchen wurden nach zwei Monaten freigelassen, aber Mme Hellstern, die reizende alte Wirtin von François, starb ebenfalls in der Deportation. François, der als einziger von uns namentlich gesucht wurde, mußte sehr harte Verhöre erdulden, von denen er nie sprach.

Die Vierzeiler von Fresnes, die Gaston Gosselin gesammelt und nach dem Krieg veröffentlicht hat, offenbaren einen unbesiegten, ironischen und funkelnden Geist.

> *Pense aux enfants de Varsovie,*
> *Pense aux Français morts en Libye*
> *Et mesure alors ta souffrance,*
> *Martyr d'eau douce à Fresnes en France.*

Wir behalten ihn in Erinnerung als einen vornehmen Menschen, ironisch und angespannt, hochfahrend und lächelnd. Im Lager entwickelte er eine intensive Freundschaft zu General Delestraint, dem vormaligen militärischen Oberbefehlshaber der Résistance. Es war ein merkwürdiges Bild, wenn die beiden, der betagte General, mit schlohweißem Haar, von kleinem Wuchs, Soldat mit Leib und Seele, der Ordnung und der Tradition verschrieben, und François, der alte Antimilitarist, Ästhet, Poet und Anarchist, gut einen Kopf größer und aufmerksam zum General vorgebeugt, in der Blockstraße auf und ab gingen, zwischendurch stehenblieben und ernst über die Lage an den Fronten diskutierten. Einige Tage nach dem Tode von François wurde der General unserer Freundschaft entrissen; zunächst in den Ehrenbunker gebracht, wurde er, auf einen Befehl aus Berlin, hingerichtet, mit Revolverschüssen getötet.

Als ich am 24. März nach Feierabend von der Arbeit zurückkam, erwarteten mich im Block schlechte Nachrichten. »Mit François steht es ganz schlecht.« Die Besserung war nur von kurzer Dauer gewesen. Unser Freund lag seit einigen Tagen im Koma. Ich eilte zum Revier. Als ich beim Block ankam, war er gerade gestorben. Aus seinen halb geschlossenen Augen drang ein gebrochener Blick. Die riesige Nase beherrschte das ganze Gesicht. Die ausgezehrten Gesichtszüge wirkten hart, streng. Nach einem so langen Kampf war er nicht friedlich seinem Leiden erlegen.

Dieser Tod war ein schmerzlicher Abschied. François war ungläubig gewesen, hatte keiner Kirche angehört, und auch unsere Freundschaft hatte nicht verhindern können, daß er einsam starb, doppelt einsam. Wir wuschen seinen ausgemergelten Körper und hüllten ihn in ein zerrissenes altes Laken. Wir konnten nichts tun, um den Leichnam unseres Freundes vor dem Massengrab zu bewahren. Ich versuchte, ihm die Augen zu schließen, aber die erstarrten Lider gaben nicht nach.

Die verbotene Messe

Ein paar Tage nach unserer Ankunft in Dachau, Anfang Juli 1944, erfuhren wir, daß es im Lager eine Kapelle für katholische Gottesdienste gab. Eingedenk dessen, was wir über den unversöhnlichen Haß der NS-Machthaber im allgemeinen und der SS im besonderen gegen die Kirche wußten, konnten wir nur staunen, daß es hier eine solche Kultstätte überhaupt gab.

War es denn nicht das erklärte Ziel der Naziführung, sobald sie den Krieg siegreich beendet hatte, mit dem Christentum in all seinen Formen kurzen Prozeß zu machen?

Zu diesem Thema verfügen wir heute über ziemlich aufschlußreiche Texte, die – zusammengefaßt in den *Tischgesprächen* – von Protokollanten, die Martin Bormann eigens zu diesem Zweck benannte, während der Mahlzeiten des Reichskanzlers Hitler aufgezeichnet wurden. Nicht minder aufschlußreich sind die Äußerungen, die Goebbels und Himmler zu dieser Frage machten. Aber Thesen sind das eine, und die Wirklichkeit ist oftmals eine ganz andere.

Uns war schon damals in Dachau zu Ohren gekommen – und es sollte uns später durch das Studium wiederentdeckter Dokumente bestätigt werden –, daß die zentrale Lagerverwaltung im Reichssicherheitshauptamt (RSHA), die unmittelbar dem Reichsführer der SS Himmler unterstand, im Jahr 1941 oder 1942 mit der katholischen Kirche eine Art Sonder-»Konkordat« ausgehandelt hatte.

Die im Rahmen dieses Vertrages gemachten Zugeständnisse mochten der Kirche wie Zusatzklauseln zur Einstellung der Maßnahmen zur »Tötung lebensunwerten Lebens« erscheinen, jener systematischen Auslöschung (durch Gas oder Spritzen) von Geisteskranken und anderen unheilbar Kranken, die heftige Proteste in der katholischen Bevölkerung und vehemente Erklärungen einiger Kirchenfürsten (u. a. des Bischofs von Münster, Graf von Galen) hervorgerufen hatte. Eine solche Beschwichtigungspolitik gegenüber dem katholischen Teil der Bevölkerung konnte sich als ein nützlicher und wenig aufwendiger Schachzug erweisen, der nach dem »Sieg« leicht zu widerrufen war.

Da nun andererseits der »bolschewistische« Atheismus, den man für zerschlagen gehalten hatte, wieder bedrohlich in Erscheinung trat, konnte man daran denken, auf diese Weise und mit geringem Aufwand die moralische Einheit der Nation wiederherzustellen.

Darüber hinaus waren die unerwartet hohe Abwehrfähigkeit der Sowjetunion und die Gegenoffensive der russischen Truppen zweifellos dazu angetan, den Vatikan und die katholische Kirche in Deutschland zu beunruhigen. Weder Rom noch das deutsche Episkopat hatten je die Konfrontation mit dem Nationalsozialismus gesucht, den viele Verantwortliche in der katholischen Kirche noch immer als das geringere Übel betrachteten. Einige Naziführer, die – wie Himmler und Schellenberg – katholischer Herkunft waren, wußten über diese Zusammenhänge bestens Bescheid.

Der Vatikan wie auch die Münchener Kurie waren zudem bereit, solchen Überlegungen Gehör zu schenken. Wie auch immer, die zentrale Lagerverwaltung hatte jedenfalls beschlossen, alle in anderen Lagern inhaftierten katholischen Priester nach Dachau zu verlegen, sie von der Arbeitspflicht zu befreien und den deutschen Priestern die Einrichtung einer Kapelle zu erlauben, in der einer der ihren täglich die Messe lesen durfte. Für mich bleiben allerdings in dieser Sache noch etliche dunkle Punkte, die es zu klären gilt. Wurde ein solcher Vertrag wirklich unterzeichnet? Sah dieser Vertrag die Verlegung *aller* katholischen Priester nach Dachau vor oder nur die der deutschen Priester? War die Arbeitsbefreiung an diesen Vertrag gebunden oder erfolgte sie aufgrund innerer Bestimmungen der Dachauer Lagerordnung? Es steht jedenfalls fest, daß man mit diesem Vertrag bei den unteren Chargen nicht nur auf Verständnis stieß, sondern auch auf Widerstände und Hindernisse, und daß es dabei zu besonderen Auslegungen kam.

Entscheidungen, die von subalternen SS-Angehörigen getroffen wurden, um die Weisungen von oben durchzuführen, konnten in Abhängigkeit der jeweiligen Person für die reale Lage der betroffenen Häftlinge von grundlegender Bedeutung sein. Während die deutschen Priester sich besonders vor dem Rapportführer Böttcher fürchteten, gab es einen jungen SS-Mann namens Schmidt, der jedesmal, wenn er mit den Priestern allein war, seine Sympathie und sogar seinen Respekt für die Religion und für ihre Diener bekundete; so drückte er auch ein Auge zu, wenn konfessionslose Häftlinge an der Messe teilnahmen, was eigentlich strikt verboten war.

Die Zahl der erlaubten Messen war vertraglich auf täglich eine begrenzt worden, wobei nur inhaftierte Priester und insbesondere jene des »Priesterblocks 26« daran teilnehmen durften, in dem eigentlich nur deutsche Geistliche und ihnen angegliederte (Österreicher, Luxemburger, Elsässer, Lothringer) »wohnten«. Die sehr viel zahlreicheren polnischen Priester – annähernd 800 in den Jahren 1944-45 – durften keine Gottesdienste abhalten und auch nicht an ihnen teilnehmen; damals waren sie allerdings gemeinsam im Block 28 untergebracht, wo dennoch heimlich Messen gelesen wurden.

Außer den Polen, einigen Tschechen und einer Minderheit von deutschen und vor allem österreichischen Häftlingen waren die »alteingesessenen« politischen Häftlinge keine praktizierenden Katholiken. Sie haben auch niemals den Wunsch geäußert, an den Messen teilnehmen zu dürfen, und die deutschen und slawischen Geistlichen waren diszipliniert genug, um gegen die Anordnungen der SS nicht zu verstoßen; die übel behandelten und von allen verachteten Italiener waren zu keinerlei Eigeninitiative imstande. Einige eifrige Gläubige (wie unser Freund Edmond Michelet) blieben weitgehend unbemerkt.

Als Stätte des Friedens und der Zurückgezogenheit inmitten eines übervölkerten und ruhelosen Lagers bildete die Kapelle mit ihren frommen Bildern und Figuren einen ergreifenden Kontrast zur materiellen und realen Umwelt. Die deutschen Kleriker betrachteten die Existenz eines Gotteshauses und die Abhaltung der Messe als ein Gut an sich; die meisten von ihnen waren erst wegen der Ausrottung der Geisteskranken mit dem NS-System in Konflikt geraten und hatten vom Nazismus als neopaganistischer Bewegung nur eine annähernde Vorstellung; sie blieben in jenem konservativen, nationalistischen und antibolschewistischen Weltbild gefangen, das bis 1933 das politische Glaubensbekenntnis des deutschen Katholizismus bildete (mit einigen bemerkenswerten Ausnahmen, die aber eine deutliche Minderheit darstellten).

Ich hatte die Bekanntschaft eines Priesters aus dem Bistum Münster gemacht, der als Sohn frommer Bauern in einer zutiefst religiösen Tradition verhaftet war, die in ununterbrochener Linie bis ins christliche Mittelalter zurückreichte. Pater F. war wie viele andere nach Dachau verschleppt worden, weil er Predigten seines Bischofs Graf von Galen gegen die nationalsozialistische Ausrottung von »lebensunwertem Leben« heimlich verbreitet hatte. Gegen die antisemitische Politik des Regimes hatte er sich jedoch nie geäußert, und bevor er nach Dachau kam, hatte er über die Ausrottung der Juden nie etwas gehört.

Zum Hitlergegner wurde er erst, als die Nazis darangingen, die Kreuze aus den Schulen in seinem Land zu entfernen, das im Süden des Großherzogtums Oldenburg lag und 1814 an dieses evangelische Fürstentum angeschlossen worden war, obwohl es immer dem Fürstbischof von Münster unterstanden hatte. Eines Tages, als wir über die Lagerstraße gingen, sagte Pfarrer F. zu mir: »Inmitten all dieses Leids und der Schrecknisse unserer Zeit bleibt uns wenigstens der Trost zu erleben, wie der wunderbare Geist der Kreuzzüge in Spanien neu auflebt.«

Ich benötigte viel Zeit und Jacques Maritains Hilfe, von dem es in der Lagerbibliothek ein Buch gab, um F. die politische Verwandtschaft zwischen der »nationalen Revolution« der Falange Española und dem neopaganistischen Nationalsozialismus zu erklären. Die Lagerbibliothek war, ähnlich wie die Kapelle, eine jener Kuriositäten, die das Lagerleben mitbestimmten. Ihr Bestand setzte sich vor allem aus Büchern zusammen, die man den Neuankömmlingen abgenommen hatte, da Häftlinge keine Bücher besitzen durften. Aus Gründen der Zeit und vermutlich auch, weil es an kompetentem Personal mangelte, zeigte die SS für diese Bücher keinerlei Interesse und verzichtete auf jede Art von Zensur, so daß man hier so manches interessante Werk fand, von Freud bis Maritain, die sonst aus den Bibliotheken des Reiches verschwunden waren.

Die meisten Häftlinge waren zu unwissend oder zu erschöpft, um in den kurzen Augenblicken der Muße, die ihnen der unerbittliche Zeitplan noch ließ, ein Buch in die Hand zu nehmen; zu meiner Zeit jedoch, in den Jahren 1944–45, erfreute sich die Bibliothek großer Beliebtheit bei jenen Kameraden, die keinem Arbeitskommando angehörten, bei den »Uneingeteilten«, wie man sie nannte, die in ihren Baracken blieben und die Schätze der französischen Dichtung auswendig lernten; ihre Lage war aber alles andere als beneidenswert, denn das Fehlen jeder Art von Beschäftigung ließ den quälenden Hunger noch unerträglicher erscheinen, und zuweilen führte die SS überraschende Durchsuchungen durch, um die Nummern der »Uneingeteilten« aufzuschreiben, die dann auf die Listen für Transporte mit unbekannter Bestimmung kamen, zu einem weit abgelegenen Arbeitseinsatz oder nach einem Lager, wo die Unglücklichen, fern ihrer Freunde, mitunter noch härteren Bedingungen ausgesetzt waren als in Dachau. Die »Uneingeteilten« mußten deshalb ständig auf der Hut sein, um bei einer drohenden Fahndungsaktion der SS sofort aus dem Fenster zu springen und sich in einem anderen Block zu verstecken. Wurden sie dennoch erwischt, mußten wir die Freunde, die unsere kleine Gruppe beim »Arbeitseinsatz« hatte, sofort davon unterrichten, damit die Namen der unseren von der Transportliste wieder gestrichen wurden (und das hieß, daß sie durch die Namen anderer Häftlinge ersetzt wurden, die wir nicht kannten und die beim »Arbeitseinsatz« keine Freunde hatten). Über die Legitimität solcher Praktiken ist im nachhinein viel gestritten worden; im Lager wäre aber niemand auf den Gedanken gekommen, sie in Frage zu stellen: Ein Überleben war einzig und allein in der Gruppe möglich, und nur die kollektive Solidarität gab uns die Kraft, um dem von der SS eingeführten System der Nivellierung durch Hunger, Angst und Entpersönlichung zu widerstehen. So überschnitten und überlagerten sich die solidarischen Interessen der einzelnen Gruppen oder lagen miteinander im Widerstreit: parteipolitische Solidarität, nationale Solidarität, Solidarität der Dorfgemeinschaften oder Widerstandsgruppen.

Im Lager kann niemand in Unschuld überleben, es sei denn, er ist ein Heiliger wie Pater Kolbe, der für einen anderen in den Tod ging. Die KZ-Welt war geschaffen worden, damit alle gegen alle kämpften; auch wenn die verschiedenen solidarischen Gruppen dafür sorgten, daß dieses System nicht voll zum Tragen kam, waren sie dennoch ein Teil davon, genauso wie die französische Résistance eine logische und politische Konsequenz der Okkupation und der Kollaboration war.

Die Lage der Gläubigen in Dachau änderte sich schlagartig im Juli 1944 nach der Massenankunft der Franzosen, die am 19. Juni und 2. Juli in Compiègne in Güterzügen verfrachtet worden waren und sich bei ihrer Ankunft auf annähernd 4000 Gefangene beliefen (bei ihrer Ankunft wohl gesagt, denn der zweite Zug – der unsere – hatte unterwegs 900 Mann »verloren«: getötet, erstickt, niedergemetzelt). Kurz darauf, im September, trafen weitere Massentransporte aus Frankreich ein, mit insgesamt 12 000 Mann, von denen etwa die Hälfte im Hauptlager blieb.

Die Franzosen waren in ihrer Mehrzahl junge Leute, die meist der Résistance angehörten, doch eher der »gaullistischen« als der kommunistischen; was soviel heißt, daß ein hoher Prozentsatz unter ihnen praktizierende Katholiken waren. Die katholischen Jugendverbände hatten in der Tat einen bedeutenden Beitrag zum Widerstand gegen die Besatzung und ihre Kollaborateure geleistet.

Andere wiederum, die in normalen Zeiten der Kirche eher fernblieben, fühlten sich in einer Situation, in der sie auf Schritt und Tritt mit entsetzlichen und für sie meist unbegreiflichen Gefahren konfrontiert wurden, zu ihrem früheren Glauben zurückgeführt. Kaum hatten die Franzosen die Quarantäneblocks verlassen, da teilten sie einander die frohe Kunde mit: »Prima, hier gibt's eine Kapelle; wir können zur Messe gehen.«

Nicht nur der Wunsch, Gott dafür zu danken, daß man all die Gefahren heil überstanden hatte, stand hinter diesem Ausruf, oder das Bedürfnis, auch bei künftigen Gefahren seine Hilfe anzurufen: Eine Kapelle, eine Messe, Priester im sazerdotalen Gewand, das war wie der Einbruch des früheren Lebens, des wirklichen Lebens in unsere Ödnis, in unser Exil, wo Menschen dazu verurteilt waren,

Zwangsarbeit zu verrichten, zu sterben oder sich gegenseitig umzubringen.

Schon am ersten Sonntag nach ihrer Entlassung aus der Quarantäne strömten die jungen Franzosen in großer Zahl zur Kapelle, um an der Messe teilzunehmen! Panik bei den deutschen Priestern: Wenn die SS von dieser massiven Disziplinlosigkeit, von diesem massiven Bruch des kleinen Dachauer »Konkordats« Wind bekommt, wird sie die Kapelle schließen, und der Gottesdienst kann nicht mehr stattfinden! In ihrer ureigenen religiösen Logik war ihnen, den deutschen Priestern, die Eucharistie wichtiger als die Anwesenheit der Gläubigen. Es mußte also etwas geschehen, um die allzu eifrigen Franzosen am Besuch der Messe zu hindern. Nun gab es im Lager neben den deutschen, österreichischen und »angegliederten« katholischen Priestern (ungefähr 350) auch eine kleine Gruppe evangelischer Pastoren. Diese hatten es sich zur Gewohnheit gemacht, gleichfalls am Sonntag, unmittelbar nach der katholischen Messe und in derselben Kapelle, ihren eigenen Gottesdienst abzuhalten, wodurch die Kapelle zu einem ökumenischen Ort geworden war. Mir ist nicht bekannt, ob die SS über diese Regelung, die angesichts der geringen Zahl von Pastoren kein Problem darstellte, wirklich Bescheid wußte.

Während der Messe hatten die Pastoren nichts zu tun; sie warteten vor dem Eingang der Kapelle, neben dem Gitter, das den Priesterblock von der Lagerstraße trennte.

Obwohl dieser Zaun kein großes Hindernis darstellte, da man an dieser Stelle eine jederzeit offene Tür eingebaut hatte, hob sie den besonderen Charakter des Ortes hervor, zumal die Lagerstraße und die anderen Wohnblocks durch nichts getrennt wurden (im Gegensatz zu den Blocks im Ostteil, die sämtlich umzäunt waren, weil sie als Revier oder Quarantäneblocks dienten).

Eines Sonntagmorgens, ein paar Wochen nach der Ankunft der großen französischen Transporte, fanden die

Gläubigen, die gerade die Messe besuchen wollten, die Tür geschlossen und dahinter, mit Knüppeln bewaffnet, die evangelischen Pastoren, die von ihren katholischen Kollegen beauftragt worden waren, sich als Hilfspolizisten zu betätigen. Die Sache wirbelte einigen Staub auf: Katholische Pfarrer bedienen sich evangelischer Pastoren, um französische Gläubige an der Erfüllung ihrer sonntäglichen Pflicht zu hindern...!

Die unter den Neuankömmlingen zahlreichen französischen Priester und Seminaristen protestierten gegen diesen Eingriff bei ihren deutschen Amtsbrüdern, von denen viele an dem Vorfall ebenfalls Anstoß genommen hatten. Am darauffolgenden Sonntag war dann der Weg wieder frei, und auch seitens der SS erfolgten keinerlei Sanktionen gegen die Kirchengemeinde des Lagers.

Ein weiterer Konfliktstoff, an dem sich der Streit um Geist und Buchstabe zu entzünden drohte, zeigte sich zu Beginn des Winters, als die Seuchen, die Kälte, der Hunger und die körperliche Not die Zahl der Insassen des Krankenreviers rasch in die Höhe trieben, so daß weitere Blocks dem Revier angegliedert werden mußten. Viele Franzosen, die durch Zufall gefangengenommenen und auf das Lagerleben nur ungenügend vorbereitet waren, ließen sich plötzlich gehen, da sie weder die Verhaltensregeln noch die Sprache dieser feindlichen Welt verstanden; viele von ihnen kamen ins Krankenrevier und verließen es nicht mehr lebend. Mit Hilfe seiner deutschen Freunde war Edmond Michelet in das Desinfektionskommando versetzt worden, das zu allen Blocks freien Zugang hatte, also auch zum Krankenrevier, das von den »Gesunden« nicht betreten werden durfte.

Am Sonntag bat Michelet den zelebrierenden Priester um geweihte Hostien, die er in eine große Streichholzschachtel legte und so den Kranken brachte, die nach dem Abendmahl verlangten. Da er nicht überall zugleich sein konnte, verteilte er seine wertvolle Fracht unter den einzelnen Mitgliedern seines Arbeitskommandos. So kam es, daß oft auch überzeugte kommunistische Atheisten den sterbenden Katholiken den letzten Trost überbrachten.

Diese Art zu verfahren, die uns ganz natürlich erschien, schockierte jedoch einige deutsche Priester: Den Leib des Herrn in einer Streichholzschachtel zu transportieren, das war für sie eine grobe Respektlosigkeit gegenüber Gott. Der Konflikt schwelte eine Weile weiter und konnte erst beigelegt werden, als der Bischof von Clermont-Ferrand als Häftling ins Lager von Dachau eingeliefert wurde. Monsignor Piguet war ein herzensguter Mann und treuer Seelsorger, aber politischen Weitblick besaß er wohl nicht. Er galt als blinder Anhänger des Marschalls Pétain, den die Ironie des Schicksals, der Finger Gottes oder der Übereifer eines lokalen Gestapobeamten – ein Bischof ist immer ein guter Fang – unter die Widerstandskämpfer verschlagen hatte. Obwohl er seine Verschleppung nach Dachau nicht begreifen konnte, zeigte er doch sehr viel Haltung.

Er galt nunmehr innerhalb des Lagers als der ranghöchste Geistliche; und obwohl er nicht der Ordinarius dieses Ortes war – Dachau unterstand dem Erzbischof von München –, erkannten die deutschen Priester seine Autorität an, ganz im Geiste von Disziplin und Gehorsam, in dem die meisten von ihnen erzogen waren. Als man den Bischof von Clermont-Ferrand wegen der Streichholzschachtel als Hostienbehälter um seinen Rat bat, entschied sich dieser für den Geist und gegen den Buchstaben: Die heilige Kommunion konnte weiterhin unter den Kranken, die nach ihr verlangten, ausgeteilt werden.

Ein halbes Jahrhundert Trennung von Kirche und Staat und der Umstand, daß die Teilnahme an der Résistance auf dem Engagement Einzelner außerhalb der kirchlichen Hierarchie beruhte, machten aus den französischen Priestern eine Gruppe, die sich von den deutschen, polnischen und sogar holländischen Geistlichen in vielerlei Hinsicht unterschied; jene pflegten untereinander und zu ihren Gläubigen eher ein förmliches Verhältnis, das in einer Art »christlicher Sozialfürsorge«, wie wir es damals nannten, zum Ausdruck kam.

Eine häufig erzählte Anekdote aus der Gruppe der Polen soll diesen Tatbestand illustrieren: Im Frühjahr 1945 erhielt ein polnischer Bauer, der im Lager von Dachau inhaftiert war, von seiner Frau einen Brief, in dem sie ihm sinngemäß folgendes schrieb: »Lieber Mann, die sowjetischen Truppen nähern sich unserem Gebiet, die Deutschen werden nervös und beschlagnahmen alles; deshalb kann ich Dir Dein monatliches Lebensmittelpäckchen leider nicht schicken, denn ich habe ja gerade erst das Päckchen für den Herrn Pfarrer abgeschickt, der im selben Lager interniert ist wie Du...«

Einige Tage nach der Befreiung des Lagers war ich selbst Zeuge, wie der Sprecher des polnischen Nationalkomitees, Hochwürden Cegielka, sich in einem ähnlichen Sinne äußerte. Er hatte Edmond Michelet, den Präsidenten des französischen Nationalkomitees, um eine Unterredung gebeten; da dieser aus Gründen, an die ich mich nicht mehr erinnere, verhindert war, bat er mich, ihn in meiner Eigenschaft als Sekretär des Komitees zu vertreten, und lieh mir zu diesem Zweck den wunderschönen himmelblauen Mercedes, den General Leclerc ihm zur Verfügung gestellt hatte (die Franzosen wohnten zu diesem Zeitpunkt in den Gebäuden des SS-Lagers Dachau, während die Polen im ehemaligen Schutzhaftlager untergebracht waren). Den kurzen Weg hätte ich mühelos zu Fuß zurücklegen können, doch Leclercs Mercedes galt inzwischen als ein Statussymbol der Franzosen und mußte für solche Gelegenheiten herhalten.

Nach den ersten Höflichkeitsfloskeln fragte mich Monsignor Cegielka in Gegenwart einiger Mitglieder seines Komitees, ob die Franzosen die Absicht hätten, jene polnischen Häftlinge, die keine Lust verspürten, in ihr Land zurückzukehren, wo die sowjetischen Kommunisten die Nachfolge der deutschen Nazis angetreten hatten, mit ihnen nach Frankreich reisen zu lassen.

Meinen Anweisungen gemäß antwortete ich, daß wir alle mit uns in Frankreich verhafteten Polen repatriieren würden. »Aber«, entgegnete mir Cegielka, »die meisten von ihnen sind doch Arbeiter, die bei den Kommunisten nicht viel riskieren. Sie sollten vielmehr die Adligen, die Offiziere und die Geistlichen mitnehmen, die sind gefährdet.« Ich sagte zu ihm, daß für die Offiziere sicher etwas zu machen sei, daß aber der Platz der Priester meiner Meinung nach bei ihrem leidenden Volk sei. Monsignor Cegielka war davon nicht so überzeugt; er verwies unter anderem auf die Schüler des Priesterseminars einer polnischen Stadt, die zusammen mit ihren Lehrern nach Dachau verschleppt worden waren.

Ich kehrte ins »französische Lager« zurück und erstattete Edmont Michelet Bericht; dieser billigte meine Antworten, und wir ließen es dabei bewenden.

Am 1. Juni 1945 trafen wir in Paris ein; tags darauf fanden wir uns im Hotel *Lutetia* ein, wo sich das »Demobilisierungszentrum« für Deportierte befand. Ich staunte nicht wenig, als ich, in einem Gang des Hotels, dem Superior des Priesterseminars von V. begegnete, sowie allen seinen Seminaristen. Sie hatten Mittel und Wege gefunden, um sich über unsere Ablehnung hinwegzusetzen. Hatten sie recht, hatten sie unrecht? Sie gehörten einer anderen intellektuellen Generation von Geistlichen an als unsere französischen Priester, und sie hatten, wie wir auch, ihre Verdienste und ihre Verfehlungen. Mit meinen Freunden vom *Esprit* lebte ich damals in einer gleichsam symmetrischen Illusion: Wir träumten von einem Wandel der Strukturen und des Verhaltens, ohne zu ahnen, daß eine neue Modernität – die des

Fernsehens und der Pille – aus den praktizierenden Christen der Länder Westeuropas bald eine stetig schrumpfende Minderheit machen würde, währenddessen sich im Osten fast unerschöpfliche Kräfte des Widerstands gegen den Totalitarismus formieren sollten, und zwar auf der Grundlage dessen, was wir für Rückständigkeit hielten.

So ist die Erinnerung an die Lagerkapelle von Dachau für mich vor allem eine Lektion in geistiger Demut. Wir hatten nicht unrecht, als wir über gewisse Erscheinungsformen in der deutschen und der polnischen Kirche streng urteilten, doch waren wir gleichzeitig außerstande zu sehen, wohin unsere eigenen Wege uns führen würden. In noch höherem Maße vielleicht verbindet sich mit dieser Erinnerung ein Gefühl der Dankbarkeit. Jeden Morgen, bevor ich mit meinen Kameraden zum Appell ging, zu jener lächerlichen und abscheulichen Zeremonie, die bei Regen oder Schnee und manchmal minus achtzehn Grad mehrere Stunden dauern konnte, schlich ich mich in die spärlich beleuchtete Kapelle. Der Priester sprach die gleichen lateinischen Worte, wie sie alle seine Brüder im Amt während der Morgenmesse auf der ganzen Welt und zur gleichen Zeit auch sprachen. Nichts erinnerte hier mehr an die Welt des Konzentrationslagers. Ein jeder konnte für die Dauer von ein paar wertvollen Minuten seine ursprüngliche, zerbrechliche und dennoch unzerstörbare Würde wiederherstellen.

Die althergebrachten Formen der Liturgie leiteten unsere stammelnden Gebete. Ich befand mich tausend Meilen weit weg von einem Ort namens Dachau. Stille und Worte verschmolzen miteinander zu einem milden Hochgefühl. Wenn wir in das fahle Licht des frühen Morgens hinaustraten, fühlten wir in uns die Kraft, dem Hunger und der Angst etwas besser zu widerstehen.

Die feindliche Wirklichkeit nahm dann wieder voll von uns Besitz. An einem Wintermorgen – die Leitung der SS hatte beschlossen, den Zählappell auf den Höfen blockweise durchzuführen, um die Gefahr der Ansteckung durch den Typhus zu reduzieren – war der mit der Zählung beauftragte Unteroffizier etwas früher zur Stelle, oder die Messe hatte vielleicht länger gedauert als sonst. Edmond Michelet hat berichtet, wie ich, zu meiner größten Überraschung und auf bescheidene Weise, zu einem Bekenner meines Glaubens wurde: Weil eine »Einheit« bei seiner Zählung fehlte, stürzte sich der SS-Mann wutentbrannt auf mich und prügelte so ungestüm auf mich ein, daß meine wertvolle Brille mir von der Nase flog. Und während er wie ein wildgewordenes Boxerballett um mich herumwirbelte, dachte ich nur an das eine: Er wird noch meine Brille zertreten. Da sah ich aber, wie unser Kamerad Gosselin im Rücken des Blockführers vorsichtig herankroch, meine Brille ergriff und sie in Sicherheit brachte. Das war in gewisser Hinsicht eine wahre Heldentat, wußte man doch, wie unberechenbar die SS-Leute sein konnten. Der »meine« ließ es mit seinen Schlägen bewenden, und deren Spuren verschwanden nach einigen Tagen.

LOKALNACHRICHTEN

»Ich bin wieder da«

Eines Tages, ein paar Wochen nach unserer Ankunft in Dachau, als ich gerade von einem Arbeitseinsatz zurückkehrte, sah ich auf dem Appellplatz unweit vom Jourhaus einen Häftling in gestreifter Uniform, der regungslos auf einer Art Podest stand. Auf der Brust des Unglücklichen hing ein Schild mit folgender Aufschrift: *Ich bin wieder da.*

Es war ein entflohener, wieder aufgegriffener und ins Lager zurückgebrachter Häftling. Es war heiß, und die Sonne brannte erbarmungslos auf seinen rasierten Kopf und Nakken. Als wir zwei Stunden später wieder aufbrachen, stand er noch immer auf seinem Sockel, mit fast geschlossenen Augen und mit verschleiertem, angsterfülltem Blick. Auch um fünf Uhr abends stand er noch da. Gebannt schauten wir den Unglücklichen an. Es war ein großer, kräftiger, muskulöser und sehr junger Mann, ein Russe vermutlich, der seinem Drang nach Freiheit freien Lauf gegeben hatte. Ein weniger robuster, nicht so stämmiger Bursche hätte diese Tortur des stundenlangen, regungslosen Strafestehens, ohne Wasser und unter der sengenden Sonne, nicht überstanden, ohne bald zusammenzubrechen. Beim geringsten Anzeichen von Schwäche wäre einer der SS-Männer, die ihn vom Fenster des Jourhauses beobachteten, herbeigeeilt, um ihn mit Stockhieben wieder aufzurichten.

Nachts wurden die wieder eingefangenen Ausreißer in den Bunker gesteckt, ohne Nahrung und ohne Wasser. Wir hatten Grund zur Annahme, daß die zur Wache eingeteilten Häftlinge ihnen gegenüber weder mit Schlägen noch mit Spott sparten. Das waren natürlich keine Politischen, sondern »Schwarze« oder »Grüne«, die das Vertrauen der SS genossen.

Als wir am nächsten Morgen um 7 Uhr nach dem Appell das Lager »verließen«, hatte der Flüchtige wieder seinen Platz eingenommen; er erschien mir abgemagert, und ein unmerkliches Zittern durchlief unaufhörlich seine Beine. Der Kopf war nach vorn gebeugt. Am Abend dieses zweiten Tages, als wir von unserem Einsatz zurückkehrten, sahen wir, wie er der Länge nach langsam in sich zusammensackte und zu Boden sank. Vom Jourhaus kam ein SS-Mann herbeigelaufen, gefolgt von einem Strafgefangenen mit einem Eimer Wasser, den dieser über dem jungen Flüchtling ausgoß, ohne ihn jedoch zur Besinnung bringen zu können. Der SS-Mann ließ daraufhin vier Häftlinge aus der Einsatzgruppe des Lagerkapos holen, die den Bewußtlosen zum Lagergefängnis rechts vom Appellplatz schleppten.

Am Morgen des dritten Tages bekamen die Blockältesten vom Lagerkapo den Befehl, allen Häftlingen, für die sie verantwortlich waren, mitzuteilen, daß das Ausrücken der Arbeitskommandos verzögert sei. Nach dem Appell – zu dem sich alle Blocks auf dem großen Platz versammelten – blieben wir bewegungslos in den Rängen stehen. Da tauchten am Ausgang des Hauptgebäudes, dort, wo sich die Duschen befanden, zehn Häftlinge auf. Sie trugen eine Art Podest, und ihnen folgten vier weitere Gefangene, die ein Gerät schleppten, das einem kleinen Seitpferd ähnelte. Dann erschien ein SS-Mann, gefolgt von vier weiteren Häftlingen, die den Entflohenen halb trugen, halb hinter sich herschleiften. Der Rapportführer, SS-Hauptscharführer Böttcher, der den Innendienst des »Schutzhaft«-Lagers unter sich hatte, ergriff das Wort und gab bekannt, daß der auf der Flucht ergriffene Häftling Anatoli Swiridow zu vierzig Stockhieben verurteilt worden sei und danach der Strafkompanie zugeteilt würde. Die Hilfsbüttel warfen den Entflohenen so auf den Bock, daß er seinen nach oben gestreckten Hintern den Versammelten zeigte. Ein anderer Häftling brachte zwei lange Knuten.

Böttcher nahm sie in die Hand und ließ sie nacheinander durch die Luft sausen. In den Reihen der 25 000 auf dem Platz erschienen Gefangenen herrschte eine beklemmende Stille. Mit lauter, nasaler Stimme rief der Rapportführer: »Blockältester sechs!« Die Stille wurde noch beklemmender. Fritz, der Älteste vom Block 6, war eine legendäre Gestalt. Der schon 1933 inhaftierte, ehemalige kommunistische Funktionär war ein kleiner, schmaler, aber drahtiger Mann, der von allen hoch geachtet wurde. Niemand hatte je erlebt, daß dieser eher wortkarge Mensch einen seiner Mithäftlinge geschlagen oder auch nur beschimpft hätte. Seine Autorität war unumstritten, kein Häftling konnte sich daran erinnern, daß irgendeine seiner Entscheidungen je angefochten worden wäre. Kurz zuvor hatte mich ein Mithäftling der deutschen Stube mit ihm bekannt gemacht. In seinem freundlichen, ruhigen Blick lag ein gewisses Etwas, das den anderen Mut verlieh; wer mit ihm sprach, fühlte sich wieder stärker, mutiger und von panischen Reaktionen weniger angefochten. Er war der einzige erwiesene Kommunist, der nach der großen Säuberung durch die SS in den Jahren 1943–44 im Lager noch einen verantwortungsvollen Posten besetzte. Die Hilfsbüttel hatten inzwischen die gestreifte Hose des Verurteilten heruntergezogen, ihm aber – entsprechend den geltenden medizinischen Vorschriften – die lange Unterhose angelassen. Durch den Stoff, hieß es, würde die Haut nicht aufplatzen.

»Blockältester sechs«, sagte Böttcher dann zu Fritz, »du wirst heute die Strafe vollziehen.« Und, an einen zweiten Häftling gewandt: »Du zählst die Schläge zur gleichen Zeit wie der Bestrafte.« Auch das gehörte zum Zeremoniell: Der Verurteilte mußte den zum Vollstrecker bestimmten Häftling selber dazu auffordern, ihn zu schlagen.

In der eisigen Stille des anbrechenden Tages hörten die 25 000 Gefangenen, wie der Blockälteste Fritz mit klarer, kühler Stimme sagte: »Das kann ich nicht tun!« Zorn verzerrte augenblicklich das hochrote, feiste Gesicht des Rapportführers: »Was soll das heißen? Du weigerst dich, einen Befehl auszuführen? Das ist Insubordination! Sabotage!« Wir wußten alle, daß Sabotage mit dem Tod bestraft wurde. Kreidebleich stand Fritz mit gerecktem Körper in Habtachtstellung da, unbewegt und stumm. Böttcher sah ihn eine Weile mit gerunzelter Stirn an, dann bellte er: »Du bist kassiert! Zurück in den Rang! Das Weitere werden wir schon sehen.« Er drehte sich zum Lagerkapo Meanssarian um, der die Szene verfolgt hatte, und befahl ihm: »Nimm du die Knute. Du kennst ja die Regel: weder zu stark noch zu lasch. Er muß bis zum Schluß durchhalten.« Fritz war zwischen den Männern von Block 6 untergetaucht. Meanssarian nahm sich eine der Knuten und ließ sie durch die Luft sausen. Einer der Gehilfen gab dem Verurteilten einen Stoß, und dieser rief »eins« mit einer Stimme, die laut über den ganzen Platz hallte. Sein Schrei und der Knall der Reitpeitsche verschmolzen miteinander. Und mit ebenso deutlicher Stimme wie zuvor rief der Gefangene: »Zwei.«

Meanssarian war, wie sein Name verrät, armenischer Herkunft, ein »Asozialer«, ein Berliner »Ganove«, von dem ich nie erfahren habe, was ihn nach Dachau verschlagen hatte. Vielleicht hatte er versucht, schlauer zu sein als die SS-Schmuggler. Dieser fähige, aber skrupellose und sadistische Mann war den SS-Leuten bald als ein potentieller Gehilfe aufgefallen, der vor nichts zurückschrecken würde. In seiner Funktion als Lagerkapo führte er das Kommando über eine Art innere Polizei, die er unter den Kriminellen und »Asozialen« rekrutiert hatte und die ebenso brutal war wie er selbst, aber weniger schlau.

Als »Politischer« war man gut beraten, einen Bogen um diese Männer zu machen und nicht den Unwillen ihres Anführers zu erregen. Meanssarian war ziemlich groß, gedrungen, dunkelhäutig und hatte dichte schwarze Augenbrauen mit einem stechenden Blick wie ein Raubtier. Man erzählte sich, daß er in der Zeit, als willkürlicher Totschlag noch geduldet wurde, zahllose Häftlinge umgebracht hatte, daß er mit gewissen SS-Leuten unter einer Decke steckte und sich Wertgegenstände aneignete, die mit dem Gepäck der Häftlinge in der Effektenkammer abgegeben werden mußten. Er wurde ebenso gefürchtet wie gehaßt. Gleich nach der Befreiung des Lagers am 28. April 1945 machten sich einige seiner Opfer auf die Suche nach ihrem Peiniger. Sie fanden ihn unter einer Falltür im Fußboden eines Blocks und schleiften ihn durch die Menge, die sich vor dem Jourhaus versammelt hatte und den amerikanischen Soldaten zujubelte, als diese das Sternenbanner hißten. Er wurde gegen einen Pfosten gestellt, von oben bis unten bespuckt und mit Fäusten traktiert. Mit seinem dunklen, lauernden Blick glich er einem in die Enge getriebenen Tier.

Er sagte aber kein Wort und bat nicht um Vergebung. Die befreiten Häftlinge umringten den gestürzten Lagerkapo, und jeder versuchte, sich durch die immer dichter werdende Menschenmenge nach vorn zu drängen, um ihm einen Schlag zu versetzen. Nach einer Weile wurden ein paar amerikanische Soldaten auf dieses Geschehen aufmerksam; als man ihnen sagte, worum es ging, reichte einer von ihnen sein Maschinengewehr den Häftlingen, die ihm am nächsten standen. Ein junger Russe griff danach und schoß auf Meanssarian, der zusammenbrach. Wir blickten uns entsetzt an: Die Freiheit nahm einen bösen Anfang, durch einen Racheakt, der ein Lynchmord war.

In der Folgezeit wurde kein weiterer Kapo und kein SS-Angehöriger mehr umgebracht. Jene, derer unsere Kameraden habhaft werden konnten, wurden der amerikanischen Military Police übergeben...

Auf dem Appellplatz beteten wir indessen mit dem Opfer und dem offiziellen »Zähler« die Litanei der verabreichten Schläge. Meanssarian schlug hart zu; nach dem siebzehnten Schlag hörte der Bestrafte auf, laut mitzuzählen. Nach dem zwanzigsten Schlag wurde ein Häftlingsarzt gerufen, um den Puls des Gemarterten zu fühlen. Der Mann war nicht bewußtlos, sein Atem ging stoßweise, und sein schwerer Körper bewegte sich dabei auf und ab.

Die Prügelstrafe wurde fortgesetzt, ich schloß die Augen. Vom 21. bis zum 40. Schlag schien eine ganze Ewigkeit zu vergehen, die in Wirklichkeit nicht länger dauerte als eine Minute. Swiridows Körper war zusammengebrochen. Die Gehilfen schleppten ihn in Begleitung des Arztes zum Bunker. Der Rapportführer entfernte sich, ohne den ehemaligen Blockältesten sechs eines Blickes zu würdigen. Die Arbeitskommandos stellten sich auf. Wir hatten eine Viertelstunde Verspätung.

An diesem Tag mußten wir im Laufschritt zur Baracke der »Politischen Abteilung« rennen. Der seines Postens enthobene Fritz hatte sich als einfacher Häftling unter seinen Kameraden von Block 6 wiedereingereiht. Ein paar Tage später teilte ihm sein Nachfolger, ein stiller Pole, mit, daß er für den »Transport« am nächsten Tag ausgesondert worden sei. Ich weiß nicht, was aus ihm geworden ist. Ich kannte nicht einmal seinen Familiennamen.

Ein paar Tage nach der Befreiung des Lagers fanden mehrere Exhäftlinge den Rapportführer Böttcher auf einem Bauernhof, wo er sich, als Zivilist verkleidet, versteckt hatte. Er wurde ins Lager zurückgebracht, wo er später als einer der Hauptangeklagten im »Dachauer Prozeß« vor Gericht gestellt wurde. Das Urteil lautete auf Tod durch Hängen und wurde vollstreckt.

Die Personenkarteikarte

Als der SS-Unteroffizier in den Raum trat, in dem sich die Lagerkartei befand, war ich gerade dabei, die Neuzugänge vom Tage zu ordnen, und zwar nach den Namen der gerade eingetroffenen Gefangenen, deren Schicksal man auf den großen weißen Karten ablesen konnte. Seit Herbst 1944 waren wir in der Schreibstube damit beschäftigt, die alten gelben und viel zu kleinen Karteikarten auf »neue Formate« zu übertragen, auf verbesserte Karteikarten sozusagen, die das Nonplusultra der Bürokratie darstellten und deren Einsichtnahme es erlaubte – besser noch als ein Verhör –, die Lebensgeschichte eines Häftlings, sein privates, öffentliches und berufliches Vorleben, die Gründe seiner Verhaftung und seine politische Vergangenheit zu rekonstruieren sowie die Farbe seiner Augen und seiner politischen Überzeugungen festzustellen. Diese vortrefflichen Karteikarten waren bestens dazu geeignet, nicht nur die vollkommenste Kartei anzulegen, die es im Strafvollzug je gegeben hatte, sondern sie ermöglichten auch – ausgehend von den fünfundzwanzig »Stammlagern« mit ihren hunderten Außenlagern – die Schaffung einer Berliner Zentralkartei, aus der die sachkundige Hand eines Angestellten des berüchtigten Reichssicherheitshauptamtes (RSHA) zu jeder Tages- und Nachtstunde den »Terroristen« herausfischen konnte, dessen von Hunger und Prügel abgestumpfter Körper zur gleichen Stunde zwischen den Füßen einer seiner Leidensgenossen ruhte, übermannt von einem Schlaf, der durch das jähe Wecken um 4 Uhr früh ohnehin nicht erholsam sein konnte. Je weiter der Ausbau des Systems voranging, je komplexer das Räderwerk und je vollkommener die Karteien wurden, um so weniger Bedeutung besaß im Endeffekt die Existenz dieser armseligen, erniedrigten Körper in den Augen ihrer Schreibtischhenker. Einzig und allein ihre Karteikarten, die in doppelter Ausfertigung und in Schönschrift von den geschickten Händen deutscher Geistlicher angelegt wurden und durch die versklavten Hirne von Intellektuellen geprüft, geordnet und bearbeitet wurden, deren woanders unbrauchbare Fähigkeiten hier eine vorübergehende Verwendung fanden, allein diese Karten waren für das reibungslose Funktionieren des Systems noch von Belang. Indes, die im Sommer begonnene Übertragung der Daten ging nicht so zügig voran wie ursprünglich geplant. Ich hatte zwar die Einstellung zwei weiterer Strafgefangener in unser kleines Schreiberkommando erwirken können (um uns einen Namen zu geben, hatte die SS die alte, verächtliche Bezeichnung »Schreiber« wiederentdeckt, deren sich einst die aristokratische und kriegerische Oberschicht des Mittelalters bediente, um jene unliebsamen Gehilfen zu bezeichnen, deren unvermeidliche Dienste eher erduldet wurden, als daß man sie schätzte), aber ohne die beträchtliche Zunahme der eintreffenden Transporte ab September 1944 hätte die Langsamkeit unserer Arbeit einigen Argwohn erwecken können. In der Folgezeit trafen monatlich mehr als 7000 neue Häftlinge ein, und die zahllosen Karteien, die es zu schreiben und zu ordnen galt, dienten uns als Vorwand und als Argument für die Schaffung eines provisorischen »Unterkommandos« – wobei dieses Provisorium bis zur Befreiung währen sollte –, das nachts die Karteien der »Neuzugänge« zu schreiben hatte und in dem wir die meisten unserer Freunde, die bisher keinem Kommando angehörten, unterbringen konnten. Deutsche Priester und französische Studenten (letztere hatten nicht nur keine Ahnung von slawischen Sprachen, ihnen fehlten oft auch die Grundbegriffe der deutschen Sprache) füllten all die

Karteikarten aus, die wir anschließend versuchten, im Rahmen unserer Möglichkeiten, der SS-Kontrolle zu entziehen, denn zuweilen lasen wir darauf, daß der eine oder andere Häftling ovale Augen, ein 185 Zentimeter großes Gesicht und eine kastanienbraune Nase hatte.

Wir konnten gerade noch den Tabak wegräumen, den Kamerad Jancic zum Trocknen auf einem Blatt Zeitungspapier über dem gußeisernen Ofen ausgebreitet hatte, da stürmte der diensthabende Unteroffizier herein und machte sich über die Karteikästen her. Es war Hauptscharführer Geigenscheder, der Hauptverantwortliche für die Lagerkartei, ein Altnazi von vor 1933, großer Biertrinker und Furzer vor dem Herrn, der gern schlüpfrige Geschichten zum besten gab, keinerlei Widerspruch duldete, aber abgesehen von seiner Entschlossenheit, schonungslos alles zu zertreten, was als Bedrohung des Führers und das Großdeutsche Reich gelten konnte, in gewisser Hinsicht sogar ein gemütlicher Mensch war. Von Arbeit hielt er nicht viel, er erzählte lieber aus seiner Jugendzeit und immer wieder von seinem Zusammentreffen mit Hitler im Jahr 1919 oder 1920, als der Führer selbst noch ein einfacher Gefreiter war, den er, Geigenscheder, im Gasthaus »Zum Spaten« zu einer Maß Bier eingeladen hatte, ohne zu ahnen, daß er es mit dem künftigen Retter des deutschen Volkes zu tun hatte; er berichtete natürlich auch über seine eigene, ruhmreiche Beteiligung am Putsch von 1923, wofür ihm der Blutorden, die Auszeichnung für »alte Kämpfer«, verliehen worden war.

Er war im Grunde ein braver Kleinbürger, der uns höchstens zwei- bis dreimal in der Woche mit sofortigem Erhängen drohte; auch schlug er uns nur selten und vergaß von Zeit zu Zeit sogar einen Kanten Brot auf dem Tisch.

An diesem Morgen war sein feistes, hochrotes Gesicht, in dem der kleine Hitlerschnauzbart ziemlich komisch wirkte (ein Bart wie der des alten Königs von Bayern hätte ihm besser gestanden), besonders ausdruckslos. In der Hand hielt er einen Briefbogen mit Kopf, in Halbformat. »Professor«, sagte er, »haben wir hier einen Van, Van...« – er warf einen kurzen Blick auf den Brief – »... Van Saelman, einen Holländer?« Ich näherte mich. Nach den in Berlin aufgestellten Regeln für die Karteiführung mußte ein mit »Van« beginnender Name unter dem Buchstaben »F« abgelegt werden. Dieses »phonetische« System barg in sich einige weitere Finessen dieser Art, mit denen wir die Langsamkeit unserer Arbeit geschickt begründen konnten.

Doch eine auf diesen Namen lautende Karte gab es nicht. »Suchen wir unter dem Buchstaben S in der alten Kartei«, sagte Geigenscheder, der noch nicht alle Regeln der Phonetik begriffen hatte. Er tat so, als würde er selber suchen, doch gelang es ihm nicht, mit seinen behaarten, kurzen und klobigen Fingern die dicht nebeneinander steckenden Karten auseinanderzudrücken. Ich beugte mich über seine Schulter, und während ich ihm erklärte, daß die Karte »Saelman«, ließ man das »Van« außer acht, sich unter »SE« befinden müßte, las ich das Schreiben, das er in der Hand hielt.

Der Briefkopf war vom »Reichssicherheitshauptamt«. In der linken oberen Ecke befand sich der blaue Stempel »Geheim«. Das Schreiben betraf einen »holländischen politischen Häftling namens Van Saelman (Nikolaas, Willem)«. Aus dem Text, dessen genauer Wortlaut mir entfallen ist, ging hervor, daß der Berufsoffizier Van Saelman, sechsunddreißig Jahre alt und jüdischer Herkunft, aus Holland geflohen war und in Frankreich von der deutschen Polizei ergriffen worden war, als er versuchte, sich den Freien Niederländischen Kräften anzuschließen. Das RSHA hatte beschlossen, ihn der »Sonderbehandlung« zu unterziehen, und die Münchner Gestapo-Direktion sowie den politischen Leiter des Dachauer Lagers mit deren Durchführung beauftragt. »Sonderbehandlung« war der verwaltungstechnische Begriff für »Exekution«, ein Euphemismus, der in den Akten einen besseren Eindruck machte, zumal diese Akten auch dann weiterbestanden, wenn die sterbliche Hülle des Betroffenen längst wieder zu Erde geworden war.

»Wir haben sie nicht, Herr Hauptscharführer«, sagte ich mit gleichgültiger Miene. Als Geigenscheder meine Gegenwart hinter seiner Schulter gespürt hatte, hatte er sofort das Schreiben umgedreht. »Sieh unter den Neuen nach, Professor.« Van Saelman befand sich auch nicht unter den Neuen. »Ist vielleicht noch nicht eingetroffen«, sagte der Hauptscharführer und ging davon. Jancic holte seinen Tabak aus der Tasche und breitete ihn wieder über dem Ofen aus. Es war guter jugoslawischer Tabak, und der Hauptscharführer Schüssler, der unsere Arbeit überwachte, drückte ein Auge zu. An diesem Morgen übrigens war Schüssler, dem sein Beinstumpf manchmal sehr zu schaffen machte, noch nicht erschienen. Er wußte also nichts von dem, was hier besprochen worden war und was für mich ganz allein zur Sache »Van Saelman« werden sollte.

Denn unter den Hunderten von Menschen, deren verwaltetes Schicksal jeden Tag durch meine Hände ging, hatte dieser eine mich vom ersten Augenblick an interessiert. Von Exekutionen, die, zumindest seit 1943, in Dachau recht selten stattfanden, erfuhren wir meist nur dadurch, daß wir die Totenscheine prüften, auf denen die »Todesursache« zuweilen mit banalen und medizinischen Fachausdrücken wie »Nierenentzündung« oder »Herzstillstand« umschrieben wurde, hinter denen für uns aber ein geheimer und schrecklicher Sinn steckte. An diesem Morgen jedoch hatte ich das Todesurteil vor dem Totenschein gesehen. Das Schicksal hatte noch nicht zugeschlagen. Die Maschinerie hatte zu schnell gearbeitet. In Erwartung eines Sammeltransports, der ihn hierherbringen würde, befand sich Van Saelman wahrscheinlich noch irgendwo bei Augsburg oder Nürnberg. Erst, wenn eine bestimmte Zahl erreicht war, wurden die Häftlinge von den Gefängnissen zu den Lagern abtransportiert. Van Saelman – der von seinem Todesurteil ebensowenig wußte, wie wir vier Monate früher geahnt hatten, auf welche Weise das Schicksal uns hinter die Tore Dachaus bringen würde – Van Saelman würde also eines Tages hier eintreffen, das Herz voller Sorge und Furcht, wo für ihn doch alles schon entschieden und besiegelt war und das Getriebe, in Gang gesetzt, um ihn zu zermalmen, durch nichts mehr aufgehalten werden konnte. Ich weiß noch, daß mir vor allem sein Geburtsort aufgefallen war: geboren auf Curaçao, einer niederländischen Insel in der Nähe Venezuelas. Und dann von Curaçao nach Dachau! Als ich an diesem Abend ins Lager zurückkehrte, bat ich Igor, der im Empfang arbeitete, mir doch die Ankunft eines gewissen Van Saelman zu melden, sollte ihm dieser zufällig über den Weg laufen.

Ein paar Tage später saßen wir beisammen und verschlangen unsere Bratkartoffeln zum Abendessen. Jefim, der im Nachtkommando arbeitete, war vom Abendappell befreit. Er durfte allein im Block bleiben, während alle anderen die unvermeidliche Zeremonie des Appells zwanzig Minuten, eine halbe Stunde oder gar zwei Stunden lang über sich ergehen lassen mußten. Als endlich der Befehl »Wegtreten« erklang und die 25 000 ausgehungerten Strafgefangenen in ihren mit Nägeln beschlagenen Schuhen zu den Blocks stürmten, holte Jefim gerade das Kochgeschirr mit den in Scheiben geschnittenen Kartoffeln aus dem Ofen; dies war das Ergebnis unserer Ersparnisse beim Mittagessen und jener kleinen Beutezüge, die unser Kamerad, in unserem Auftrag, beim Blockältesten, dem Stubenältesten und deren Kumpanen oder Günstlingen unternahm. Selbst die Margarine war von unserer mageren Vortagsration oder vom Frühstück abgespart. Es war jene berühmte Margarine, von der es hieß, sie werde auf der Grundlage von Kohle hergestellt und bestehe aus denselben Substanzen wie der Stoff unserer gestreiften Uniformen. Sie vergoldete jedenfalls die Kartoffeln, deren köstlicher Geschmack die seltenen Augenblicke des Genusses bestimmte, die es in unserem Alltag noch gab. Während er gründlich seine Portion kaute und dabei seine tatarischen Augen halb geschlossen hielt, sagte Igor zu mir: »Er ist jetzt da, dein Van Zellande, dieser Holländer, von dem du mir neulich gesprochen hast. Er war nicht gerade sauber. Er sagt, sie hätten ihn seit drei Monaten daran gehindert, sich zu waschen. Das letzte Mal, daß er mit Wasser in Berührung kam, war im Lager von Hinzert, im großen Becken.« Ein Lieblingsspiel der SS von Hinzert bestand nämlich darin, die Häftlinge in voller Kleidung in das kalte Wasser des Beckens zu werfen, das den großen Platz des Lagers von Hinzert zierte; dieses Lager war für die besonders grausame Behandlung der politischen Häftlinge aus Westeuropa berüchtigt. Ich mußte mich anstrengen, um mich an den bewußten Sachverhalt wieder zu erinnern. Van Saelman war also zum Rendezvous erschienen.

An einem Morgen kurz danach erhielt ich auch seine Karteikarte, der einzige sichere Beweis seiner Existenz. Ich prüfte sie gründlich. Eltern: Isaak Van Saelman und Rachel Montero. Name der Frau: Elisabeth; drei Kinder; Hauptmann in der Königlichen Armee. Curaçao. Schutzhäftling*. Seine jüdische Herkunft hatte er verschwiegen. Er hoffte wahrscheinlich, daß seine Akte ihm nicht folgen würde. Im Gegenteil, sie war vor ihm dagewesen: Gefg. Nr. 86 781. Seit unserer Ankunft im Lager Anfang Juli hatte es

---

* »Zu seinem eigenen Schutz verhaftet«. In den ersten Jahren der Naziherrschaft hatten die neuen Herren ihre politischen Gegner unter dem Vorwand verhaften lassen, sie so besser vor dem Zorn des Volkes zu schützen. Die Bezeichnung war erhalten geblieben und wurde auf alle politischen Häftlinge angewandt, Deutsche wie Ausländer.

schon über 13 000 Neuzugänge gegeben. Ich nahm die Karte und zwei, drei weitere aus dem Kasten. Hauptscharführer Schüssler war gerade damit beschäftigt, die Toten vom Vortage nach dem phonetischen Prinzip zu ordnen. Dabei unterliefen ihm ständig Fehler, und er hörte nicht auf zu murren, ganz versunken in sein Puzzlespiel. Van Saelman konnte ich unmöglich unter den sehr schwach besetzten Buchstaben X oder W der alten Kartei unterbringen. Selbst wenn ein SS-Mann die Kartei an dieser Stelle nur sehr oberflächlich durchblätterte, mußte ihm der Fehler auffallen. Unter den Neuen, von denen wir am selben Tag die Karteikarten bekommen hatten, befand sich aber ein Belgier namens Moreau. Wenn ich Van Saelman hinter diesem Moreau einordnete, konnte ich immer noch behaupten, das sei versehentlich passiert, da die beiden Karten zusammen abgegeben wurden und vermutlich aneinanderklebten. Moreau, Edouard, aus Pau; Moreau, Léon, aus Lüttich. Van Saelman, Nikolaas Willem, aus Curaçao. Moreau, Théodore, aus Besançon. »Unter welchem Buchstaben würdest du einen Russen ablegen, dessen Name ›Jefreimo‹ lautet, Professor?« fragte mich Schüssler. – »Ein Name, der mit den Buchstaben ›Je‹ anfängt, muß unter »I« abgelegt werden.« – »Das werde ich nie begreifen!« rief der Hauptscharführer. »Mach du für mich diesen Mist weiter, Professor. Ich gehe jetzt Essen fassen.« Er ging wütend hinaus, seine Krücke schlug hart gegen den Fußboden, und ich machte mich an die Ablage von Jefremow Alexej nach Jefremow Alexei und vor Jefremow Alexis, wobei ich zu meiner Freude feststellte, daß es für eine und dieselbe Person, die schon einmal in Dachau weilte, zwei Karteikarten gab, doch behielt ich diese Erkenntnis für mich, zumal mich bislang niemand nach diesem unbekannten jungen Russen gefragt hatte. Meine Aufgabe bestand einzig darin, die Karteikarten nach dem phonetischen System zu ordnen; um den Inhalt dieser Karten, der allein auf den Aussagen der Häftlinge selbst beruhte, hatte ich mich nicht zu kümmern; je länger der Krieg dauerte, je mehr Akten zerstört wurden, auf dem Postwege verlorengingen oder durch die Auflösung der Lager durcheinandergerieten, um so weniger war die SS in der Lage, die Erfassungsarbeit wirksam zu kontrollieren.

Das Schicksal meines neuen holländischen Schützlings (ich hatte inzwischen erfahren, daß er sich im Quarantäneblock 23 befand, in den die »Neuen« gesteckt wurden) schien dem zuständigen Beamten des RSHA besonders am Herzen zu liegen. Einige Tage nach der Zustellung der Karteikarte erschien der alte Geigenscheder mit einem neuen Schreiben, das den gleichen schaurigen Briefkopf trug. »Los, Professor, such mir mal die Karte Van Saelman raus.« Die Karte fand sich weder unter F noch unter S. »In der Kartei nicht auffindbar, Herr Hauptscharführer.« Mit breiten gotischen Buchstaben schrieb dieser den Vermerk: »In der Kartei nicht bekannt«, darunter das Datum, gefolgt von seiner Unterschrift: Wilhelm Geigenscheder, SS-Hauptscharf. »Dieser Idiot von Holländer wird unterwegs verlorengegangen sein«, sagte er mir zum Trost und ging hinaus. Die gleiche Szene sollte sich im Monat November noch einmal wiederholen. Dann war Ruhe. Das RSHA hatte vermutlich den Fall zu den Akten gelegt. Bei all diesen Bombenangriffen...

Hauptmann Van Saelman von Block 23 hat von diesen Nachforschungen nie etwas erfahren. Er sollte von der Gefahr, in der er bis zum Ende des Krieges schweben würde, nichts wissen. Geschwächt durch die Entbehrungen der Gefangenschaft, durch Mißhandlungen, Hunger und Kälte, wäre ihm dieses Wissen vielleicht zum Verhängnis geworden. Er hätte sich einem Freund anvertraut, der sich vor anderen damit gebrüstet und mich wie auch ihn verraten hätte. Ich habe auch niemals versucht, meinen Schützling zu sehen, und so weiß ich nicht, wie er aussah. Ich habe allerdings oft versucht, ihn mir vorzustellen, doch meine Phantasie reichte dazu nicht aus. Im Dezember brach dann eine Typhusepidemie aus. Block 23 wurde als erster durch einen doppelten Stacheldrahtzaun vom Rest des Lagers isoliert. Diesen lebendig Eingemauerten (350 Mann je Stube, in der es jeweils nur 75 Betten gab) wurden Nahrung, Befehle und offizielle Mitteilungen durch besondere »Lagerläufer« überbracht, die die Sachen auf dem Streifen zwischen den beiden Zäunen ablegten, von wo sie durch offizielle Vertreter und andere Privilegierte des Blocks an den Blockältesten weitergeleitet wurden, wobei sich ein jeder den Teil nahm, der ihm zustand. Aber selbst diesen Privilegierten und den hohen Würdenträgern war es untersagt, das umzäunte Gelände zu verlassen. Wer einmal den Isolierblock betreten hatte, mußte darin bleiben bis zum Ende der Seuche. Die durchschnittliche Dauer eines Aufenthalts betrug drei Wochen. Ein durch die Entbehrungen geschwächter Häftling stirbt schneller, als die Seuche vergeht.

In der Schreibstube gab es jetzt viel zu tun. Ständig trafen neue Transporte ein, unter anderem aus den Gefängnissen, die überfüllt waren mit Familienangehörigen der Verschwörer des 20. Juli und alten Lokalpolitikern der Weimarer Republik, die die Gestapo als Vergeltungsmaßnahme wegen des Attentats aus ihrem Ruhestand herausgeholt hatte. Und die Zahl der Todesfälle stieg dramatisch an. Anfang Januar lag sie schon über hundert Tote pro Tag. Ich wurde ebenfalls krank und verschwand für drei Wochen im Lazarett. Im Februar zählten wir dann 13 000 Neuzugänge. Es war, als hätte man die Bevölkerung von ganz Warschau nach Dachau verfrachtet. Auschwitz wurde evakuiert. Eines Abends, als ich gerade dabei war, die Karteikarten der Verstorbenen des Vortages zu ordnen, stieß ich auf den Namen Van Saelman, Nikolaas, Willem. Ich hatte ihn längst vergessen, aber dem Typhus war er nicht entkommen. Ich zog seine Karte aus der Kartei, wo ich sie zwischen den »Moreau« versteckt hatte, und steckte sie an ihren richtigen Platz (V = F, nach der Phonetik der SS) in der Kartei der Toten.

Sein Gesicht hatte ich nie gesehen. Ich habe weder seinem Vater Isaak noch seiner Mutter Rachel, noch seiner Frau Elisabeth schreiben können, um ihnen seinen Tod mitzuteilen, denn er hieß gar nicht Van Saelman. Ich habe diesen Namen wohl erfunden. Seinen wirklichen Namen, den, der auch auf der Karteikarte stand, habe ich vergessen, er war mir schon entfallen, als wir endlich befreit wurden.

Unter einer Sonne

Karl Bethmann hatte sehr früh begriffen, daß er nicht so war wie die anderen. Noch bevor er in die Schule kam, hatte er sich daran gewöhnen müssen, daß er die erstaunten, mitunter feindseligen Blicke der Passanten auf sich zog, wenn er mit seiner Mutter durch die Straßen von Köln ging. Eines Tages schickte die Mutter den Fünfjährigen Brot holen. Die Bäckerei war geschlossen. Der kleine Junge mußte zwei Häuserblocks weiter zu einer Bäckerei gehen, in der man ihn nicht kannte. Die dicke, schielende Frau hinter dem Ladentisch wollte ihm aber kein Brot geben und schickte ihn mit bösen Worten fort, die er nicht ganz verstand. In der Schule wurde er vom ersten Tag an von der Klasse und den Lehrern geächtet. Am Tag der Einschulung weigerten sich seine Mitschüler, neben ihm Platz zu nehmen. Erst am nächsten Tag bot ihm der Sohn eines Arbeiters an, neben ihm zu sitzen. Dieser Junge hatte zu Hause vom Zwischenfall in der Schule erzählt, und sein Vater hatte ihn deswegen getadelt. Auch der Lehrer wollte nicht mit ihm sprechen. Er vermied es, ihm Fragen zu stellen. Ein größerer Junge, der die erste Klasse wiederholte, schlug ihn und stahl ihm sein Stullenpaket. Nur ein kleines Mädchen versuchte, ihn während der Pause zu trösten; daraufhin sprachen die anderen Schüler eine ganze Woche nicht mit der kleinen Trösterin, und sie machte keinen weiteren Versuch. Und so ging es weiter während der ganzen Schulzeit des kleinen Karl. In der dritten Klasse gab es allerdings einen Lehrer, der sich für ihn interessierte. Es war ein religiöser Mensch, der jedoch keiner erklärten Konfession angehörte, was später seine Kündigung aus dem Schuldienst zur Folge hatte. Dieser Mann war über das an dem Jungen begangene Unrecht empört; er lud den unterdrückten Schüler zu sich ein und gab ihm Nachhilfeunterricht, denn durch die feindliche Haltung der Schulkameraden und Lehrer war der kleine Karl zurückgeblieben. Auch der Sohn des kommunistischen Maurers hielt weiter zu ihm, und zwei, drei andere Jungen taten so, als würden sie ihn als ihresgleichen behandeln. Da er sich öfter gegen die Angriffe seiner Mitschüler zur Wehr setzen mußte, wurde er sehr kräftig und streitbar. Im Winter lieferte er – genauso ärmlich bekleidet wie in den anderen Jahreszeiten – wilde Schneeballschlachten. Im Sommer wurde mit den Fäusten geprügelt, im Herbst mit Roßkastanien geworfen. In den Sommerferien wurde Karl immer wieder der Zutritt zum öffentlichen Schwimmbad verweigert. »Du hast hier nichts zu suchen.«

Seine Mutter, die weder hübsch noch jung war (wenn sie es je gewesen war), verdiente ihren Unterhalt als Wäscherin. Bei den Herrschaften, für die sie arbeitete, verschwieg sie meist die Existenz ihres Jungen, denn ihr war deswegen schon mehrmals gekündigt worden. Ihre Eltern und Verwandten, eine Böttcherfamilie aus Bacharach am Rhein, hatten sie verstoßen. Ein Bruder, der in Köln wohnte, war der einzige Mensch, den sie besuchen durfte. Er war Straßenbahnfahrer, und obwohl er den kleinen Karl nicht sonderlich mochte, war er doch nett zu ihm. Tante Minna, seine weißhaarige, magere Frau, zeigte ihm gegenüber nur wenig Regungen. Sie ging ziemlich grob mit ihm um, wenn er ihr nach dem sonntäglichen Mittagessen beim Geschirrabtrocknen half. Aber bei Tisch tat sie ihm reichlich auf. »Iß, Kleiner, du mußt wachsen, damit du deiner Mutter helfen kannst«, sagte sie dann zu ihm. Onkel Peter und Tante Minna waren kinderlos.

Im Jahr 1930 zogen sich die Alliierten aus dem Rheinland zurück. Bei den Septemberwahlen errangen die Nazis einen bedeutenden Sieg. Karl, der bald zehn Jahre alt wurde, sah sich nunmehr mit einer noch größeren Feindseligkeit konfrontiert, die ihn wie ein Murmeln auf allen seinen Wegen begleitete. Er konnte das nicht begreifen, hatte sich aber daran gewöhnt; er suchte nicht nach Erklärungen dafür, die Feindseligkeit war Teil seines Lebens geworden. Eines Tages unternahm der Lehrer mit seiner Klasse einen Ausflug in die Berge. Müde und abgekämpft und noch trunken von der Sonne des Tages stiegen die Jungen ins Rheintal hinab. In Beuel bei Bonn kamen sie an einer Gartenwirtschaft vorbei, in der eine größere Gruppe von Biertrinkern tagte. Als sie Karl erblickten, gerieten sie aus dem Häuschen, beschimpften ihn und bewarfen ihn mit Steinen. Der besorgte Lehrer trieb seine Klasse zur Eile an. Zu Hause bekam der kleine Karl so starkes Fieber, daß seine Mutter am nächsten Tag nicht zur Arbeit gehen konnte. Doch Karl hatte eine kräftige Natur. Nach einer Woche konnte er wieder in die Schule gehen, noch schweigsamer als sonst.

Im Jahr darauf stellte der Arzt bei seiner Mutter Symptome eines Magenkrebses fest. Sie quälte sich nur zwei Jahre lang. Doch schon 1931 konnte sie nicht mehr waschen gehen, und Onkel Peter entschied, daß Karl eine Arbeit finden mußte. Er war körperlich nicht schwach, fürchtete sich aber vor Rüffeln und Zurechtweisungen. Die Angst lähmte seinen Verstand. Der Vater seines einzigen Freundes, der kommunistische Arbeiter, besorgte ihm eine Lehrstelle als Maurer. Im Januar 1933 starb die Mutter. Ein paar Wochen später fielen zwei SA-Männer in Uniform, die gerade aus ihrer Parteidienststelle kamen, über ihn her und prügelten ihn windelweich. Er mußte zwei Tage lang das Bett hüten. Auf der Baustelle ließen ihn die meisten Arbeitskollegen in Ruhe. Wenn er nicht verängstigt war, konnte er gut arbeiten. In jener Zeit wuchs er kräftig heran. Onkel Peter hatte ihn bei sich aufgenommen, und seine mürrische Tante sparte sich jeden Bissen vom Mund ab, damit ihr großer Neffe etwas zu essen hatte. Dann kam Hitler an die Macht. Karl konnte natürlich in keiner Organisation der Partei Mitglied werden. Onkel Peter, der immer sozialdemokratisch gewählt hatte, mußte der NSDAP und der Deutschen Arbeitsfront beitreten. Doch Karl war ein guter Maurer geworden und hatte genügend zu tun. Hitler kurbelte das Bauwesen an und ließ Autobahnen bauen, so daß Tausende junger Männer Arbeit fanden. Karl ging nur selten aus. Er schaute den Mädchen nach, aber die Mädchen lachten ihn aus oder wendeten sich von ihm ab. Mit sechzehn hatte er dennoch ein Abenteuer mit einem zehn Jahre älteren Mädchen, einer Nichte von Tante Minna, die in einem bürgerlichen Haushalt eine Anstellung hatte und die Abwesenheit der Herrschaften nutzte, um mit Karl mehrere Nächte hintereinander in dem großen, mit Seide bezogenen französischen Bett zu schlafen. An der Liebe fand er von Anfang an Geschmack; seine Partnerin war in Liebesdingen schon erfahren und hatte eine geschickte Hand. Der junge Karl mit seiner frischen und niemals feuchten Haut gefiel ihr ausnehmend gut. Sie lebten zwei Jahre lang nur noch für die Ferien, wenn die Herrschaften ihnen, ohne es zu wissen, ihr großes Doppelbett überließen. Da Onkel Peter und Tante Minna niemals ausgingen, mußten sich die Liebenden nach Einbruch der Nacht irgendwo im Freien heimlich treffen und meist im Stehen lieben, um ihre Kleidung nicht zu beschmutzen. Die Nürnberger Gesetze verboten ihnen, zusammen ins Kino zu gehen.

Karl konnte selbstverständlich nicht Soldat werden. 1938, als er neunzehn Jahre alt wurde, bekam er bald wegen dieser privilegierten Situation den Haß seiner Arbeitskollegen zu spüren, die sich immer mehr vor dem Krieg fürchteten. Sein Freund, der Sohn des Maurers, wurde eingezogen. Dessen Vater war schon seit mehreren Monaten wegen illegaler Tätigkeiten in Haft. Ein Parteigenosse, der Onkel Peter zu Hause besuchte, um seinen Beitrag für das Winterhilfswerk zu kassieren, gab ihm zu verstehen, daß es eines guten Nationalsozialisten unwürdig sei, in seiner Familie ein Individuum zu dulden, das diese in Acht und Bann bringen könnte. Ein paar Tage später bekam Karl eine Vorladung zu einer medizinischen Untersuchung im Heilig-Geist-Spital. Er reihte sich in die Warteschlange ein, hinter vier oder fünf Gleichgearteten, die er hier zum erstenmal sah. Die Furcht ließ sie alle schweigen. Sie grüßten einander kaum. Karl wurde als zweiter aufgerufen. Ein Arzt mit abwesendem Blick hieß ihn, sich auszuziehen. Ein Krankenpfleger nahm ihm von oben bis unten Maß, zapfte ihm ein paar Tropfen Blut ab und machte viele Eintragungen auf großen weißen Karteikarten. Dann wurde er völlig nackt in einen Nebenraum geführt, wo er ein maschinengeschriebenes Blatt unterschreiben mußte, ohne es vorher lesen zu können. In einem weiteren Raum stand ein mit weißen Tüchern bedeckter Tisch, auf dem er sich hinlegen mußte. Er wurde eingeschläfert und wachte in einem großen Gemeinschaftssaal auf. Um die Lenden trug er einen Verband. In den Betten neben ihm wachten dann auch die jungen Männer auf, die mit ihm draußen gewartet hatten.

Es war jetzt nicht mehr so gefährlich, sich mit Erna der Liebe hinzugeben. Aber Erna ging auf die Dreißig zu und hatte von den Eskapaden im Freien genug. Karl sollte jedoch nicht mehr erleben, wie sie den Verrat an ihm vollzog. Er wurde einundzwanzig, und der Krieg brach aus. Das Reichssicherheitshauptamt verfügte die Internierung aller deutschen Staatsbürger dunkler Hautfarbe in Konzentrationslagern. Onkel Peter wurde trotz seines Alters zum aktiven Wehrdienst eingezogen und verschwand in Rußland. Erna heiratete einen Unteroffizier, der Anspruch auf Rente hatte. Tante Minna schickte Karl, so lange sie lebte und ihre Kriegswitwenrente bezog, regelmäßig Päckchen ins Lager.

*

Unter den Bewohnern der Stube gab es einen farbigen Deutschen namens Karl Bethmann. Seine dunkle, fast schwarze Hautfarbe verriet kaum, daß seine Mutter eine Weiße war. Sein Vater, ein französischer Soldat, hatte Deutschland noch vor der Geburt des kleinen Karl verlassen. Dieser Karl war von Beruf Maurer und wie alle anderen dunkelhäutigen Deutschen bei Kriegsausbruch festgenommen und auf Lebenszeit ins Konzentrationslager gesteckt worden. An einem Abend erzählte er mir, daß er schon siebenundzwanzigmal »umgezogen« und dabei über fünf Jahre lang im Teufelskreis der Lager und Außenkommandos hin- und hergeschoben worden war. Nach so vielen Wochen und Monaten, unter den menschenunwürdigsten Bedingungen verbracht, hatte er sich in der relativ sicheren Existenz eines alten Dachauer Hasen niedergelassen. Seitdem man die meisten SS-Wächter an die Front geschickt hatte, war er selbst nicht mehr all den gezielten Gemeinheiten ausgesetzt, die er und seinesgleichen zu erleiden hatten und deren Spuren er noch immer hier und da am Körper trug. Er zeigte mir seine Beine. Im Jahr 1941, als er einem kleinen Arbeitskommando angehörte, bekam er jeden Tag, pünktlich nach dem Abendappell, den Besuch des SS-Führers, der zu ihm kam, um seine Zigarette auf dem Oberschenkel eines Schwarzen auszudrücken. Bethmann verbrachte drei Monate in diesem Kommando, und es verging kein Tag, an dem der SS-Mann besagtes Ritual an ihm nicht vollzog. Nur am Sonntag blieb er von dieser Tortur verschont. Da hatte der Kommandoführer frei und fuhr zu seiner Frau und seinen drei Töchtern. Am Ende der dritten Woche wollte es der Zufall, daß Karl einem Transport zugeteilt wurde, der ihn 1500 Kilometer weit weg in ein anderes Lager brachte. Die Reise dauerte so lang, daß seine Wunden heilen konnten, so daß nur noch eine sonderbare, blauviolette Verfärbung der Haut übrigblieb, mit kleinen dunkleren Vertiefungen, die sich kaum noch von der allgemeinen Pigmentierung des Beines abhoben. Sie ähnelten den Spuren, die eine infektiöse Krätze auf der Haut hinterläßt.

Seit seiner Kindheit hatte Karl unter den Anfeindungen oder zumindest unter der Aversion der meisten Menschen gelitten, mit denen er in Berührung kam, so daß das Dachauer Lagerleben, das nach für alle Zeit feststehenden Regeln verlief, ihm eine Art Frieden gebracht hatte. Es waren drakonische Gesetze, die jedoch durch den Massenabzug der SS-Wächter etwas abgemildert wurden. Und da Bethmann gerade wegen seiner Hautfarbe zum Bewohner dieser Exilstadt geworden war, wunderte sich kaum jemand über seine Gegenwart, und niemand drangsalierte ihn wegen seiner Andersartigkeit. Hin und wieder sagte der eine oder andere zu ihm »du dreckiger Neger«, so wie man »dreckiger Franzose« oder »dreckiger Polack« sagt, aber in seiner Suppe fand er genausoviel Möhren wie die anderen. Da er trotz allem die deutsche Staatsangehörigkeit besaß, und dazu als fähiger Arbeiter und Alteingesessener des Lagers geachtet wurde, war seine Lage in mancher Hinsicht besser als die der meisten Ausländer. Eine alte Tante, die in Köln lebte, war ihm treu geblieben und schickte ihm ab und zu ein kleines Päckchen. Nach fünf Jahren Lagerleben kam Karl Bethmann zum erstenmal in seinem Leben in den Genuß einer gewissen Gleichheit.

Als Maurer, der über eine langjährige Berufserfahrung verfügte, wurde Bethmann in München beim Bau von Luftschutzbunkern für wichtige Dienststellen des Staates und der Partei eingesetzt. Sein Arbeitskommando brach schon am frühen Morgen auf, noch vor dem Appell, und kehrte erst nach dem Abendappell ins Lager zurück; der

Transport erfolgte allerdings in verschlossenen Lastwagen; das Essen, das aus einer SS-Küche in München kam, war reichlich, und außerdem fehlte es nicht an Gelegenheiten, dies und jenes zu schmuggeln. Anläßlich eines solchen Tauschgeschäfts wurden wir Freunde, wenn man eine Beziehung, die aus ein paar freundlichen alltäglichen Worten, einigen gemeinsamen Sonntagsspaziergängen auf dem »Boulevard« und einer stummen, mehrere Monate währenden nächtlichen Stubennachbarschaft bestand, als Freundschaft bezeichnen kann. Als er sah, daß unsere Päckchen vom Französischen Roten Kreuz Bohnenkaffee enthielten, machte er uns das Angebot, einen Teil der Bohnen gegen Brot und Wurst aus München einzutauschen. Die zivilen Arbeiter auf der Baustelle fungierten dabei als Verbindungsleute.

Bethmann hatte sich über die Rasse, der er angehörte, nie wirklich Gedanken gemacht. Er hatte seine Hautfarbe als eine Schicksalsfügung hingenommen und dachte weder an die großen Völker Afrikas noch an die unzähligen Amerikaner, deren Haut ebenso dunkel war. Seine Intelligenz war nicht geringer als die eines anderen, doch sein Leben in Not und ständiger Bedrängnis hatte sie abstumpfen lassen. Die Nähe eines Franzosen hatte ihn jetzt anscheinend nachdenklich gestimmt. Eines Abends – es war vielleicht vier oder fünf Wochen nach meiner Einweisung in seine Stube – brachte er mir aus München einen halben Liter Milch mit. Ich hatte seit über einem Jahr keine Milch mehr getrunken und habe mich bei ihm wohl überschwenglich bedankt. Als das Licht ausgeknipst wurde und wir unter unseren Decken lagen, fragte er mich mit leidenschaftsloser Stimme: »Stimmt es, Professor, daß es in Frankreich so viele Schwarze gibt?« – »Ja, es sind recht viele«, antwortete ich, »vor allem Studenten.« Er sprach nicht gleich weiter. Dann fragte er: »Und behandelt ihr sie gut?« – »Wenn sie erst einmal in Frankreich sind«, sagte ich, »behandeln wir sie wie unseresgleichen. In den Kolonien dagegen läßt noch manches zu wünschen übrig.« – »Sind sie denn so zahlreich?« fragte er weiter in seinem Kölner Dialekt, über den ich immer wieder staunen mußte. »In Afrika gibt es Millionen Schwarze.« An diesem Abend sagte er nichts mehr. Aber kaum hatten wir uns am nächsten Abend hingelegt, da stellte er wieder seine Fragen, auch diesmal in seiner schleppenden Redeweise, mit leidenschaftsloser Stimme und mit Worten, die oft ungenau und ungeschickt waren. Ich spürte, wie er seinen Verstand stärker anstrengte als gewöhnlich. Ich bin selbst kein Fachmann für Kolonialfragen, doch als Karl einmal in Fahrt gekommen war, wollte er alles wissen. Zum Beispiel, wie schwarze Bauern denn lebten, wie viele Abgeordnete mit dunkler Hautfarbe es gab und ob ich beim Abitur wirklich von einem schwarzen Physiklehrer mündlich geprüft wurde, ob es schwarze Offiziere gab, welche Sprache sie sprachen, wie sie von den Franzosen in den Kolonien behandelt wurden, wie viele Schwarze es in den Vereinigten Staaten gab und wie sie dorthin gekommen waren; Fragen über Fragen über die Sklaverei, die Abschaffung der Sklaverei, über Brasilien, über Martinique und über Éboué, den Generalgouverneur von Französisch-Äquatorialafrika. Bald machte er sich laut Gedanken über die Herkunft seines Vaters. Woher kamen die schwarzen Soldaten in der französischen Armee? Und warum kämpften sie auf der Seite Frankreichs? Eines Abends sagte er wie im Traum: »Wir sind also wirklich so viele.« Es war sicher das erstemal in seinem Leben, daß er »wir« sagte.

Aus München brachte er viele gute Sachen mit: Weißbrot, Wurst, sogar Zeitungen, als er erfuhr, daß ich sie brennend gern lesen würde. Von Tauschgeschäften konnte nicht mehr die Rede sein, denn ich besaß nichts, was ich ihm im Tausch dagegen hätte bieten können, bis auf meine Berichte über jene unbekannte Welt, die sich von Detroit nach Madagaskar, von Dakar nach Kairo über die Welt spannte, und die wir beide nie gesehen hatten.

Unsere Gespräche fanden immer nur nachts statt. Wenn es sich ergab, daß wir am Sonntag einen gemeinsamen Gang unternahmen, sprachen wir von etwas anderem, vom Fußballspiel oder von militärischen Operationen. Doch über zwei Monate lang gingen wir, sobald wir unter unseren Decken lagen, auf die Reise – nach Afrika. Eines Morgens brach Karl Bethmann wieder einmal nach München auf und kam weder am Abend noch am nächsten Tag zurück. An jenem Abend hatten fünfhundert große Bomber die Stadt angegriffen. Nur drei Männer des Arbeitskommandos kehrten am übernächsten Tag, erschöpft, ins Lager zurück. Bethmann befand sich nicht unter ihnen.

Wilhelm Rappl und die Weltgeschichte

Unter den SS-Unteroffizieren der »politischen Abteilung« war Wilhelm Rappl, ein Mann mittleren Alters und mittlerer Größe, keine besonders auffällige Erscheinung. Er hielt sich meist etwas abseits und beteiligte sich kaum an den Gesprächen und Späßen der anderen. Ganz offenkundig interessierte er sich weder für deren Furzwettkämpfe noch für die Zoten, die sie zum besten gaben, und da er im großen ganzen ebenso beschäftigungslos war wie seine Kollegen, gab er sich gleich nach der Zeitungslektüre dem Nichtstun hin. Er schaute aus dem Fenster der Baracke auf die Welt, die ihn umgab und in der ebensowenig passierte, außer dem gleich- und vorschriftsmäßigen Hin und Her der Arbeitskommandos mit ihren SS-Bewachern.

Wilhelm Rappl, über den ich nur so viel wußte, daß er in Straubing geboren war, einer kleinen, mittelalterlichen Stadt an der Donau, in Niederbayern, und daß er uns nicht übel behandelte, eher gleichgültig, als sei er sich unserer Anwesenheit gar nicht recht bewußt – dieser Wilhelm Rappl sagte eines Tages zu mir, als wir gerade allein waren: »Professor, stimmt es, daß du alles weißt?« Mit der Bescheidenheit, die einem Häftling geziemte, antwortete ich: »Nicht alles, aber vieles.« – »Na, dann sag mir«, fuhr er fort, »was du über Julius Cäsar, Friedrich den Großen, Napoleon und Andreas Schlüter weißt!« – »Nun, über die weiß ich alles, was man so wissen kann.« Ich habe mich später immer wieder gefragt, welche Verbindung Wilhelm Rappl in seinem Denken zwischen dem berühmten preußischen Bildhauer des ausgehenden 17. Jahrhunderts und dem Terzett der großen Heerführer hergestellt hatte. »Paß mal auf, Professor«, sagte er weiter, »ich habe genug davon, von den anderen verachtet zu werden. Sicher, ich bin keine große Leuchte, und ich war auch schon ein paarmal in der Klapsmühle. Die anderen nutzen das aus und machen sich über mich lustig (im Bayrischen heißt ›einen Rappl haben‹ soviel wie nicht ganz klar im Kopf sein). Da habe ich mir gedacht, du könntest für mich eine Weltgeschichte schreiben. Ich würde sie auswendig lernen, und meine Kollegen würden über mein Wissen ganz schön staunen.«

Wer als erster staunte, war ich. »Aber, Herr Oberscharführer«, erwiderte ich, »Sie wissen doch, daß es uns strikt verboten ist, Papier und Schreibzeug zu besitzen.« Wir mußten in der Tat die Federhalter und Bleistifte, die man uns gab, stets in den Arbeitsräumen lassen. Wollte man im Lager den monatlich erlaubten Brief an nahe Verwandte schreiben, was auf Papier von der Verwaltung zu geschehen hatte, mußte man sich an den »Stubenältesten« wenden, der allein einen Federhalter und Tinte besitzen durfte.

»Außerdem bin ich durch die schlechte Ernährung geschwächt und hätte sicher nicht die nötige Kraft, um das zu schreiben, was Sie von mir verlangen.« – »Wenn es nur das ist«, sagte daraufhin Rappl, »ein Büchel kannst du von mir kriegen (mit »Büchel« meinte er ein kleines Schreibheft), und jedesmal, wenn du ein Kapitel für mich fertig hast, bekommst von mir ein Kommißbrot.« Das war ein höchst verlockendes Angebot, denn jeder Häftling bekam nur noch ein Zwanzigstel Kommißbrot pro Tag. Ich nahm das Angebot an, und Rappl brachte mir am nächsten Tag einen Bleistift und ein kleines Heft in der Art, wie es von Hausfrauen für ihre Haushaltsbuchführung benutzt wird. Am Sonntag darauf machte ich mich ans Werk. Indem ich mich bemühte, so lesbar wie möglich zu schreiben, begann ich meinen Bericht bei der Vorgeschichte, die ich auf ein paar Seiten abhandelte, ging dann zu Ägypten, Sumer und Akkad über und schloß mit den Hethitern und jenen Beduinenvölkern, die zwischen dem Sinai und Mesopotamien im syrischen Raum siedelten. Am Montagmorgen nahm ich meinen Aufsatz mit in die »Politische« und steckte das Heft Rappl zu, sobald wir in dem Raum, in dem er sich gewöhnlich aufhielt, einen Augenblick allein waren.

Gegen Ende des Nachmittags brachte Rappl mir ein kleines, in Zeitungspapier eingewickeltes Päckchen: Es war das versprochene Kommißbrot, das ich, unter meinem Mantel versteckt, mit ins Lager nahm. Das Glück war auf meiner Seite. Während der ganzen Zeit dieser sonderbaren literarischen Unternehmung wurde ich kein einziges Mal durchsucht. Tags darauf sah ich, wie Rappl verstohlen in seiner kleinen Fibel las und sich bemühte, den Text auswendig zu lernen. Jedesmal, wenn jemand ins Zimmer trat, steckte er, so rasch er konnte, das »Büchel« weg. Doch seine Kollegen interessierten sich so wenig für das, was der arme Depp treiben mochte, daß sie nie etwas merkten. Als ich zwei Tage später beim Hauptscharführer Geigenscheder zu tun hatte, hörte ich, wie Rappl zu den anderen SS-Leuten sagte: »Wußtet ihr, daß die ägyptischen Pyramiden fast viertausend Jahre alt sind?« Die Männer hielten das für eine neue Marotte und ließen ihn reden, ohne ihm jedoch zuzuhören. Aber Rappl ließ sich durch ihr mangelndes Interesse keineswegs entmutigen.

Am Ende der Woche gab Rappl mir das Heftchen zurück, und am Montag darauf erhielt ich meine neue »Ration« Kommißbrot, das als Aufbesserung der Alltagskost von der Gruppe der »verrückten Intellektuellen« sehr geschätzt wurde. Ich setzte mich jeden Sonntagnachmittag hin und verfaßte – wie ein neuer Bossuet – im Auftrage seines Kronprinzen, eines geistig etwas zurückgebliebenen SS-Unteroffiziers, ein neues Kapitel meiner Weltgeschichte.

Von den Sumerern und Ägyptern gelangten wir, auf den

klassischen Wegen, nach Assur, Babylon, nach Susa und Elam, zu den Medern und Persern. Bisweilen unternahmen wir einen kurzen Abstecher in die Geschichte Chinas und Indiens, um Konfuzius und Buddha zu begrüßen. Meine Geschichte blieb allerdings ziemlich eurozentrisch oder vielmehr europäisch-nahöstlich orientiert, zum einen, um meinen Mäzen nicht zu verwirren, zum anderen meiner eigenen Wissenslücken wegen. Ich kam selbstverständlich nicht umhin, sie um jene Hauptachse anzulegen, die durch das von Gott auserwählte Volk, die Kinder von Abraham, Isaak und Jakob, verkörpert wird.

Das konnte übrigens den guten Rappl kaum überraschen und ebensowenig beunruhigen, denn wie alle bayrischen Bauernsöhne hatte er in der Schule die Heilige Geschichte lernen müssen. Es verschaffte mir eine gewisse Genugtuung, den SS-Mann an die zentrale geschichtliche Rolle jener zu erinnern, die seine Chefs mit ihrem blinden Haß verfolgten. Dann gingen wir zu den Griechen über, von Kreta zur Ilias, und schöpften aus der reinen Quelle der Menschenwürde und der Liebe zur Wahrheit. Jenem Mann, der die Uniform der Unterdrücker von Einstein und Niemöller trug (letzterer war unser unmittelbarer Nachbar, wohnte er doch im »Block der Prominenten«), schilderte ich die von Sokrates getroffene Wahl, sein Leben der Lehre des Wahren zu widmen und die Vergeblichkeit aller Eroberungen zu entlarven. Alexander starb in Babylon, in jungen Jahren noch, verbraucht und verbittert, sein Reich zerfiel in den Wirren der Diadochenzeit.

Nachdem sich die streitbaren und eroberungssüchtigen Demokratien den einigenden, halb barbarischen Königen hatten ergeben müssen, geriet das seiner politischen Substanz beraubte Griechenland unter das Joch der Römer. Das war eine gute Gelegenheit, um an das unveräußerliche Recht eines jeden Volkes zu erinnern, für das Überleben und die Unabhängigkeit des Vaterlandes zu kämpfen, zumal die Ausübung dieses Rechts uns nach Dachau gebracht hatte.

Mein Förderer schluckte all dieses Gift und wartete auf den Auftritt von Julius Cäsar, des ersten seiner vier Matadore, mit denen er mir von Zeit zu Zeit in den Ohren lag. Cato der Ältere war der musterhafte Staatsbürger (ich überging geflissentlich die rauhen Seiten seines Charakters, seine Intoleranz), der den Gracchen folgte, jenen Sozialreformern und Verteidigern der Armen. Am Beispiel Sullas stellten wir die Diktatoren und ihre Erlasse an den Pranger. Dem göttlichen Julius wurde insofern verziehen, als er nur das Werk seiner Vorgänger da fortsetzte, wo niemand es gewagt hätte, es rückgängig zu machen. Ungeachtet seiner großen Allüren und seiner literarischen Gaben (die ich für meinen Auftraggeber ins rechte Licht zu rücken wußte, da man in seiner Truppe Intelligenz mit Verachtung strafte), gaben wir Augustus den Vorzug, weil dieser, nachdem er seine Feinde besiegt hatte, Gnade walten ließ und der Welt eine Zeit des Friedens bescherte, währenddessen unter den Juden ein neuer Prophet geboren wurde, der dazu bestimmt war, diese Welt so umzuwälzen, wie keiner es vor ihm getan hatte. Ich versäumte nicht, sozusagen im Vorübergehen, auf die grausamen, bedrückenden und unmenschlichen Seiten des römischen Rechts hinzuweisen: die Tochter des Sejanus, die vom Henker vergewaltigt wurde, weil das Gesetz die Hinrichtung von Jungfrauen verbot; oder Nero, der seine Gäste unter den Kreuzen spazierenführte, an denen die mit Pech eingeschmierten Körper von Christen in Flammen aufgingen.

Ich berichtete auch von den Siegen Vespasians im jüdischen Krieg und wie das jüdische Volk die Zerstörung seines Tempels und seines Staates überlebte. In Hadrian und Mark Aurel begrüßte ich die zwei Philosophen-Kaiser, jene düsteren, verzweifelten. Im Schatten des Kaiserreichs wuchs indessen, unerkannt und verachtet, die Sekte der

Christen heran und brachte eine neue Hoffnung in diese Welt des Feuers und der Tränen. Caracalla verlieh allen Freien in den Provinzen das römische Bürgerrecht – vor allem aus steuerlichen Gründen. Doch welch eine beispielhafte Tat für ein so großes Reich, das sich für tausend Jahre auf der Ungleichheit der Rassen und der unumschränkten Herrschaft eines Herrenvolkes gegründet hatte! An den Grenzen drängten sich schon die barbarischen Germanenhorden, raubgierig, streitlustig, tapfer und prunksüchtig. Ich beschrieb die Faszination, die Rom und Griechenland auf sie ausübte, und wie sie plünderten, bewunderten, zerstörten oder bewahrten. Schon füllten sich die römischen Armeen mit mehr oder weniger befriedeten Barbaren, während der Staat seine letzten Kraftreserven gegen den inneren Feind mobilisierte, der ihm, in steigendem Maße, die Macht streitig machte: die christliche Kirche.

Kaiser Konstantin festigte die Grenzen des Reiches und stellte die innere Einheit wieder her. Fortan drang die klassische Antike, die der Römer und der Griechen, und mit ihr die Kultur Ägyptens und des Nahen Ostens mit Hilfe der Kirche in die fernen Gebiete Germaniens vor und siegte über jene, die nur dem Anschein nach die Sieger waren. Wie viele Apologeten! Das war der Stand der Dinge, als im März der Befehl kam, die Häftlinge unseres Arbeitskommandos nicht mehr in die Räume der Lagerkartei zu führen. Zu diesem Zeitpunkt befand sich das »Büchel« in Wilhelm Rappls Besitz. Vielleicht hat er es mitgenommen, als er nach Straubing zurückkehrte. Vielleicht hat dieser etwas wirre Kopf, dieser Bewacher eines wirren Weltgeschehens, aus diesem Heftchen eine diffuse Klarheit gewonnen. Er gehörte jedenfalls zu meinen ersten Lesern und, sicherlich, zu den aufmerksamsten.

Kinder im Käfig

An einem Februarmorgen kam ein Kamerad zu mir und sagte, daß in der Nacht ein Transport mit Kindern angekommen sei und daß man die Kinder im Block 21, dem Quarantäneblock, untergebracht habe. Obwohl der Zugang zu dieser Baracke strikt verboten war, rannte jeder, der irgendeinen Vorwand geltend machen konnte, zum Block 21, und viele Häftlinge, für deren Anwesenheit es nicht den geringsten Anlaß gab, erwiesen sich als äußerst findig, um auf Schleichwegen vom Krankenbau in die Quarantäneblöcke zu gelangen, in die man die Typhuskranken vorübergehend verlegt hatte.

Ich rief laut »Politische«, um an den Blockwärtern vorbeizukommen, denn wie alle Häftlinge fürchteten sich diese vor der geheimnisvollen und mächtigen Stelle, bei der alle Entscheidungen über das Schicksal eines jeden von uns getroffen wurden, und so gelangte ich mühelos durch die Sperre, die die Blockstraße von der Lagerstraße trennte.

Die Blockstraße war der im rechten Winkel zur »Straße der Freiheit« verlaufende Raum, der die Blöcke voneinander trennte. Da den Häftlingen der Aufenthalt in den Stuben tagsüber verboten war, es sei denn, ein Arzt und der Blockschreiber hatte es ihnen erlaubt, hielten sich auch die Bewohner der Quarantäneblöcke auf der Blockstraße auf. An diesem Tag war außer mir und anderen Besuchern niemand zu sehen: Die Kinder hatten Stubenarrest, und alle Türen waren geschlossen. Die Fenster jedoch standen offen, und wenn man nähertrat, konnte man im Innern Dutzende von kleinen Jungen hin- und herlaufen sehen. Die kleinsten waren vier bis fünf Jahre alt, die ältesten höchstens dreizehn bis vierzehn.

Es waren ganz offensichtlich jüdische Kinder, und viele von ihnen hatten einen ausgeprägten Habitus, große, mandelförmige, schwarze und melancholische Augen. Wenn ich heute an sie denke, sehe ich den kleinen jüdischen Jungen mit der Schiebermütze und dem gelben Stern, der mit erhobenen Armen an der Spitze einer Kolonne läuft, die von schwerbewaffneten, großen deutschen Soldaten bewacht wird – ein Foto, das nach 1945 unzählige Male durch die Presse ging.

Viele der Kinder hinter den Fenstern saßen dicht gedrängt auf den Doppelbetten. Die größeren hatten den kleinsten geholfen hinaufzuklettern; einige weinten leise, andere spielten still mit selbstgebasteltem Spielzeug, und in dieser kleinen Welt wurde geredet, diskutiert und gehandelt wie in einer Gesellschaft kleiner Menschen, die man in einen Affenkäfig eingesperrt hatte. Sobald sie der Besucher gewahr wurden, drängten sich die Kinder an den Fenstern zusammen; die einen fragten uns, was man mit ihnen vorhabe, die anderen baten um etwas zu essen. Und jeder von uns hatte etwas mitgebracht: Brot, Zucker, Kekse, all das, was sich als eiserne Reserve in unseren Spinden befand, jenen schmalen Militärschränken, die den Häftlingen in ihrer Stube zugewiesen wurden.

Wir reichten den Kindern unsere kümmerlichen Geschenke, und die Großen gingen sofort daran, sie zu erfassen, um sie an alle zu verteilen, was sehr geordnet vonstatten ging. Die Besucher sprachen polnisch, russisch oder deutsch zu den Kindern. Diese kamen aber aus Ungarn und waren von ihren Eltern und ihren großen Geschwistern getrennt worden, die man, wie es hieß, in Arbeitslager geschickt hatte.

Als wir sie so vor uns sahen, so schwach, so vernünftig, so fügsam und so elend, konnten viele von uns ihre Tränen nicht mehr zurückhalten und entfernten sich, damit die Kinder ihre Rührung nicht bemerkten. Als ich einem der großen Jungen das Brot und den Zucker übergab, die ich mitgebracht hatte, kamen auch einige der netten, verschmitzten Kleinen heran und fragten mich auf Jiddisch, ob ich wüßte, wohin man sie bringen würde. Ich wußte es natürlich nicht, sagte ihnen aber, daß sie wahrscheinlich ins Familienlager von Theresienstadt kommen würden, von dem man damals annahm, daß dessen Insassen von der Ausrottung verschont blieben.

Ein kleiner Junge mit kugelrundem Kopf und großen Ohren sagte zu mir mit schelmischer Miene: »Du bist auch ein Jude, nicht?« – »Aber nein«, antwortete ich ihm, »ich bin Franzose, kein Jude!« Der Junge lächelte mich an, noch schelmischer als zuvor, und meinte dann: »Natürlich bist du auch ein Jude, selbst wenn du es uns nicht sagen willst.«

Um uns herum standen viele Leute, und alle aus den östlichen Ländern stammenden Häftlinge verstanden einigermaßen gut Jiddisch, was nichts anderes ist als Mittelhochdeutsch, das mit einigen slawischen und hebräischen Wörtern angereichert worden war. In einem Lager wie Dachau, das offiziell als »judenrein« galt, war das eine brenzlige Situation für einen Gefangenen, der ganz augenscheinlich wie ein Jude aussah.

Ich verteilte rasch meine armseligen Mitbringsel und ging traurig von dannen. Indem ich vor diesen dem sicheren Tod geweihten Kindern mein Judentum leugnete, hatte ich ganz gewiß nicht unrecht gehandelt, und dennoch fühlte ich mich schuldig und unglücklich.

Ich werde niemals das halb ernste, halb amüsierte Gesicht des kleinen Jungen vergessen, das mir zu sagen schien: »Du hast recht, wenn du versuchst, dem allgemeinen Schicksal zu entgehen, und die anderen, die Goyîm, die keine Ahnung haben, kannst du damit täuschen, aber uns nicht, uns kleine Juden, die die Unseren zu erkennen wissen.« Die Erinnerung an die in Käfige gesperrten Kinder stieg später wieder in mir auf, als ich das großartige Buch von Schwarz-Bart las, in dem der Held der Geschichte sich entschließt, mit den in Frankreich ergriffenen jüdischen Kindern in die Gaskammer zu gehen. Jene von Dachau wurden in der darauffolgenden Nacht, während wir schliefen, wieder abtransportiert. Am nächsten Morgen war der Block 21 leer. Ich ging hin und spürte die ganze Trostlosigkeit dieser Leere.

Herr der Läuse

Die Typhusepidemie breitete sich unaufhaltsam aus. Ausgebrochen war die schreckliche Seuche in einem der Quarantäneblöcke, in denen die Neuankömmlinge beschäftigungslos und in großer Not hausen mußten.

Wahrscheinlich war der Typhus durch einen der unzähligen Russen, Ukrainer oder Serben, durch Polen oder Italiener eingeschleppt worden, die jede Woche zu Tausenden im Lager eingeliefert wurden. Während der Krieg sich immer enger um Deutschland zusammenzog, sorgten Strafaktionen und das rücksichtslose Vorgehen gegen Kriegsgefangene und gegen die zum Arbeitsdienst verpflichteten Zivilisten, die sich irgendeines Vergehens schuldig gemacht hatten, für einen unaufhörlichen Zustrom neuer Häftlinge. Doch warum sollte es nicht ein Franzose oder ein Belgier gewesen sein, oder ein Norweger, der in einem Gestapo-Gefängnis gesessen hatte?

Der eingefleischte Rassismus, der manchmal unverhohlen zutage trat und für unsere multinationale Gemeinschaft charakteristisch war, bestimmte, daß einzig und allein die Osteuropäer oder die Italiener, die von der Herrenrasse noch mehr verachtet wurden als andere Völker, Träger der scheußlichen kleinen Tierchen sein konnten. Waren überhaupt die Neuankömmlinge an dieser Seuche schuld, die später so viele von uns dahinraffte?

Die SS hatte nicht auf den Winter 1944/45 gewartet, um an zahllosen Wänden folgendes Warnschild anzubringen: »Eine Laus, dein Tod«, auf dem eine riesige Laus abgebildet war, die wie ein vorsintflutliches Tier mit borstigen

Haaren und gewaltigen Kiefern ausgestattet war! Schon im Sommer 1944, als wir im Lager eintrafen, wurden wir ermahnt, unsere Unterhosen und -hemden (die in der Regel alle drei Wochen gewechselt wurden) sowie die verborgensten Winkel des Körpers sehr genau zu durchsuchen. Jeden Sonntag gehörte es zu unseren Beschäftigungen, mit dem Finger ganz langsam und gründlich unsere Unterwäsche abzusuchen, und wenn man am Sonntagmorgen einem anderen Block einen Besuch abstattete, fand man den größten Teil der Insassen sitzend vor der Tür (wenn Temperatur und Wetter es erlaubten), ein Hemd oder eine Unterhose auf den Knien und das Auge starr auf die Nähte gerichtet.

Um der Seuche beizukommen, wäre eine Impfung weit wirksamer gewesen als die verschärfte Quarantäne und die damit verbundene hermetische Absperrung der Quarantäneblöcke vom Rest des Lagers (die anfänglich als provisorisch erklärte »Quarantäne« wurde dann endgültig, und niemand durfte mehr die verdammten Blöcke betreten noch sie verlassen), besser auch als die Entseuchungsmaßnahmen des »Desinfektionskommandos«, dessen Mitglieder still und geschäftig von einer Stube zur anderen und von Block zu Block gingen, Türschwellen und -klinken mit Flüssigkeiten besprengten und abrieben, die einen starken Geruch nach Kresol verbreiteten. Doch die Verwaltung wollte oder konnte keinen Impfstoff für die Häftlinge beschaffen. Vermutlich gab es nicht mehr genug davon im völlig desorganisierten Reich oder es wurde keiner mehr oder zu wenig davon hergestellt, obwohl es zweifellos im Interesse der Verwaltung gelegen hätte, die Arbeitskraft derer, die jetzt der Seuche erlagen, etwas länger zu erhalten.

Infolge des Typhus fanden immer weniger Kontrollgänge und Inspektionen der SS im Häftlingslager statt; eine weitere Folge der Seuche war die Einführung der Lauskontrolle. Mit dieser wichtigen Aufgabe wurde ein Häftling betraut, und dieser rückte dadurch geradewegs in die Aristokratie der höheren Chargen auf, in die der Schreiber, Kapos, Läufer und Dolmetscher. Man gab ihm einen Stock sowie zwei Stellvertreter, die nach ihrer körperlichen Stärke ausgewählt wurden. Seine Aufgabe bestand darin, an Ort und Stelle, in jeder Stube, Wäsche und Körper eines jeden Häftlings zu kontrollieren. Häftlinge, auf denen Läuse gefunden wurden, mußten sich völlig entkleiden und mit ihren Sachen zur Desinfektion gehen.

Zum Chef dieses neuen Kommandos ernannte der Lagerälteste (der oberste Häftlingsfunktionär im Schutzhaftlager) einen Franzosen namens P. Renard, früher Unterpräfekt einer kleinen Stadt in Mittelfrankreich. Kein normaler »Politischer« hätte diesen Posten angenommen, den wir alle sowohl lächerlich als auch abscheulich fanden.

Renard war ein Mann von athletischer Gestalt; begleitet von seinen beiden grimmigen Leibwächtern betrat er die Stuben und setzte sich auf einen Hocker, in der Hand eine lange, schmale Gerte. Vor dieser Karikatur eines römischen Statthalters mußten sich die Häftlinge mit ihrer Wäsche einzeln aufstellen.

Während seine Spießgesellen die Unterhemden und -hosen sehr genau unter die Lupe nahmen, befahl Renard den Männern, die Arme zu heben, damit er die Achselhöhlen untersuchen konnte, und dann die Beine zu spreizen. Die Gerte benutzte er, um die Hoden des Patienten anzuheben, und dieser mußte sich danach umdrehen, um in gebeugter Haltung dem Unterpräfekten seinen Hintern zu zeigen.

Wer keine Läuse hatte, durfte sich wieder anziehen, und die mit Läusen befallenen Häftlinge mußten sich in einer Ecke aufstellen. Nach Beendigung der Stubeninspektion wurden sie von einem der Helfershelfer im Laufschritt zu den Duschen getrieben, die sich im Wirtschaftsgebäude auf der anderen Seite des Appellplatzes befanden.

Wenn die zu den Duschen als Arbeiter abkommandierten Häftlinge nicht bereit waren, oder wenn sich eine andere Mannschaft verlauster Häftlinge noch im Brausebad befand, mußte die Gruppe im Freien warten, bis sie an die Reihe kam. Und das geschah mitten im strengen bayrischen Winter; die Lagerstraßen waren oft schneebedeckt; das Thermometer fiel auf 5, zuweilen sogar auf 15 Grad unter Null (eines Morgens wurden beim Frühappell um 5 Uhr minus 20 Grad Celsius gemessen).

Eine Strecke von zweihundert Metern nackt und im Laufschritt zurückzulegen und manchmal minutenlang bis zu einer Viertelstunde in der Kälte warten zu müssen, das war eine ziemlich harte Prüfung für diese durch Entbehrungen geschwächten Männer. Die körperliche und seelische Not, in der sie lebten, hatte sie weitgehend reaktionsunfähig gemacht. Danach mußten sie sich unter die brühheißen Duschen stellen und wurden zwischen den Beinen und in der Gesäßfalte desinfiziert.

In der Zwischenzeit wurden auch die Kleider desinfiziert und kamen zerknittert und feucht aus der Entseuchungskammer zurück. Wenn nun aber die Desinfizierung der Kleidung länger dauerte als die der Männer, dann wurden diese, noch ganz unterm Schock der heißen Dusche und Dämpfe, unerbittlich in die Eiseskälte und den Schnee hinausgetrieben, wo sie auf die Rückgabe ihrer Sachen warten mußten. Und das Warten konnte unendlich lange dauern.

Die meisten Männer kehrten mit einer bösen Erkältung von dieser Tortur zurück, und viele von ihnen bekamen in den darauffolgenden Stunden eine Lungenentzündung, von der sie sich oft nicht erholten, so daß man die Toten bald kaum noch zählen konnte. Einen Menschen unter solchen Bedingungen zum Brausebad zu schicken, kam einem regelrechten Todesurteil gleich, und da der Kapo der Lauskontrolle seine sinnlose Aufgabe mit solchem sturen Ernst erfüllte, zog er sich zwangsläufig den Haß und die Verachtung aller Häftlinge zu.

P. Renard war an einem schönen Herbstnachmittag im Lager eingetroffen; ich glaube, es war an einem Feiertag oder Sonntag, denn ich war zu diesem Zeitpunkt nicht bei meiner Arbeit in der Baracke der »Politischen«. Da ich nichts zu tun hatte und auch etwas neugierig war, ging ich zum Abbé Jules Jost und Igor Marchand, um ihnen bei der »Aufnahme« der Neuen zu helfen.

Die Zeremonie der Aufnahme fand je nach der Jahreszeit im Freien auf dem Appellplatz oder in den Brauseräumen statt. Die Neuankömmlinge mußten an einem kleinen Tisch vorbeigehen, an dem der mit der Aufnahme beauftragte Häftling die Karteikarten ausfüllte, von denen ich am nächsten Tag oder, wenn der Andrang sehr groß war, ein paar Tage später eine Kopie für die Kartei der »Politischen« bekam.

Das war eine Gelegenheit, um erste Kontakte zu knüpfen, um Landsleute aus der Menge herauszufinden oder auch jemanden, der aus anderen Gründen interessant sein mochte, aber auch um Verdächtige aufzuspüren, solche, denen man den »Kollaborateur« an der Nase ansah und die eine Verstärkung für die Reihen der »Schwarzen« oder »Grünen« bedeuten konnten, also Kriminelle, deren Macht zwar verringert war, die aber nicht aufhörten, gefährlich zu sein. Es bot sich auch die Möglichkeit, denen, die man sympathisch fand, und natürlich zunächst den eigenen Landsleuten, Warnungen, erste Ratschläge und Verhaltensmaßregeln mit auf den Weg zu geben.

Ich ging also den Männern von der Aufnahme zur Hand, als sich ein großer Schlaks vor meinen Tisch hinstellte; anders als die meisten, die hier herkamen, schien ihn der schaurige Ruf des Lagers oder die Furcht vor dem Unbekannten überhaupt nicht aus der Fassung zu bringen. Er hieß Renard, und gleich, nachdem wir uns vorgestellt hatten, fragte er mich, ob es im Lager österreichische Monarchisten und konservative Deutsche gebe.

Völlig hemmungslos und jede Vorsicht vergessend erklärte er mir, daß er früher enge Kontakte zum österreichischen Adel und zu führenden Kreisen der Dolfuß-Schuschnigg-Regierung unterhalten und auch in Frankreich, in seiner Eigenschaft als Unterpräfekt des Vichy-Regimes in einer kleinen Stadt der besetzten Zone, gute Beziehungen zu deutschen Dienststellen gepflegt habe, die mit der großen militärischen Verschwörung in Verbindung standen.

In einer Welt, in der jeder politische Häftling sich an den obersten Grundsatz hielt, niemals über die Dinge zu reden, die ihn ins Lager gebracht hatten, war diese Art, sich dem Erstbesten anzuvertrauen, entweder Dummheit oder Provokation. Ich war auf der Hut und gab ihm nur vage Antworten. Renard ging seinerseits weiter zu den Duschen, zur Desinfektion und in die Quarantäne.

Dort blieb er nicht lange. Seine österreichischen Verbindungen waren wohl ausgezeichnet, denn der Lagerälteste Bertl – ein ehemaliger monarchistischer Offizier, der bei seinen sozialistischen Landsleuten keinen guten Ruf genoß, also auch beim ersten Lagerschreiber Emmerich Wenger, meinem früheren Beschützer – bemühte sich höchstpersönlich um diesen Renard und fand für ihn ziemlich bald einen gemütlichen Posten, von dem er dann zur Lauskontrolle kam; damit war bewiesen, daß er kein »Politischer« war wie die anderen, also kein gaullistischer oder kommunistischer Widerstandskämpfer; er half sich allein, ohne den Instanzenweg Michelet–Auboiroux zu durchlaufen, auf dem wir, die »überspannten Intellektuellen«, eine Art Freikorps bildeten, Stoßtrupps, die an den Flanken und in den vordersten Reihen operierten.

Daß Renard nicht zu uns gehörte, sollte sich noch auf eine andere Weise herausstellen. Der Posten als Leiter der Lauskontrolle war ihm offenbar nicht sicher genug oder brachte ihm nicht genug Ansehen ein. Renard strebte deshalb nach mehr Beständigkeit, nach einem höheren Posten in der Hierarchie. Der erste Schreiber des Arbeitseinsatzes, Friedl Volgger, war ein zutiefst anständiger Mensch von großer Güte, der von uns allen hoch geachtet wurde. Als Streiter für die deutsche Minderheit in Südtirol (die in der 1918 Italien zugesprochenen Provinz in Wirklichkeit eine absolute Mehrheit darstellte), als Katholik und Patriot hatte er an der Unterdrückungspolitik der italienischen Faschisten Kritik geübt, bis zu dem Tag, da Hitler dieses seit dem hohen Mittelalter deutsche Land Mussolini auslieferte und den Plan faßte, die Südtiroler Bauern nach Polen umzusiedeln.

Gegen diesen nationalen Verrat hatte sich Volgger empört, und sein Protest hatte ihn ins KZ Dachau gebracht. Ich hatte ihn über gemeinsame Freunde kennengelernt, und wir trafen uns hin und wieder zu Gesprächen, in denen wir ein von jeder Tyrannei befreites Europa entwarfen.

Eines Tages kam dieser grundehrliche Mensch völlig aufgelöst zu mir: Der Lagerschreiber hatte ihm mitgeteilt, daß Renard einen Brief an die SS-Führung geschrieben habe, in dem er meinen Freund Gaston Gosselin und den jungen Jules Bloch, einen unserer Kameraden, der unter Volggers Leitung im Arbeitseinsatz tätig war, als Juden denunzierte. Der junge Bloch und sein älterer Bruder Georges trugen einen Familiennamen, der im allgemeinen als jüdisch angesehen wurde, obwohl es auch »arische« Blochs gab, unter anderem im Elsaß, wo die beiden Brüder zu Hause waren.

Ob dieser »Vorwurf« nun stimmte oder nicht (im Falle von Gosselin, dem Sohn eines Polizeikommissars in der Normandie, war er besonders grotesk), die Denunziation blieb ohne Folgen, denn sie kam nicht weiter als bis zur Schreibstube, sie wurde an die SS nicht weitergegeben. Aber Renards Schicksal war damit besiegelt.

Wir einigten uns mit Volgger dahingehend, daß der Denunziant nicht länger in unserer Mitte bleiben durfte. Renard kam auf die Liste für den nächsten Sammeltransport. Damals wurden Arbeitskräfte für das sogenannte KZ Mittelbau benötigt, in dem, wie es hieß, »Außenkommandos« von Buchenwald zusammengefaßt waren und wo in unterirdischen Fabriken Geheimwaffen – der letzte Trumpf des Regimes – hergestellt wurden. Häftlinge, die vom Arbeitseinsatz auf die Transportliste gesetzt waren, kamen sofort in einen Quarantäneblock, und jede Verbindung zu den übrigen Häftlingen des Lagers war für sie damit unterbrochen.

Renard verblieb damit keine Zeit, seine Freunde zu benachrichtigen, oder vielleicht waren diese nicht mehr so einflußreich wie früher (sein Beschützer, der Lagerälteste Bertl, war Ende 1944 freigelassen worden); so fuhr Renard an einen Bestimmungsort, von dem es unserer Meinung nach keine Rückkehr geben konnte.

Dies eine Mal während meines Aufenthalts in Dachau hatte ich, anstatt anderen Gefangenen zu helfen, die Verantwortung dafür übernommen, jemanden auf einen »Transport« zu schicken, und ich hatte deswegen um so weniger Gewissensbisse, als das, was später folgte, zeigte, daß wir uns hinsichtlich des »Herrn der Läuse« nicht geirrt hatten.

Auch in seinem neuen Lager wußte sich Renard zu helfen. Er überlebte und kehrte nach dem Krieg nach Frankreich zurück, wo er seine Karriere als Präfekt fortsetzen konnte, wobei er sich mit der Aureole des deportierten Widerstandskämpfers schmückte, obwohl wir entlarvende Fakten über ihn an die Öffentlichkeit gebracht hatten. Auch die Bemühungen seines »Kollegen«, unseres Freundes A. B., blieben ohne Erfolg, sieht man von der pikanten Tatsache ab, daß er nur wenig später just in das Amt berufen wurde, das Renard vor seiner Verhaftung bekleidet hatte. Seinerseits nutzte Renard jede Gelegenheit, um seinen jungen Kollegen als »Kommunisten« zu verleumden.

Sehr viel später, Edmond Michelet war inzwischen zum Justizminister ernannt worden, empfing Renard, der seinerseits zum Präfekten des Départements Hautes-Alpes avanciert war, mit dem üblichen Pomp und Aufwand den Kongreß der ehemaligen Dachau-Häftlinge. Er hielt sich auch des öfteren in Paris auf, wo er Kontakte zu zahlreichen Politikern pflegte. In seiner Gutmütigkeit (aber auch, weil er ein vorsichtiger Mensch war, der sich niemals auf eine Sache einließ, wenn ihm die Munition ausgehen konnte – und wir besaßen in der Sache Renard keine stichhaltigen Beweise) hatte Michelet unseren Mahnungen bezüglich des Präfekten keine Beachtung schenken wollen und empfing diesen überaus freundlich, wenn er in Paris weilte. Doch eines Tages nahm mich der Staatsminister Krone – Freund und Vertrauter Adenauers, den Michelet durch mich kennengelernt hatte – in Bonn beiseite und bat mich, meinen Minister vor dem Präfekten Renard zu warnen.

Krone war anläßlich einer Gedenkveranstaltung auf deutschen Soldatenfriedhöfen Renards Gast gewesen. Bei dieser Gelegenheit hatte der Präfekt, geschwätzig wie damals bei seiner Einlieferung in Dachau, beleidigende Äußerungen sowohl über Michelet als auch über General de Gaulle von sich gegeben und Herrn Krone den baldigen Sturz des französischen Präsidenten vorausgesagt.

Diesmal wurde Michelet böse: Renard wurde seines Amts enthoben. Einige Zeit später meldete die Presse seine Festnahme; er wurde wegen einer undurchsichtigen Geheimdienstaffäre vor Gericht gestellt. Mit seinem Hang zur Konspiration und zum Fabulieren hatte Renard sich in höchst verdächtige Geschichten verstrickt und, wie ich damals schon bei unserer ersten Begegnung ahnte, mit der deutschen Abwehr und ihren Nachfolgeorganisationen gemeinsame Sache gemacht, vielleicht auch mit amerikanischen Geheimdiensten und sogar – was höchst seltsam anmutet – mit sowjetischen Dienststellen zusammengearbeitet.

Edmond Michelet erschien zu seinem Prozeß und stellte dem Angeklagten ein überaus positives Zeugnis aus, was in unseren Reihen mit Murren und höhnischem Grinsen aufgenommen wurde. Doch wahrscheinlich hatte er damit sogar recht. Der »arme« Renard war nur ein kranker Mensch. Nach seinem Freispruch verschwand der »Herr der Läuse«, der Maulheld, Schwätzer und Möchtegernverschwörer von der politischen Bühne und starb kurze Zeit darauf.

Er war eine merkwürdige Abenteurergestalt in unserem Staatsdienst, ein Mensch, an den man sich vielleicht mit einiger Nachsicht erinnern würde, wenn man nur einen Augenblick seine vor Kälte zitternden Opfer vergessen könnte.

Adam Schüssler

Hauptsturmführer Adam Schüssler war in einer Landarbeiterfamilie in Niederbayern zur Welt gekommen. Als Kind armer Leute aus einem bäuerlich konservativen und stark hierarchisierten Milieu stammend wuchs er unter der strengen Zucht eines geistig beschränkten Vaters auf, der mit allem geizte, nur nicht mit Schlägen für seine Kinder. Auch Adam Schüssler erwartete das harte Los des Bauern ohne Land in einer Welt, in der nichts mehr zählte als der Besitz an Grund und Boden; eines Abends begegnete er in der Dorfwirtschaft einem alten Schulfreund, den er seit Jahren aus den Augen verloren hatte, weil dessen Familie in die benachbarte Kreisstadt gezogen war, die sowohl sehr nah war – die Entfernung zwischen dem Dorf und der Stadt betrug höchstens fünfzehn Kilometer – als auch sehr fern, da ein Bauernknecht wie Adam Schüssler nur zwei- bis dreimal im Jahr dorthin fuhr, anläßlich eines großen Festes oder zur Erledigung wichtiger Geschäfte.

Der wiedergefundene Schulkamerad war Mitglied der Hitlerjugend – ein Skandal im ländlichen Niederbayern, wo die Kirche und die Bayerische Volkspartei das Regiment führten. Wir schreiben das Jahr 1932, und Adam Schüssler war gerade sechzehn geworden. Sein Freund forderte ihn auf, zur nächsten allwöchentlichen Versammlung seiner HJ-Gruppe zu kommen, der etwa zwanzig junge Leute aus der 5000 Einwohner zählenden Stadt angehörten. Das Leben des Adam Schüssler änderte sich von Grund auf, eine neue Welt tat sich ihm auf, er trat ein in die solidarische Gemeinschaft von jungen Leuten, deren Leitsprüche und Beschwörungsformeln er schnell lernte; es war eine verschworene Gemeinschaft, die die etablierte Ordnung der Gesellschaft der Reichen, der Väter und der Pfarrer radikal in Frage stellte.

Er erlebte auch, welche Würde die schöne Uniform ihm verlieh, diese Uniform, die er sich durch große Opfer und mit Hilfe der lokalen Gruppe der NSDAP verdient hatte. All das, was er in den vergangen zwölf Jahren geworden war, verdankte Hauptsturmführer Schüssler der Partei, der HJ, der SS und dem Führer. In Hitler sah er – der kein Intellektueller war – den wahren Vollbringer des Sozialismus, denn er hatte es dem armen Jungen, der auf der untersten Sprosse der gesellschaftlichen Leiter geboren war, ermöglicht, diese Stufenleiter emporzusteigen und zu einem geachteten Mitglied der Volksgemeinschaft zu werden; durch ihn brachte er es zu Rang und Würde, zu Haus, Frau und Kindern; jetzt war er jemand, der Macht ausübte, der Befehle gab, der in der SS seine Untergebenen hatte – und seine Sklaven, die Häftlinge, die er bei der Arbeit anleiten und kontrollieren mußte.

Als wir ihn kennenlernten, war Adam Schüssler nach einem längeren Krankenhausaufenthalt in die politische Abteilung der KZ-Verwaltung Dachau versetzt worden. Er war ein schlanker, überdurchschnittlich großer Mann, der dem von der deutschen Rassenlehre als alpin oder dinarisch beschriebenen Rassentypus entsprach: dunkler Haarwuchs, breite, knochige Nase, stark ausgeprägte, hagere Züge. Sein Gesicht zierte ein kleiner Schnauzbart à la Hitler. Schüssler war an der russischen Front schwer verwundet worden, und man hatte ihm das linke Bein so weit oben abnehmen müssen, daß der Stumpf zu kurz war, um eine Prothese zu ertragen. Die Mütze kämpferisch nach hinten geschoben, kam Schüssler meist mit raschen, zackigen Schritten daher, gestützt auf seine zwei Krücken, die er, gleich nachdem er den Karteiraum betreten hatte, in dem unser Kommando seine Arbeit machte, neben dem Ofen abstellte.

Behende bewegte er sich dann hüpfend durch den Raum. Dieser gelenkige, sportliche Kämpfer – er war von schlankem, sehnigem Wuchs und ohne ein Gramm Fett – unterschied sich sichtbar von den anderen Unterführern der Abteilung, die meist schon mittleren Alters waren, Etappenhengste, die im Nichtstun verfetteten und versumpften; diese glichen allzu gut ernährten Hofhunden, während Schüssler einem Wolfshund ähnelte, den man zur Jagd abgerichtet hatte. Seine Jagd war die Jagd auf Menschen.

Die Mitglieder der Hitlerjugend hatten in den Wochen, die der Ernennung Adolf Hitlers zum Reichskanzler vorangegangen waren, der Partei wertvolle Dienste geleistet. In der bayerischen Kleinstadt, in der die Nationalsozialisten nur eine verschwindende Minderheit darstellten, wurden die Mitglieder der SA und die Jugendlichen, die schon vor dem 30. Januar der HJ beigetreten waren, im Rahmen der »Gleichschaltung« und bei der Besetzung der Partei- und Gewerkschaftssitze sowie bei der Festnahme (»zu ihrem eigenen Schutz«) der wichtigsten Würdenträger und Führer der alten Ordnung und einiger jüdischer Kaufleute als Hilfspolizisten eingesetzt.

Die reguläre Polizei stellte sich nur widerstrebend für solche Aktionen zur Verfügung, die oft am Rande der Legalität verliefen. Damals hatte sich Schüssler durch seinen Eifer, seine Disziplin und seine Geschicklichkeit ausgezeichnet. Die älteren und einflußreichen Männer, die er ins Gefängnis brachte, waren Stellvertreter seines Vaters, des Großbauern, bei dem er als Knecht gedient hatte, und des Pfarrers. Oft begründete er ihre Festnahme mit jenen Werten, an die sie selbst glaubten – Ordnung, Vaterland, Staat – und für die sie sich nicht stark genug gemacht hätten, denn in Niederbayern waren die Sozialisten, Kommunisten und Juden eigentlich bedeutungslos: Vor allem mit den katholischen, großbäuerlichen und bürgerlichen Notabeln der Bayerischen Volkspartei hatten die siegreichen Nazis alte Rechnungen zu begleichen.

Wegen seines vorbildlichen Einsatzes brauchte Schüssler nicht mehr auf seinen Hof zurückzukehren: Als »hauptamtlicher« Funktionär der HJ trat er – nach seinem Pflichtjahr beim Reichsarbeitsdienst – bald in die SS ein, in jene Eliteformation, in der er seine ganze Karriere machte, und gehörte dann auch zu den ersten, die zur Waffen-SS überwechselten, als deren erste Verbände als Prätorianische Garde des Regimes und, neben der Reichswehr, als Kerntruppe einer wirklich nationalsozialistischen Armee aufgestellt wurden. Er nahm an allen Kriegszügen des neuen, eroberungshungrigen Reiches teil – Einrücken der deutschen Truppen in Österreich, Überfall auf Böhmen, Polenfeldzug, Krieg gegen Frankreich, gegen Jugoslawien, gegen Griechenland – und selbstverständlich auch, mehrere Jahre lang, am Rußlandfeldzug. Eine blutige, verheerende Spur zog sich durch Schüsslers Anspielungen und seine kurzen, aber aufschlußreichen Geschichten, in denen es um Verhaftungen, Zwangsverschickungen, Gefangenentransporte und Erschießungskommandos ging und die er uns, fast widerstrebend, an den Tagen erzählte, die er notgedrungen mit uns verbrachte.

Bedrückende Erinnerungen verdüsterten zuweilen seine Gesichtszüge und trübten seinen Blick. Man ahnte nur die mächtigen, wilden Gefühlswallungen hinter diesem Gesicht, das plötzlich hart und verschlossen wurde; mit einer Handbewegung vertrieb er die ihn bedrängenden Erinnerungen. Aus den in seiner bäuerlichen Umgebung empfangenen und durch den Pfarrer bestätigten Glaubenssätzen und Ängsten sowie aus den Ideen und Parolen der Nazibewegung hatte Schüssler sich eine Moral und Lebensgrundsätze zurechtgebastelt, die er mit seinem Handeln nicht immer in Einklang bringen konnte.

Er war das Produkt einer schrecklichen Zeit und einer ruchlosen Ideologie; von Natur aus war er allerdings durchaus kein gemeiner Mensch, und vom ersten Tag an empfand ich für diesen keineswegs banalen Mann ein lebhaftes Interesse.

Nachdem der dicke Hauptscharführer Geigenscheder, der uns den neuen Chef der Lagerkartei vorgestellt hatte, hinausgegangen war, legte Schüssler seine Mütze auf einen Karteikasten, stellte seine Krücken an die Wand und kam hüpfend zu mir herüber, um sich die Karten anzusehen, die ich gerade in die Kartei einordnen wollte. Er stellte mir ein paar Fragen bezüglich des phonetischen Alphabets: »Das kommt mir ziemlich kompliziert vor«, meinte er, »ich hoffe, du weißt, was du da machst«, und entfernte sich – noch immer hüpfend –, um sich in einem schlichten Lehnstuhl niederzulassen, der zum Mobiliar gehörte.

Dann holte er seinen Tabaksbeutel und Papier hervor, und während er sich eine Zigarette drehte, sagte er, wir dürften auch rauchen, wenn wir was hätten (in der Lagerkantine wurden ukrainische Zigaretten verkauft, aber im Prinzip war das Rauchen während der Arbeit verboten). Schüssler war ein starker Raucher, den Rauch seiner Zigarette zog er gierig ein.

An manchen Tagen litt er unter starken Schmerzen in seinem Beinstumpf, doch ließ er sich niemals etwas anmerken, ich habe ihn kein einziges Mal klagen gehört. Einmal, als er gerade zu Vertraulichkeiten aufgelegt war, erzählte er mir, daß er sich zwischen seinen zahlreichen Operationen an den Genuß von Opium gewöhnt hatte und daß seine Ärzte es ihm nur mit großer Mühe abgewöhnen konnten. Ich habe mich oft gefragt, ob es ihm wirklich gelungen war, völlig auf die Droge zu verzichten.

Das Jahr zog ins Land, und auch den SS-Männern wurden die Tabakrationen merklich gekürzt, so daß Schüssler immer häufiger und meist vergeblich seine Taschen nach ein paar Tabakkrümeln durchkramte, die vielleicht aus seinem Tabakbeutel herausgefallen waren.

Währendessen erhielten die französischen Häftlinge in immer kürzeren Abständen Päckchen vom Roten Kreuz, in denen sich sowohl Tabak als auch Zigaretten in großen Mengen befanden. Ab Mitte Februar waren wir bereits besser versorgt als unsere Wächter. Einige meiner Männer legten ihren Tabak zum Trocknen auf den Ofen des Zimmers, in dem wir arbeiteten. Schüssler betrat den Raum, sah den Tabak, sagte aber kein Wort. Er hat uns auch nie darum gebeten oder welchen angenommen, und wir haben ihm niemals welchen angeboten. Er war ein Mann der Ordnung, der die Grundsätze, die man ihn gelehrt hatte, auch streng befolgte.

Kurz nach Adam Schüsslers Ankunft fand eine der üblichen Routinedurchsuchungen statt, und bei einem der Männer unseres Arbeitskommandos wurde ein Stück beschriebenes Papier gefunden. Und was die Sache noch schlimmer machte: Auf dem Papier stand ein in Französisch geschriebener Text. Der Schuldige, einer der jüngsten Mitarbeiter unserer Gruppe, hieß Tristan; es war mir gelungen, ihn als Maschineschreiber einstellen zu lassen, obwohl seine Fähigkeiten auf diesem Gebiet ziemlich bescheiden waren.

Es handelte sich um ein besonders schweres Vergehen bei einem Häftling, der in der politischen Abteilung arbeitete, wo alles der strengsten Geheimhaltung unterlag. Papier durfte niemand von uns besitzen, also war dieses gestohlen worden, und Diebstahl galt in dieser letzten Phase des Krieges als Sabotage. Manch einer wurde schon wegen eines geringeren Vergehens gehängt.

Ein Papier, das aus der politischen Abteilung hinausgelangen konnte, war ein Kassiber, eine geheime Mitteilung: Zur Sabotage kam also noch Spionage hinzu. Tristan mit seinem runden, noch kindlichen Gesicht, der nicht besonders gut Deutsch sprach – war sich des Ernstes seiner Lage gar nicht bewußt. Er konnte sicher nicht begreifen, daß er durch sein Handeln auch mich kompromittiert hatte, zumal er seinen Vertrauensposten allein meiner Fürsprache zu verdanken hatte.

Geigenscheder war als Verstärkung erschienen, um den Verbrecher zu vernehmen. Er und Schüssler ergingen sich in wüsten Beschimpfungen und Drohungen. Ich wurde als Dolmetscher hinzugezogen und fragte Tristan, was auf dem Stück Papier geschrieben stand, das er so leichtsinnig war, bei sich zu tragen. Errötend gestand er mir, es sei ein Gedicht von Baudelaire, das er auswendig lernen wollte; zu diesem Zeitpunkt wurde in unserer Gruppe ein regelrechter Lyrikwettbewerb ausgetragen, angeregt von Igor, der vor uns brillierte, indem er »Die junge Parze« und den »Entwurf einer Schlange« aus dem Stegreif aufsagen konnte. Der junge Tristan hatte den Text mitgenommen, um ihn während der Arbeitspausen weiterlernen zu können.

Trotz des Ernstes der Lage konnte ich nicht umhin, in Lachen auszubrechen. Ich erklärte den beiden verdutzten SS-Leuten, Schüssler und Geigenscheder, daß es sich um ein Gedicht handele und um ein Stück Papier, das Tristan schon bei sich hatte, als er morgens vom Lager kam. Obwohl Dichtung sicher nicht ihre starke Seite war, beruhigten sich die SS-Männer ziemlich schnell.

Geigenscheder begnügte sich damit, dem armen Teufel zwei schallende Ohrfeigen zu verpassen, und dieser konnte von Herzen froh sein, daß er mit so geringem Schaden davongekommen war. Geigenscheder war ein älterer Mann, dem Unannehmlichkeiten absolut zuwider waren, und Schüssler vertraute mir. Hätten sie einen Bericht an den Vertreter der Gestapo verfaßt, die Angelegenheit hätte möglicherweise eine schlimme Wendung genommen. Um den beiden SS-Leuten die Harmlosigkeit der Baudelaire-Verse zu veranschaulichen, hatte ich ihnen gesagt, daß es sich bei Baudelaire um den französischen Goethe handle. Mit einem Mal war die vertraute gute alte Ordnung wiederhergestellt.

Ein andermal, es ging auf das Ende des Krieges zu, sagte Schüssler zu mir in vertraulichem Ton: »Du bist gelehrt, aber auf meinem Gebiet weiß ich Dinge, die du als Intellektueller sicher nicht kennst. Was machst du, zum Beispiel, wenn du einen Gefangenentransport für die Eisenbahn zusammenstellen mußt und dabei deine Ruhe haben möchtest? Nun, du stopfst so viele Gefangene wie nur möglich in ein Abteil. Wenn es dir gelingt, zwanzig unterzubringen, wo normalerweise nur acht hineinpassen, dann können sie sich nicht mehr bewegen, und du stellst dich einfach vor die Tür und hast deine Ruhe.« Da wir schon im Monat März waren und über das Ende des Krieges kein Zweifel mehr bestand, fügte er hinzu: »Diese Art zu verfahren wird dir vielleicht einmal von Nutzen sein, wenn ihr den Krieg gewinnt und wenn du eines Tages deutsche Gefangene auf Transport schicken mußt.«

Aber im Grunde seines Herzens vermochte er nicht wirklich an ein baldiges Ende all dessen zu glauben, was seinem Leben einen Sinn gegeben hatte, seitdem er mit sechzehn in die HJ-Gruppe seiner Kreisstadt eingetreten war.

Als wir Mitte April von Schüssler den Befehl bekamen, die wertvollen Karteikästen in bereitstehende Kisten zu verpacken – »Paßt gut auf«, sagte zu mir der Hauptsturmführer, »damit wir uns auch wieder zurechtfinden, wenn wir in der Tiroler ›Alpenfestung‹ sind« –, konnte er sich nicht richtig vorstellen, daß die Dinge nicht ewig so weitergehen und daß seine Welt in sich zusammensinken würde.

Ich habe oft daran denken müssen, daß Schüssler möglicherweise auch als Mitglied von Einsatzkommandos – den berüchtigten »Spezialeinheiten« – an der Massenliquidierung von Juden in den besetzten Gebieten Rußlands beteiligt gewesen war. Man spürte bei ihm gleichzeitig eine unbedingte Bereitschaft zu gehorchen, Grausamkeiten zu begehen, und dazu trotzdem die Fähigkeit, Reue zu empfinden, eine eigentümliche Nachdenklichkeit, die ihn wohl dazu befähigte, sich an begangene Sünden zu erinnern.

Dieser Mann des Todes und des Blutes blieb wie viele seinesgleichen einer Tradition der »Gemütlichkeit« verhaftet, die meines Erachtens nicht nur die oberflächlichen Bereiche seiner Persönlichkeit berührte.

Er hätte uns, ohne mit der Wimper zu zucken, an den Galgen gebracht, wenn er uns der »Sabotage« für schuldig befunden hätte, aber andererseits erlebte ich, wie er am Heiligabend mit einem kleinen Paket zu uns in den Karteiraum kam. Er wickelte es aus und überreichte uns einen von seiner Frau gebackenen Kuchen. »Damit ihr auch ein bißchen Weihnachtsgebäck habt – nach deutscher Art.«

Der ehemalige Chef General de Gaulles

Armeegeneral Delestraint war kein besonders großer Mann, doch ging von seinem energischen, unbeugsamen Wesen eine Kraft und Entschlossenheit aus, die sich auch auf die anderen übertrug. Armeegenerale gehörten nicht zu den Menschen, mit denen ich gewöhnlich Umgang pflegte, ebensowenig wie Fürsten von edlem Geblüt. Aber mit diesem schon betagten Mann, dessen Herkunft, Gewohnheiten und Lebenserfahrung so ganz anders waren als die meinen, verstand ich mich vom ersten Tag an.

Delestraints Patriotismus und ausschließlich dieser hatte ihm den Weg in die Résistance gewiesen. Er teilte sicherlich nicht die ideologischen und politischen Überzeugungen der »antifaschistischen« Widerstandsbewegung, doch habe ich während all der Gespräche, die wir miteinander führten, niemals den Eindruck gewonnen, daß er nicht zu den Parteigängern Maurras'* gehörte. Meine Freunde, die »überspannten Intellektuellen«, und ich selbst waren natürlich für das Prestige, die Macht, den Namen, den Rang und den Stand, kurz für alles, was einen Einzelnen aus dem banalen Mittelmaß heraushob, wir waren fröhliche Snobs (jedoch auch gleichgültig gegenüber den äußerlichen Eigenschaften derer, die wir zu unseren Freunden machten). Wir waren bestrebt, für unsere Gruppe »Männer von Rang« zu gewinnen, deren Einfluß den unseren verstärken konnte, und wir

---

* Charles Maurras (1868–1952), französischer Schriftsteller und Politiker, Begründer der antisemitischen und deutschfeindlichen »Action Française«.

waren vor allem auch bestrebt, die Langeweile zu bekämpfen. Die Stunden, die wir damit verbrachten, uns die folgenschwere Frankreich-Kampagne von Mai–Juni 1940 von dem Mann erzählen zu lassen, dem General de Gaulle in der Résistance den militärischen Oberbefehl übertragen hatte, war eine Beschäftigung, die unserem Kreis von Gleichgesinnten angemessen erschien. Und die vereinte Durchschlagskraft unserer verzehnfachten Vitalität und unserer respektlosen, aber leidenschaftlichen Dialektik war wohl auch nach dem Geschmack dieses tatkräftigen Offiziers, der sowohl Phantasie als auch Sinn für das Neue bewiesen hatte.

Da der General keinem Arbeitskommando angehörte, knüpfte er besonders enge Bande zu denen von uns, die, wie er selbst, ihre Tage im Block oder im »Kommando der Gespenster-Schreiber« verbringen mußten. So haben Jean Sussel und François Vernet weit mehr als ich mit diesem Mann der Tat und der Ehre Freundschaft schließen können.

Die Tatsache, daß er, untergetaucht in der großen Masse, als einfacher, anonymer Häftling unter uns weilte, war allein auf das große Durcheinander zurückzuführen, in dem die letzten Evakuierungstransporte stattgefunden hatten, als die deutschen Truppen sich aus Frankreich zurückziehen mußten. General Delestraint war nunmehr in der Masse der tausenden von französischen Häftlingen gut aufgehoben. Den überforderten Angestellten der lokalen und dennoch fernen SS-Dienststelle wäre es kaum in den Sinn gekommen, sich für diesen kleinen alten Mann zu interessieren, wenn nicht das Schicksal schließlich eingegriffen hätte.

Eines Morgens mußte sich der General noch vor dem Frühappell ärztlich untersuchen lassen. Er begab sich zum Revier, wo die Behandlung aber länger dauerte als vorgesehen. Mit einer gewissen Verspätung kehrte er auf den Appellplatz zurück, wo der diensthabende SS-Mann mit der Zählung schon begonnen hatte. Die Ankunft des Nachzüglers brachte ihn aus dem Konzept; so herrschte er den kleinen weißhaarigen Mann barsch an und erkundigte sich nach dem Grund für seine Verspätung. Delestraint antwortete ihm, indem er Haltung annahm, worauf der SS-Mann ihn nach seinem Berufsstand fragte: Sei er etwa beim Militär gewesen? Jawohl, Berufssoldat. Und welcher Dienstrang? wollte der SS-ler noch wissen. Als der Unterscharführer die Antwort »Armeegeneral« vernahm, zuckte er merklich zusammen. Delestraint hätte wohl besser getan, die Wahrheit zu verschweigen, doch lag ihm das völlig fern. Der SS-Mann machte über den Vorfall Meldung bei seinen Vorgesetzten, denen die Sache seltsam erschien. Der Lagerkommandant ließ General Delestraint zu sich rufen und unterzog ihn einem Verhör, in dessen Verlauf es sich herausstellte, daß General de Gaulle im Jahr 1940 unter Delestraints Befehl gestanden hatte. Wahrscheinlich erstattete auch er seiner vorgesetzten Dienststelle Bericht, denn ein paar Stunden später kam aus Berlin (vom RSHA) der Befehl, General Delestraint sei in den »Ehrenbunker« zu verlegen. In dieser Baracke, die außerhalb des eigentlichen Lagers in der Nähe der Bordellbaracke und des Desinfektionskommandos lag, hausten Persönlichkeiten, die aufgrund ihres gesellschaftlichen Rangs, ihres Bekanntheitsgrades oder des besonderen Schutzes, den ein Mächtiger des Regimes ihnen angedeihen ließ, über der breiten Masse der Häftlinge standen; entweder wollte man ihnen eine Vorzugsbehandlung einräumen oder man hielt es für angebracht, sie von den anderen zu isolieren, und oft geschah dies aus beiden Gründen. Der dienstälteste und zugleich bekannteste Insasse des Ehrenbunkers war übrigens lange Zeit Pastor Niemöller. Hier haben auch die aus dem Ehrenbunker von Buchenwald evakuierten Persönlichkeiten ein paar Tage oder Wochen verbracht, so der österreichische

Exkanzler Schuschnigg sowie Léon Blum und einige Verwandte der »Verschwörer« des 20. Juli, die man aus Ravensbrück hierher verlegt hatte. Noch vor dem Eintreffen der Amerikaner wurden alle diese »Prominenten« auf die Reise geschickt und erlangten ihre Freiheit erst nach etlichen, mehr oder weniger aufregenden Fahrten und Abenteuern in einem Hochtal Südtirols.

Sobald er in den Genuß der verfügten Vorzugsbehandlung gekommen war, verschwand »unser« General völlig aus unserem Blickfeld. Wie es ihm ging, erfuhren wir nur noch durch befreundete Ärzte oder durch Kameraden, die im Desinfektionskommando arbeiteten. Der General langweilte sich ein wenig; er sprach gut deutsch, doch im Ehrenbunker gab es nur wenige Franzosen, dort herrschte kein wirkliches Vertrauen, keine echte Redefreiheit. Es mag sein, daß er ein wenig auch dem fröhlichen und undisziplinierten Überschwang seiner jungen Freunde im Lager nachtrauerte. Im Ehrenbunker war die Ernährung zwar etwas besser, und wie allen Ehrenhäftlingen wurde es auch ihm erlaubt, die Haare wachsen zu lassen. Uns fehlte er sehr; wir mußten nunmehr darauf verzichten, von einem der besten Kenner der militärischen Praxis unserer Zeit noch mehr über die Kunst der Strategie zu erfahren, mit der wir uns als Schriftsteller, Sprachwissenschaftler, Priester und Historiker bisher nur sehr wenig beschäftigt hatten. Wir bedauerten vor allem, daß wir ihm keinen Schutz mehr gewähren konnten, denn als Alteingesessene waren wir mit den Besonderheiten des Lagerlebens bestens vertraut und wußten, daß man ohne Kenntnis der Losungsworte darin verloren war. Doch bald kamen neue Sorgen auf uns zu, denn das Ende des Krieges rückte immer näher und damit der Augenblick, da die SS vielleicht versuchen würde, die Lager und mit ihnen alle Häftlinge aus der Welt zu schaffen. An einem Aprilmorgen bekam ich zur Ablage in der Lagerkartei den Totenschein des Häftlings Delestraint, der, wie es hieß, an »Herzversagen gestorben« war. Das war neben »Kreislaufkollaps« die von der Lagerverwaltung meistbenutzte Bezeichnung, um einen gewaltsamen Tod zu vertuschen. Schon am nächsten Tag erfuhren wir – und nach dem Krieg wurde dies auch durch Zeugen bestätigt –, daß unser General auf Befehl aus Berlin erschossen worden war. Vom Jourhaus, wohin man ihn gerufen hatte, wurde General Delestraint zum Erschießungsplatz geführt, einem Sandhaufen in unmittelbarer Nähe der Gaskammer und des Krematoriums, keine fünf Meter entfernt vom Zaun des Häftlingslagers. Der »Chef General de Gaulles« mußte sich entsprechend den Lagerbestimmungen nackt ausziehen, weil die Kleider weiter genutzt werden sollten, und wurde von einem SS-Mann erschossen, dessen Namen ich nie erfahren habe.

Der Ausflug

Es war an einem warmen, milden Frühlingstag, die Mittagssonne hatte die Landschaft um uns herum zu neuem Leben erweckt, und Unterscharführer Beimling führte uns wieder einmal zu unserer Arbeit. Er war ein junger Mann von schlichtem Aussehen und ruhiger Art; zu den Häftlingen unseres Kommandos hatte er kaum Kontakt, und wir selbst wußten nicht viel über ihn.

Seine Aufgabe bestand vor allem darin, unsere Gruppe am Hauptportal vor dem Jourhaus zu übernehmen und zweihundert Meter weiter zur Politischen Abteilung zu begleiten, wo er sie später wieder abholte, um sie ins Lager zurückzubringen. Er hatte keinen von uns jemals mißhandelt.

Er mußte um die fünfundzwanzig Jahre alt sein. Eine Krankheit, die er sich in Rußland zugezogen hatte, bewahrte ihn vor den Unbilden der Front. Er war groß, blond, breit gebaut und etwas dickleibig, und seine vorstehenden, meist mißtrauisch blickenden Augen konnten unvermittelt einen Ausdruck echter Herzlichkeit annehmen. Ein Mensch von großer Intelligenz war er wohl nicht.

Aber er gehörte zu jenen, denen es großes Unbehagen bereitete, daß Männer ihnen unterstellt waren, die als Häftlinge den SS-Leuten absoluten Gehorsam zu leisten hatten und doch weit gebildeter waren als sie. Dabei war er als Kleinbürger außerstande, im Rahmen irgendeiner Rechtsordnung die Gesetze zu verletzen. Aus dem Zögling einer SS-Schule hatte die Krankheit einen KZ-Aufseher gemacht. Der Militarismus paßte ihm nicht – oder nur so wie eine zu weite Uniform.

Er war ein guter Ehemann und liebte wie die anderen SS-ler schmutzige Witze, doch bewies er dabei keinerlei Phantasie. Er beteiligte sich auch an den Furzwettkämpfen, aber ohne die Ausgelassenheit der »alten Kämpfer«. Eine Bombe hatte zwei Tage zuvor das Haus zerstört, das er mit seiner jungen Frau in Allach, einer Kleinstadt zwischen Dachau und München, bewohnte. Als SS-Angehöriger, der im Lager seinen Dienst versah, hatte er eine kleine Ersatzwohnung bei einem Bauern westlich von Dachau zugewiesen bekommen. Auf einem Karren, der vor der Baracke stand, waren ein paar Möbel, Kisten und Koffer mit Sachen und Papieren verstaut, die er aus den Trümmern hatte bergen können. Außerdem hatte er in schwierigen und sicher nicht ganz redlichen Verhandlungen zwei Stühle und einen Tisch aus der Möbelfabrik erstanden, die sich auf dem Gelände des Lagers befand und der Hauptwirtschaftsverwaltung der SS unterstand, die eines der mächtigsten Wirtschaftsorgane des kriegführenden Deutschland war.

Für seinen Umzug hatte Beimling außerdem die Erlaubnis bekommen, einen Häftling unseres Arbeitskommandos mitzunehmen. Es war also halb zwei nachmittags, die kleine Gruppe der Gefangenen war gerade vom Mittagessen zurückgekehrt und hatte sich wieder auf die Arbeitsplätze in der Baracke verteilt, da erschien der Unterscharführer, um sich seinen Sklaven zu holen. Die Sonne brannte auf die blanken Bretter der Barackenwände. Die nach Harz und Backofen riechende Luft wurde immer stickiger. Ich hatte plötzlich große Lust, dieser Sklave zu sein.

Doch erst einmal herrschte Unschlüssigkeit. Der alte Hauptscharführer Geigenscheder wußte nicht, wen er für den Umzug freistellen sollte. Die ganze Sache gefiel ihm nicht, und er wollte nicht einsehen, daß ein anderer als er sich der Häftlinge zu seiner persönlichen Bequemlichkeit bediente. Den einen Häftling fand er für die Aufgabe zu klein, ein anderer war ihm wiederum zu schwach, und der dritte wurde für dringende Arbeiten benötigt. Ich könnte doch mitgehen, hätte ich am liebsten gesagt. Aber der SS durfte man seine Dienste niemals anbieten, auch nicht, um in den Genuß eines Ausgangs zu kommen. Ich ging mehrmals, als sei ich mit dem Ordnen der Kartei beschäftigt, mit langsamen Schritten an der Gruppe vorbei, die über die Wahl des Gehilfen beriet. Schließlich gelang es mir, Beimlings Aufmerksamkeit auf mich zu lenken. »Ach, ich werde den Professor nehmen«, sagte der SS-Mann aufgeräumt. »Du bist doch kräftig genug, Professor, nicht wahr?« rief er mir zu. »Was hast du heute nachmittag zu tun?« – »Ich muß Karteikarten einordnen«, antwortete ich mit gleichgültiger Stimme, während ich vor banger Erwartung zitterte. »Den kannst du nicht haben«, wandte der alte Geigenscheder murrend ein, »ich brauche ihn für die Arbeit hier.« »Aber wir werden schon in zwei Stunden zurück sein, nicht wahr, Professor«, erwiderte Beimling hastig. Ich hatte das Lager noch nie verlassen, und um den anderen nicht zu verstimmen, legte ich nur wenig Überzeugung in meine Antwort, als ich sagte: »Sicher.«

Die beiden widerstreitenden Meinungen drohten, sich plötzlich auf meine Kosten zu versöhnen. Doch es war zu heiß. Der Alte holte sein Taschentuch hervor und wischte sich damit über sein breites, unrasiertes Gesicht. »Nimm ihn mit, deinen gottverdammten Professor«, meinte er dann, während er sich schwer in einen abgewetzten Ledersessel fallen ließ. Wespen flogen summend von einem Blatt zum anderen. »Na los, komm schon, Professor«, sagte der Unterscharführer Beimling.

Durch die Sohlen meiner schweren Arbeitsschuhe spürte ich die Glut der Steine auf den hundert Metern, die wir bis zur Möbelfabrik zurücklegten – ich, indem ich den Karren zog, und Beimling hinter dem Karren herlaufend, mit umgehängtem Karabiner. Stühle und Tisch waren rasch aufgeladen. Ein dicker SS-Unterführer musterte mich mißtrauisch und sagte zu Beimling: »Sieht ja nicht sehr kräftig aus, dein Häftling.« – »Laß mal, das wird schon gehen«, erwiderte der andere, »der Wagen ist auch nicht sehr schwer. Und außerdem: Hast du jemals einen französischen Professor gehabt, um deine Sachen zu transportieren?«

Dann zogen wir durch die Straßen des äußeren Lagers mit seinen Kasernen, Fabriken, Werkstätten, Wasserspeichern, Villen und Geschäften, die auf einem mehrere Kilometer großen Areal im Dachauer Forst gebaut worden waren. Ich zog den Wagen, der in der Tat nicht besonders schwer war. Auch hatte ich mich bei Beimling dafür bedankt, daß er für diesen vertrauensvollen Auftrag an mich gedacht hatte, und mein SS-Mann marschierte zwei bis drei Meter hinter mir her, das lästige Gewehr um die Schulter gehängt.

Nach einer Viertelstunde – in deren Verlauf ich oft die Mütze abnehmen mußte, weil auf der geteerten und sogar hier, mitten im Wald, von Bürgersteigen gesäumten Straße ein reger Verkehr herrschte und die Lagerordnung uns Häftlingen vorschrieb, jeden SS-Angehörigen unabhängig von seinem Dienstrang zu grüßen – kamen wir durch das zweite Tor des Lagers. Beimling mußte seine Papiere zeigen und vermutlich auch die Erlaubnis, einen Häftling aus dem Lager zu führen.

Draußen reihten sich rechts und links von der Straße kleine Villen und Einfamilienhäuser, bis hin zu den Randsiedlungen von Dachau. Zum erstenmal sah ich den Weg wieder, den ich in einer Art Betäubung zurückgelegt hatte, den Kopf voll wirrer Bilder; den ich am Tag unserer Ankunft, am 5. Juli 1944, als unser »Todestransport« hier zu Ende gegangen war, wie durch einen Schleier wahrgenommen hatte.

Wir hatten jetzt März, und dies war mein erster Gang

außerhalb des Lagers, meine erste Wiederbegegnung mit der Außenwelt, der »normalen« Welt, deren Existenz allmählich in Vergessenheit geraten war; so überkam mich eine Art Entrückung und eine sonderbare Verwirrung, als ich die Menschen und Dinge um mich herum wahrnahm und sah, wie alles lebte und sich bewegte in einer Normalität, die für mich unnormal geworden war. Die wirkliche Normalität, das war das Lagerleben geworden.

Niemand sah uns an. Frauen, Uniformierte, Kinder und Greise – aber keine erwachsenen Männer in Zivil – gingen ihrer Wege oder verrichteten ihre Arbeit. Ein Gespann wie das unsere war wohl kein so seltener Anblick. Nach einiger Zeit verließen wir kurz vor Dachau die Straße, bogen in einen Feldweg ein, der über Wiesen führte, etwas nördlich der Stadt, die man linker Hand sehen konnte. Das massiv wirkende Schloß, das eher an ein großbäuerliches Anwesen erinnerte als an einen Fürstensitz, beherrschte wie eine Festung die von hohen Bäumen gesäumte, sumpfige Talebene der Amper. Man bekam eine Vorstellung vom ländlichen Reiz dieses alten Marktfleckens, der in den Jahren zwischen 1890 und 1930 zahlreiche Künstler, vor allem Maler, angelockt hatte, so daß Dachau damals zu einer Art bayerischem Barbizon* im riesigen Dachauer Moos geworden war, das sich mit seinen Wäldern und fetten Weiden, seinen Teichen und den für den Menschen tückischen Tümpeln bis zum Horizont erstreckte.

Auf dem kleinen Feldweg begegnete uns keine Menschenseele; Beimling gab seine martialische Haltung auf, legte seinen Karabiner auf den Wagen und begann zu schieben, damit ich mich nicht mehr so anstrengen mußte. »Sachte, sachte«, sagte er, »überansträng' dich nicht.« Die strahlende, fast grelle Frühlingssonne zeichnete in kräftigen

---

* Die »Schule von Barbizon« (bei Fontainebleau) war eine um 1850 entstandene Malerkolonie. Anm. d. Red.

Zügen die Konturen der Landschaft, die harten Trennlinien zwischen den Weiden und den dunklen Tannenwäldern, die hohen, einzelnstehenden Bäume auf den Wiesen – meist Buchen –, die sich schon mit einem Hauch von Grün bedeckten. Der Weg überquerte immer wieder kleine Wasserläufe, die zwischen flachen Ufern und hohem Gras munter und eilig dahinplätscherten. Am Horizont die wellige Staffelung von Bergen, Wäldern und Hainen; hier und da stach hinter einem Hügel die Spitze einer Dorfkirche wie ein dunkler Pfeil in das Blau des Himmels. Alles schien auf unbeschreibliche Weise unberührt zu sein, die Zeit schien stillzustehen, und mir war, als weilten wir Jahrtausende weit weg von den Ruinen, die ich gerade erst im SS-Lager gesehen hatte, Jahrtausende weit weg sogar vom Lager selbst.

Während Beimling nach Kräften den Karren schob (er war gut einen Kopf größer als ich und wog sicherlich zweimal soviel wie ich), eröffnete er ein Gespräch.

Er klagte über den Verlust seines Hausrats, den er in diesem sechsten Jahr des Krieges wohl nicht mehr werde ersetzen können. Seine Frau arbeitete, Gott sei Dank, in München; so hatte sie beim Fliegeralarm nicht mehr nach Hause fahren können. Die Nacht hatte sie in einem der sicheren Luftschutzbunker verbracht, und die gab's ja nur im Zentrum der Stadt; sonst wäre sie unter den Trümmern des Hauses begraben worden. Für die kleinen Leute wie er würde aber trotz aller Beteuerungen des Gauleiters nicht allzuviel unternommen.

Er könne sogar froh sein, daß man ihm die beiden kleinen Zimmer in diesem Dorf vermittelt hatte, wo er keine Bombenangriffe mehr befürchten mußte. »Die Unseren fliegen keine Einsätze mehr, Professor, und da wir die Lufthoheit verloren haben, sind wir praktisch schon besiegt. Die können sagen, was sie wollen, Deutschland ist erledigt...«

Er schob den Wagen so kräftig, daß ich mich kaum noch anstrengen mußte. Wir kamen durch sumpfiges Gelände. Hier gab es Vögel, viele verschiedene Arten, die sehr laut sangen und eilig hin- und herflogen. Ein leichter Wind bewegte das Schilf. Diese kleine Welt hatte nicht aufgehört, in Frieden zu existieren – und Beimling beharrte auf seinem verlorenen Krieg.

Er war auch ein paar Wochen in Frankreich gewesen, und ich durfte mir ein Lied über Paris anhören, das, wie abgedroschen es auch sein mochte, bei ihm ehrlich klang. Als Sohn von Kleinbürgern eines fränkischen Marktfleckens, als arm gebliebener Eroberer und disziplinierter Soldat auf Urlaub hatte Beimling eine Art Schock erlebt, als er in der riesigen Hauptstadt eine so große Mannigfaltigkeit von Lebensformen erahnte, die er mit seinem Verstand nicht zu fassen vermochte. »Euch geht es gut«, sagte er im Ton einer nüchternen Feststellung und ohne jede Spur von Neid, »und ihr habt Glück. Während wir uns in Rußland die Zehen abfrieren, schiebt ihr zu Hause eine ruhige Kugel oder kommt schlimmstenfalls als Kriegsgefangene auf einen Bauernhof hierher, wo man euch im allgemeinen gut behandelt und zu essen gibt. Und jetzt wird euer de Gaulle sogar noch dafür sorgen, daß ihr am Ende unter den Siegern seid.«

»Aber weißt du, Professor, mir ist das völlig egal«, fuhr er fort; »ich habe mich nie um Politik gekümmert, aber es wird für mich schwer sein, einen Beruf zu finden, denn seit ich siebzehn war, bin ich Soldat, und gelernt habe ich nichts. Mir ist's egal, aber euer de Gaulle, der ist jemand.« – »Meinen Sie, Herr Unterscharführer?« wandte ich vorsichtig ein, um nicht in die Falle zu gehen, die er mir vielleicht stellte. – »Hahaha!« lachte Beimling laut los, »spiel doch nicht den Dummen. In Frankreich haben sie dich als Terrorist geschnappt und hierhergeschickt, also bist du für den de Gaulle gewesen. Aber mir ist's egal; als Franzose wäre ich sicher auch für de Gaulle gewesen. Sag was du willst, ihr habt jedenfalls Glück.«

Der Wagen lief wie geschmiert, die frisch geölten Räder quietschten nicht! Das Armeeöl... für Zivilisten gab es keines mehr seit 1939. Bei dem Tempo, das wir vorlegten, um auf dem ansteigenden Weg den erhöhten Rand des sumpfigen Geländes zu erreichen – wahrscheinlich handelte es sich um eine Moränenaufschüttung, die während des Rückzugs der Alpengletscher entstanden war und von denen es in Oberbayern so viele gibt, daß sie der Landschaft weit und breit das Gepräge geben –, waren wir in knapp zwei Stunden im Dorf, in dem Beimling ein provisorisches Zuhause gefunden hatte.

In Sichtweite der ersten Häuser hatte mein Herr sein Gewehr wieder an sich genommen und seine Kleidung in Ordnung gebracht; er lief jetzt drei Meter hinter dem Wagen her, den ich nach Kräften zog. Die Häuser waren groß und behäbig, besaßen zwei bis drei Stockwerke und waren alle mit Balkonen und Galerien aus Holz versehen. Die langgestreckten, breiten Gebäude vereinten unter einem Dach den Wohnteil, mit Blick zur Straße, die Stallungen im Mittelteil und die Scheuer im hinteren Teil.

Auf dem Dorfplatz erhob sich ein mit den bayerischen Nationalfarben Blau und Weiß geschmückter Maibaum, und gleich dahinter stand das Wirtshaus. Das Aushängeschild gab kund, daß der Wirt hier zugleich der Metzger war. Beimling ließ mich anhalten: »Warte hier auf mich«, sagte er und ging auf das Wirtshaus zu. Ich zog meinen Wagen in den Schatten, setzte mich auf die Deichsel und ließ die Beine baumeln. Trotz der Schwere meiner Arbeitsschuhe taten mir die Füße nicht weh. Frauen und Kinder gingen vorüber und schienen von mir keine Notiz zu nehmen. Ein Huhn verkündete mit stolzem Gackern, daß es soeben seine Pflicht getan hatte; irgendwo grunzte ein Schwein. Der Krieg hatte hier nie stattgefunden. Plötzlich sah ich einen französischen Kriegsgefangenen in einer alten, zerschlissenen Uniform, mit dem aufgenähten »KG« der Knechtschaft auf dem Rücken.

»He du, Franzose!« rief ich ihm leise zu; der KG zuckte zusammen. »Bist du Franzose?« fragte er mich und warf einen raschen Blick in die Runde. »Es darf hier niemand sehen, daß ich mit dir rede; das ist streng verboten; sonst schicken sie mich auch ins KZ. Hältst du es durch?« – »Ja«, sagte ich zu ihm. »Ihr wißt also Bescheid? Hast du ein Stück Brot für mich?« Er kramte in seinen Taschen und holte einen dicken Kanten hervor, den er mir gab. »Nimm das, ich arbeite auf einem Bauernhof; der Besitzer ist in russischer Kriegsgefangenschaft, ich werde anständig behandelt, sozusagen als Gegenleistung. Mach's gut, da kommt gerade dein SS-Mann zurück.«

Beimling war soeben in der Tür des Wirtshauses erschienen, und während der KG sich eilig entfernte, winkte er mich zu sich heran. In der Hand hielt er ein Seidel Bier, einen großen Tonkrug, der gut seine zwei Liter faßte. »Trink das«, sagte er zu mir, »du hast sicher Durst. Das ist zwar verboten, aber da ich dich nicht hineinbringe... Das Bier ist nicht mehr das, was es früher war.« Diese Meinung konnte ich nicht teilen. Noch nie im Leben war mir ein Bier so köstlich, so erfrischend, so berauschend erschienen. Ohne abzusetzen und ohne Luft zu holen, leerte ich in einem Zug die Hälfte der Maß mitsamt dem Schaum. Das alles gab es also noch, wir hatten es nur vergessen: den Frühling, die Feldwege, frisches Bier. Fast ebenso gierig trank ich den Rest des Seidels aus. Dieses arme Kriegsbier hatte einen Geschmack nach wildem Honig.

»Und hier ist deine Brotzeit.« Beimling reichte mir ein in Zeitungspapier eingewickeltes Paket. Brotzeit, das war das, was man im Lager, wahrscheinlich auch in den Fabriken, während einer Arbeitspause am Vormittag oder Nachmittag, also zwischen den Hauptmahlzeiten, als Essen zu sich nahm. Man machte Brotzeit, man aß seine Brotzeit. Die Alltagssprache hatte die Bezeichnung für die arbeitsfreie Pause des freien oder unfreien Arbeiters auf den Gegenstand selbst ausgedehnt. »Du wirst es später essen, wenn wir hier weg sind.« Es sollte niemand sehen, daß ein Häftling ziviles Brot aß, das Beimling wahrscheinlich ohne Lebensmittelkarte bekommen hatte.

Das Haus, in dem die Familie Beimling künftig wohnen sollte, befand sich am anderen Ende des Dorfes. Bevor man hineingelangte, kam man durch einen großen Gemüsegarten, in dem die ersten Frühlingsblumen blühten. Der SS-Mann und sein Häftling hatten im Handumdrehen die wenigen Möbel und Habseligkeiten, Überbleibsel einer früheren Existenz, in den zweiten Stock geschafft. Die Bäuerin, ihre Kinder und ihre Gefangenen waren offenbar auf dem Feld. Wir sahen niemanden außer einem alten Hund, einem nicht ganz reinrassigen Bernhardiner, der uns zur Begrüßung die Hand leckte. Nach getaner Arbeit setzte sich Beimling auf die Bank vor der Tür und ich mich auf den Karren. Er zündete sich eine Zigarette aus demselben schlechten ukrainischen Tabak an, den man uns im Lager verkaufte, und bot auch mir eine an. Wir rauchten schweigend. »Für meine Frau wird es nicht leicht sein«, sagte Beimling, nachdem er eine ganze Weile voller animalischem Wohlbehagen seinen Gedanken nachgehangen hatte. »Wenn sie um acht Uhr in München auf ihrer Arbeit sein will, muß sie um fünf aufstehen und fast eine Stunde mit dem Rad bis zum Bahnhof Dachau fahren, aber das ist immer noch besser als die Bombenangriffe.«

Wir brachen auf. Der Wagen holperte federleicht über den Weg. Als wir nach einer Wegbiegung außer Sichtweite des Dorfes waren, hielten wir auf einer kleinen Brücke aus einfachen Rundhölzern an, die an der Seite mit starken Brettern zusammengenagelt waren. Beimling zog seine Schuhe und die dicken Wollsocken aus und steckte die Füße ins rasch fließende Wasser. Ich tat es ihm gleich. Das Wasser war kalt und unbändig, und ich spürte den Biß am ganzen Körper. Meine Füße hin und her bewegend holte ich das Paket hervor, das Beimling mir gegeben hatte. Das sorgsam zusammengefaltete Zeitungspapier verschwand in meiner Tasche. Vielleicht standen wertvolle Informationen darauf, die ich an die Kameraden weitergeben konnte.

Das frisch gebackene, würzige Landbrot mit der dunklen Krume und braunen Kruste wurde für mich zu einem himmlischen Schmaus. Seit gut vier Jahren hatte ich nichts derart Köstliches mehr gegessen. Das Kommißbrot, das man uns im Lager in dürftigen Rationen zuteilte, verdiente nicht, den Namen Brot zu tragen. Der Wirt hatte zwischen die dicken Brotscheiben vier Scheiben Wurst gelegt, die zwar mehr der Kunst der Chemiker von IG-Farben verdankte als dem Fleisch eines Schweines, mir aber vorzüglich mundete. Gründlich kauend gab ich mich meinem Genuß hin. Beimlings Gesprächsstoff hatte sich erschöpft. Unsere Rückkehr ging ziemlich schnell vonstatten, doch es war schon später Nachmittag, als wir am Jourhaus eintrafen; die Arbeitskommandos kehrten gerade ins Lager zurück. Beimling reichte dem wachhabenden Unterführer meinen Passierschein, ich riß meine Mütze vom Kopf und ging, indem ich aus vollem Halse »ein Häftling zurück« brüllte, im Gleichschritt durch das Lagertor. Auf dem Appellplatz sammelten sich schon die Häftlinge. Hier verlief das Leben in gewohnten, sehr engen und genau festgelegten Bahnen. Nach meinem Ausflug in die verwirrende weite Welt hatte ich plötzlich das Gefühl, wieder zu Hause zu sein.

Die Rettung der Lagerkartei

In den drei bis vier Wochen, die der Befreiung des Lagers vorausgingen, geriet die Ordnung, die den Ablauf unseres Alltags regelte, immer mehr ins Wanken. Die Gründe dafür blieben uns ebenso verborgen wie Herkunft und Inhalt der Verfügungen, die zu diesen Veränderungen führten, und doch waren wir bemüht, deren tieferen Sinn zu erfassen, um im Rahmen unserer Möglichkeiten die richtigen Antworten darauf zu finden. Erfahrene Mithäftlinge und Kameraden, die in ständiger Berührung mit der inneren und äußeren Verwaltung, mit Verantwortlichen aus dem Kreis der Gefangenen oder der SS lebten, wußten, daß unerwartete Geschehnisse meist furchtbare Gefahren in sich bargen. Im Lauf der Jahre hatten die Zwänge der Kriegswirtschaft und die zähen Anstrengungen der inhaftierten »Elite« auf den örtlichen wie auf den höchsten Verwaltungsebenen der SS zur Herausbildung von amtlichen oder halbamtlichen, verbindlichen oder ungeschriebenen Regeln geführt, die in einem Konzentrationslager wie Dachau die Willkür und den Zufall in ihrer Wirkung einigermaßen abmilderten, ohne sie jedoch ganz ausschließen zu können. Dieses aus Stillschweigen und Anspielungen feingesponnene Netz konnten natürlich nur die »führenden« und »besitzenden« Minderheiten begreifen und beherrschen, jene also, die Macht und Wissen besaßen. Zwischen der Fähigkeit, die Verhaltensnormen einer Gemeinschaft zu begreifen und richtig danach zu handeln, zumal die geringste Fehleinschätzung tödlich sein konnte – sowohl für den, dem sie unterlief, als für jene, deren Schicksal von ihm abhing, ja, sogar für zahllose Häftlinge, deren Namen und Daseinsbedingungen er nicht kannte –, zwischen dieser Fähigkeit und dem Besitz von Macht gab es eine unmittelbare Wechselwirkung. Das Wissen um die Regeln und deren genaue Befolgung waren zwar die Voraussetzung für die Erlangung von Macht, doch allein der Besitz von Macht oder die Verbindung zu jemandem, der Macht besaß, gaben einem die Möglichkeit, solches Wissen zu erwerben und zu benützen.

Das Näherrücken der Kampfhandlungen und das baldige Ende des Krieges leiteten in den Lagern eine neue Phase höchster Unsicherheit ein.

In den aufgeklärten Minderheiten wuchs die Unruhe und breitete sich von diesen zentralen Gruppen auf die gesamte Gemeinschaft der KZ-ler aus.

Als Ende März die Order kam, die Arbeitskommandos nicht mehr ausrücken zu lassen, wurde dies als ein besonders alarmierendes Zeichen gewertet. Die für die nazistische Kriegswirtschaft unerläßliche Arbeitskraft der Häftlinge hatte Reformen möglich gemacht, die während der letzten ein, zwei Jahre in vielen Lagern die Lebensbedingungen zumindest eines Teils der Insassen verbessert hatten. In Dachau hatte die Gesamtheit der Inhaftierten profitiert und lebte in einer relativen Sicherheit. Solange der SS-Staat unsere Arbeitskraft brauchte, hatte die systematische Ausbeutung der Häftlinge ein gewisses Gegengewicht geschaffen zur geplanten Vernichtung der Regimegegner und der »Untermenschen«. Da man nun auf die Ausbeutung unserer Arbeitskraft wieder zu verzichten schien, konnte dies nur bedeuten, daß man uns nicht mehr brauchte, weil man aufgehört hatte, für den Krieg zu produzieren. Vielleicht befürchtete man jetzt sogar, Häftlinge könnten rebellieren und bei schwierigen und gefährlichen, schwer zu überwachenden Einsätzen fliehen und Banden entflohener Ausländer bilden, die das Chaos im Lande durch Raubzüge und Racheakte noch vergrößern würden. Das Ausgangsverbot betraf sowohl die in den Industriebetrieben beschäftigten Arbeiter als auch die Männer der Arbeitskommandos in der Verwaltung, die unmittelbar der SS unterstanden. Ich war mit meinen Kameraden vom Kartei-Kommando in der »politischen Abteilung« ebenfalls arbeitslos geworden.

Diese unfreiwilligen »Ferien« dauerten mehrere Wochen und waren mit Gesprächen und Debatten angefüllt, mit Spaziergängen und Lesestunden. Ich nutzte diese Zeit auch, um aktiver an der Aufstellung des französischen patriotischen Komitees mitzuwirken und um meine Kontakte und meine Freundschaft zu Edmond Michelet zu vertiefen. Früher hatte ich durch meine Arbeit in der Lagerkartei die meiste Zeit außerhalb des Lagers verbracht; nur an den Abenden und an Sonntagen konnte ich versuchen, auf die Vorbereitungen und Ereignisse einzuwirken; das geschah natürlich auch mit Hilfe von Freunden »ohne Kommando«, wie Jean Sussel und Gaston Gosselin. Das war eine aufregende, aber auch an den Nerven zerrende Zeit, in der wir hin- und herschwankten zwischen den wildesten Hoffnungen und den schwärzesten Befürchtungen. Mal träumten wir vom Empfang, den Paris uns bereiten würde, mal erfaßte uns eine jähe Furcht bei dem Gedanken, alles könnte durch Flammenwerfer in dem Augenblick vernichtet werden, da die Freiheit uns ihre ohnmächtigen Arme entgegenstrecken würde.

Eines Morgens, als ich gemütlich lesend in der Sonne saß, kam der Blockschreiber angerannt und rief mir zu: »Citron, Citron, du sollst sofort zum Jourhaus kommen, man braucht dich beim Kommando.« Er fügte noch hinzu, der Befehl gelte auch für die anderen Männer, die mit mir in der Lagerkartei gearbeitet hätten, für den kleinen B. »Tristan« also, den jüngsten unter den »überspannten Intellektuellen«, den Slowenen Peric und den Deutschen

Hoffmann, einen alten Sozialdemokraten aus Karlsbad, Freund aller Tiere, der, wie bekannt, nicht einmal seine Läuse töten wollte und wohl zu Recht für einen harmlosen Spinner gehalten wurde.

Dieser unerwartete Befehl verhieß nichts Gutes. Kaum vorstellbar, daß am Vorabend des allgemeinen und endgültigen Zusammenbruchs ein führender SS-Mann das große Werk der phonetischen Transkription der zentralen Lagerkartei, die beim Buchstaben »K« stehengeblieben war, doch noch vollenden wollte. Wenn man uns nach einer Pause von mehreren Wochen wieder aufrief, dann sicher nicht, damit wir unsere gewohnte Arbeit wiederaufnahmen. Als »Schreiber« der Politischen Abteilung hatten wir, ungeachtet der bescheidenen Aufgabe, die uns anvertraut war, und obwohl wir stets eine ostentative Gleichgültigkeit zur Schau trugen, willentlich oder nicht, Kenntnis von vielen Dingen, von allzu vielen Dingen, bekommen und waren damit »Geheimnisträger« und Zeugen, die unbequem werden konnten. Gebot da nicht die Vorsicht, uns verschwinden zu lassen? Unsere Herren waren nicht so töricht, unseren Unschuldsmienen Glauben zu schenken, sie vermuteten, daß wir über vieles im Bilde waren und daß wir an den Türen horchten, womit sie nicht einmal unrecht hatten; in der Tat, wir kannten die Geheimnisse der SS-Welt weit besser als die meisten von ihnen, die letztlich nur ungebildete Söldner waren. Wenn sie sich vor der Abrechnung der Sieger fürchteten, dann hatten sie allen Grund, die potentiellen Belastungszeugen, die wir waren, zu beseitigen. Diese Kartei – unser Werk –, die so viele tödliche Geheimnisse in sich barg, lesbar für jene nur, die darin zu lesen wußten (und wer konnte besser darin lesen als wir, deren Hilfe selbst die SS brauchte, um ihre papierne Sphinx zu befragen), erschien mir mit einem Mal wie eines jener germanischen Fürstengräber, in denen man zuweilen neben den Körpern der Verstorbenen die geopferten Reste ihrer Frauen und Pferde findet, aber auch die ihrer Sklaven, die einst die Gruft bauten. In der Feuersbrunst, die sie entfacht hatten, wollten die Nazi-Führer, auch wenn sie nicht an ein Jenseits glaubten, in das Nichts, das sie erwartete, unzählige Gegner und Diener mit hineinziehen; diese hätten dann wenigstens nicht die Genugtuung, sie zu überleben.

Während mir diese Gedanken durch den Kopf gingen, machte ich mich auf die Suche nach Pater Sommet, einem befreundeten Jesuiten, der oft an den gemeinsamen Mahlzeiten der »überspannten Intellektuellen« teilgenommen hatte. Ich fand ihn in einer Stube des Priesterblocks, in sein Gebetbuch vertieft. Rasch setzte ich ihn ins Bild; auch er war der Meinung, daß man auf das Schlimmste gefaßt sein sollte. Mit leiser Stimme legte ich bei ihm eine allgemeine, wohl eher summarische Beichte ab; er gab mir die Absolution und umarmte mich.

Er war, um die Wahrheit zu sagen, noch nicht zum Priester geweiht worden, doch in Anbetracht der Ausnahmesituation, in der wir uns befanden, waren wir beide der Überzeugung, daß der Ritus, den wir vollzogen hatten, einen hohen Wert besaß.

In der mit Menschen gefüllten Stube, wo jeder auf kleinstem Raum mit irgend etwas beschäftigt war, war unser Tun von niemandem bemerkt worden. Die Zeit eilte. Ich verließ Block 26 und ging zu meinem Block 8 zurück, wo die Freunde in meiner Abwesenheit vergeblich über einen Ausweg nachgedacht hatten. In der begrenzten Welt des Häftlingslagers, das mit seinen fünfzehn Wohnbaracken eine Fläche von nur zweihundert auf vierzig Meter bedeckte, gab es kein sicheres Versteck. Zur Not hätte man mich als schweren Typhusfall in einem der Revierblöcke verschwinden lassen können, doch eine solche Aktion erforderte eine längere Vorbereitung und die Mitarbeit einer ganzen Gruppe von Ärzten und Pflegern, die nur auf dem Wege umständlicher Verhandlungen zu erzielen war. In den wenigen Minuten, die uns blieben, konnte nichts mehr unternommen werden. Also nahm ich von meinen Kameraden Abschied; die Worte der Ermutigung, die sie mir sagten – »die brauchen euch doch, um ihre Karteikarten zu finden, weil sie das allein nicht schaffen« –, klangen nicht besonders überzeugend. Sie klopften mir kameradschaftlich auf die Schulter, und ich machte mich auf den Weg zum Jourhaus; erst durch die »Lagerstraße« mit ihren Pappeln, hinter denen sich beiderseits die Blöcke reihten, die unsere kleine Welt darstellten. Dann ließ ich die letzte Baracke hinter mir, in der sich die Lagerschreibstube und der Arbeitseinsatz befanden (hier wurden die Einsatz- und auch die Transportlisten aufgestellt), und lief diagonal über den weiten Appellplatz zum Jourhaus hinüber, wo ich mich am Schalter meldete. B., Peric, Hoffmann und die anderen trafen fast zur gleichen Zeit ein. Hauptscharführer Schüssler erwartete uns schon. Wir hatten ihn seit fast vier Wochen nicht mehr gesehen; obwohl er unseren Gruß erwiderte, als hätten wir uns gestern erst getrennt, kam er mir abgemagert und gereizt vor. Als er uns zur Holzbaracke der Politischen Abteilung hinüberführte, die so viele Monate hindurch unsere Arbeitsstätte gewesen war, schlug seine Krücke bei jedem Schritt hart auf dem Boden auf. Innen bot sich uns ein unerwartetes Bild: Im großen Karteiraum waren Dutzende von weißen Holzkisten übereinandergestapelt. »Also«, sagte Schüssler, der während des ganzen Weges kein Wort gesprochen hatte, »ihr wißt, daß der Krieg in der großen, gut ausgebauten Alpenfestung weitergeführt werden soll. Das ganze Lager muß geräumt werden. Wenn wir dort angekommen sind, werden wir natürlich unsere Kartei brauchen, und da die neue noch nicht fertig ist, werdet ihr dort eure Arbeit daran zu Ende führen. Jetzt müßt ihr erst einmal alles in diese Kisten packen und dabei jede Unordnung und jede Verwechslung vermeiden. Die Karteikarten müssen in streng phonetischer Ordnung in die Kisten getan werden, und zwar so, wie sie in den Kästen abgelegt wurden. Die Möbel werden gesondert verschickt; und das Ganze muß in kürzester Zeit übergeben werden. Ihr werdet natürlich für jeden Fehler und für jede Verwechslung, die euch unterlaufen sollte und die als gezielte Sabotage gewertet würde, verantwortlich gemacht. So, und jetzt macht euch an die Arbeit.«

Die »Schreiber« des Kommandos sahen sich fassungslos an. Nach der Spannung, die uns seit dem Befehl aus dem Jourhaus nicht mehr losgelassen hatte, konnten wir uns trotz der Erleichterung, die wir plötzlich empfanden, nur mühsam davon abhalten, in schallendes Gelächter auszubrechen. Daß unsere Herren noch immer daran glaubten, sie könnten in einem fernen Alpental ihre KZ-Welt wieder aufbauen, diese groteske Vorstellung bewies uns, wie wenig sie imstande waren, ihre Niederlage als eine Tatsache hinzunehmen. Darüber hinaus sollte ihre transportable Hölle weiterhin eine gut organisierte Hölle sein: Ein Konzentrationslager ohne Kartei war für sie unvorstellbar.

Gemäß der empfangenen Befehle machten wir uns daran, die Karteikarten in die Holzkisten zu verstauen, methodisch und mit aller Sorgfalt. Schüssler war hinausgegangen, um Nägel und zwei große Hammer zu holen. Sobald eine Kiste voll war, nagelte er sie zu, wobei er darauf achtete, daß die Nägel auch gerade in das dicke Holz eindrangen. Man merkte ihm an, daß die körperliche Arbeit ihn beruhigte und ihm sogar eine Art Befriedigung verschaffte. Während seiner Abwesenheit – denn er mußte mehrmals hinausgehen, um seinen Nagelvorrat aufzufrischen oder um mit seinen Kollegen etwas zu besprechen – machten sich Peric und B. einen Spaß daraus, ein paar alte Rasierklingen, die hier herumlagen, zwischen die Karteikarten zu stecken. Eine sonderbare Handlung, die zeigt, daß auch wir unsere Mühe hatten, uns von dem geistigen Einfluß der geschlossenen Gesellschaft zu befreien, in der wir eingesperrt waren. Dabei waren wir überzeugt, daß diese Kisten die Alpenfestung niemals erreichen würden und daß sie ganz bestimmt nicht von »unseren« SS-Leuten aufgemacht würden. Wenn sich wirklich jemand an unseren alten Rasierklingen die Finger geschnitten hat, dann war es wahrscheinlich ein Amerikaner oder ein deutscher Helfer, den die Amerikaner mit dem Auspacken beauftragt haben.

Als die letzte Kiste zugenagelt war, blieb uns noch viel Zeit bis zur festgelegten Rückkehr der Arbeitskommandos in das Häftlingslager um elf Uhr dreißig. Wir setzten uns auf unsere ordentlich verstaute Kartei und plauderten, gemütlich paffend, mit unserem Chef. An die Möglichkeit eines Rückzugs in die »Alpenfestung« schien Schüssler jetzt auch nicht mehr zu glauben. Er fragte sich vielmehr, was aus ihm, seiner Frau und seinen Kindern werden sollte. Würden die Amerikaner sie in ihrem kleinen Haus in Ruhe lassen? Und er bat uns um Rat: Sollte er nicht lieber mit seiner Frau und den Kindern zu den Schwiegereltern fahren, weit weg von Dachau? Wir rieten ihm nachdrücklich dazu. »Ihr werdet jetzt bald frei sein«, sagte er zu uns im Ton der Resignation, »und wir werden an eurer Stelle in Gefangenschaft geraten. Aber gebt zu«, fügte er hinzu, »bei mir habt ihr es nicht allzu schlecht gehabt. Ich habe euch doch gerecht behandelt. Ich hoffe, daß man mit mir genauso verfahren wird.« Dem konnten wir nicht widersprechen: Als Chef des Kommandos war er anständig gewesen, ab und zu gab's ein großes Donnerwetter, doch ansonsten war er ein ruhiger, fast höflicher Mensch. Er hat auch niemals die Hand gegen einen von uns erhoben. Wir wußten allerdings, daß er uns ohne Gewissensbisse alle gehängt hätte, wenn er den Befehl dazu bekommen hätte.

Dann kam die Stunde der Rückkehr, und Schüssler führte uns, seinen Krückstock schwingend, zum Jourhaus. Wir sollten ihn nie wiedersehen. Im »Block« warteten voller Ungeduld unsere Kameraden und waren sehr erleichtert, als sie uns wiedersahen. Ich selbst konnte mir kaum vorstellen, daß ich vor ein paar Stunden noch wie ein Schlafwandler zu der Stelle gegangen war, wo, wie ich glaubte, der Tod mit Stundenglas und Sense auf mich wartete. Ich glaube auch nicht, daß ich eine einzige Sekunde daran gedacht hatte, einen Fluchtversuch zu unternehmen oder aufzubegehren und einen meiner Henker mit in den Tod zu ziehen.

Wir saßen da und brachten mit unserer Geschichte von den Kisten, der Alpenfestung und den Rasierklingen unsere Freunde, die im Herzen schon um uns getrauert hatten, zum Lachen. Mir bleibt nur die Erinnerung an einen kurzen Moment, als ich in einer Art innerer Erstarrung den Tod als etwas Unabwendbares hingenommen hatte. Da ich dabei aber voll damit beschäftigt war, einen Fuß vor den anderen zu setzen, kann ich nicht sagen, daß ich nur ein einziges Mal innerlich gegen mein Schicksal protestiert, aufbegehrt hätte.

Erst kommt die Politik

Das Ende des Krieges kam immer näher. Jeder neue Tag lieferte uns den Beweis dafür. Die alliierte Luftwaffe beherrschte den Himmel. Man sah nur noch wenige große Bomber, dafür um so mehr Kampfflugzeuge. Zu den schweren Luftangriffen auf München und Augsburg und auf die Industriewerke von Allach kam jetzt der gezielte Beschuß von Eisenbahnzügen, Lastwagen und sogar Fußgängern hinzu. Bis auf die »Enttrümmerungs-Kommandos«, die jeden Morgen aufbrachen, um Verwundete oder Tote auszugraben und in den Trümmern Wege freizuschaufeln, Brände zu löschen, Bomben und nicht-detonierte Granaten zu entschärfen, durfte kein »Außenkommando« mehr das Lager verlassen. Die auf ein Minimum geschrumpfte Belegschaft der SS – die jüngeren Männer waren an die Front geschickt worden – gab Zeichen der Unruhe von sich und schien in eine Art Passivität verfallen zu sein. Die Häftlinge hingegen bereiteten sich auf die Befreiung vor, und in jeder nationalen Gruppe wurden mehr oder weniger repräsentative Organe geschaffen, deren Aufgabe es sein würde, mit den Befreiern ins Gespräch zu kommen, wobei diese Befreier aller Wahrscheinlichkeit nach nur Amerikaner sein konnten. Aber über diese Amerikaner wußten wir nichts, denn seit der alliierten Landung im Westen waren wir allein auf deutsche Nachrichten angewiesen, die wir hier und da aufschnappten oder die uns erst über mehrere Ecken erreichten. Was wußten sie eigentlich über die Lager, diese Jungs aus Texas und aus Harlem, die als unsere Befreier kamen? Und was wußten sie über uns, über die Häftlinge? Das Konzentrationslager war einerseits eine bis in alle Einzelheiten durchorganisierte Gesellschaft, wie man sie sich schlimmer nicht vorstellen konnte, mit ihren geschriebenen und ungeschriebenen Gesetzen, ihren Machtstrukturen, ihren Hierarchien, ihrem Verhaltenskodex und ihrer Geheimsprache; andererseits war es eine Welt der ständigen Furcht, in der nichts ewig währte, in der die stärkste Machtposition von einem Tag zum anderen zusammenbrechen konnte und der Sturz in die Ohnmacht und schmachvollste Erniedrigung durch die Entscheidung eines SS-Führers blitzschnell der dreistesten Machtfülle folgen konnte. Das Konzentrationslager ist der Prototyp der diktatorischen Gesellschaft oder vielmehr ihre vollendete, extremste Form: Die absolute Unsicherheit hat zur Folge, daß dem mächtigsten Sklaven an der Spitze einer Hierarchie von Sklaven stets der absolute Sturz droht. Daraus ergibt sich sogar ein wichtiger Grundsatz für die Herrschenden: die Macht eines Sklaven niemals zu lange währen zu lassen.

Nun war es soweit, wir sollten neue Herren bekommen. Selbst wenn es das Ziel der Amerikaner war, uns aus der Sklaverei zu befreien, konnten wir uns diese Befreiung nur als den Übergang von der einen Herrschaft in die andere vorstellen, und die nahe Zukunft sollte uns beweisen, daß unsere Phantasie uns nicht völlig getrogen hatte: Da die Amerikaner an die Stelle absoluter Herrscher traten, in einer Situation dazu, die ihnen tragisch, unerwartet und unfaßbar zugleich erscheinen mußte und einem Chaos glich, das ihr Eintreffen und ihre mangelnde Vorbereitung noch vergrößerten, wußten sie sich nicht besser zu helfen – in der ersten Zeit zumindest – als dadurch, daß sie die Macht der SS durch ihre eigene ersetzten und die auf der inneren Autonomie der Häftlinge beruhende Lagerordnung wiederherstellten, wobei der äußere Apparat, von dem alle Macht ausging, diese Ordnung sehr genau kontrollierte und die gewährten Befugnisse jederzeit entziehen konnte.

In Erwartung einer solchen Zusammenarbeit mit unseren künftigen Befreiern bekam die Nationalitätenfrage, die in der Lagergemeinschaft schon immer eine Rolle gespielt hatte, seitdem auch nichtdeutsche Ausländer in großer Zahl das Lager bevölkerten, ein noch bedeutenderes Gewicht. Lange vor dem Schicksalstag vollzog sich hier eine regelrechte Umverteilung der Kräfte und Vorrechte. In der alten Gemeinschaft hatten die deutschen und die österreichischen Häftlinge die erste Rolle gespielt. Selbst als Missetäter waren sie noch ein Teil des Herrenvolkes, und auch die SS kam nicht umhin, eingedenk ihrer eigenen Grundsätze, sie als eine Art Aristokratie der politischen oder kriminellen Unterwelt zu betrachten. Doch gegen Ende des Jahres 1944 verschwanden, im Zuge der Zwangsrekrutierung für die Division Dirlewanger, die meisten wehrfähigen Deutschen und Österreicher aus dem Lager. Polen, Tschechen und Luxemburger nahmen fortan ihren Platz ein, aber nur wenigen Franzosen gelang es, aus der Masse hervorzutreten. Anders als die meisten Polen, Tschechen oder Slowenen, deren Geschichte mit der Deutschlands eng verbunden war, wußten die Franzosen so gut wie nichts über die Deutschen oder über den Nationalsozialismus. Selbst die Widerstandskämpfer waren oft genug von einer erstaunlichen Unwissenheit und Naivität. Die Polen und die Tschechen wußten alles über die KZs, bevor sie selber eingeliefert wurden, die Franzosen wußten nichts. Ein weiterer schwerwiegender Nachteil war ihre Unkenntnis der deutschen Sprache, die die Polen und Tschechen doch recht und schlecht beherrschten: Diese Unkenntnis erschwerte die Verständigung mit den anderen Gefangenen und isolierte die Franzosen in ihrem Nichtbegreifen des Milieus, in das sie geraten waren. Darüber hinaus hatten die Polen und die Tschechen den Franzosen den Verrat von

München und die Niederlage von 1940 nicht verziehen. An die Stelle des hohen Prestiges, das Frankreich bis dahin unter diesen Völkern genossen hatte, war tiefe Verachtung getreten. Hineingeworfen in eine unbegreifliche Welt und mit einer Feindseligkeit konfrontiert, deren Grund sie nicht kannten, waren die Franzosen wirklich auf die Hilfe eines Beschützers angewiesen, und Michelet, der als »alteingesessener« Häftling von der Lageroligarchie respektiert wurde, widmete sich selbstlos dieser Aufgabe, obwohl seine mangelnden Deutschkenntnisse für ihn bis zuletzt ein enormes Handikap bildeten. Als im Juni 1944 der erste Massentransport aus Frankreich eintraf, lief Michelet zu den Quarantäne-Blöcken, um mit Ratschlägen und Erklärungen seinen Landsleuten Mut und Trost zuzusprechen. So wurde er für tausende verwirrter Menschen zu einem wahren Samariter. In unserer solidarischen Freundesgruppe, der er den Namen »überspannte Intellektuelle« gegeben hat (dies war ein freundschaftlicher Titel, den wir uns dadurch erworben hatten, daß wir es gewissermaßen instinktiv ablehnten, auf die bloße Funktion des Häftlings reduziert zu werden), fand er Gesprächspartner und eine Art operativen Stab aufgeweckter und agiler Helfer. Wir versorgten ihn auch (zusammen mit weiteren Freunden, mit manchen Geistlichen beispielsweise) mit Informationen über das, was sich in Frankreich seit seiner Verhaftung ereignet hatte, sowie über die interne Entwicklung der Widerstandsbewegung. Michelet war ein geborener Politiker, und als solcher begab er sich niemals in die völlige Abhängigkeit einer einzigen Gruppe oder »Partei«. Außer uns und seinen Priesterfreunden besaß er noch eine solide Basis unter seinen Landsleuten aus dem Limousin und der Auvergne. Und diese Solidarität schloß gleichfalls aktive Kommunisten mit ein, so daß Michelet eine tiefe Freundschaft mit Männern verband, die sich durch großen Mut und Menschlichkeit auszeichneten, wenngleich sie einem anderen Glauben angehörten. Hierzu zählten unter anderem Auboiroux aus Brives und Marchadier aus Clermont. Als unangefochtener Chef der »Gaullisten« konnte Michelet auf der Grundlage der gegenseitigen Achtung auch zu führenden Kommunisten Beziehungen herstellen und pflegen. Diese Beziehungen sollten, wie wir sehen werden, in seiner späteren politischen »Karriere« noch eine wichtige Rolle spielen...

Edmond Michelet war, wenn schon nicht *der* erste, so doch einer der ersten französischen politischen Häftlinge, die nach Deutschland kamen. Ich kenne zumindest niemanden, der ihm dieses Vorrecht streitig machen könnte. Bevor er in Dachau eintraf, waren die in dieses Lager eingewiesenen Franzosen zumeist Kriegsgefangene, die wegen eines Diebstahls oder einer deutschen Liebschaft den relativ privilegierten Status des Kriegsgefangenen gegen den verachteten und lebensgefährlichen Stand des KZ-Häftlings eintauschen mußten. Oder es handelte sich um Arbeiter, entweder Zwangsverpflichtete des Arbeitsdienstes (STO = Service obligatoire du travail) oder Freiwillige, die aus ähnlichen Gründen den deutschen Behörden aufgefallen waren oder Handlungen begangen hatten, die als »Sabotage« galten (Schludrigkeit, Unpünktlichkeit bei der Arbeit, unerlaubter Versuch, nach Frankreich zurückzukehren, usw.). Es war alles in allem eine Gruppe von vielleicht dreihundert Männern von meist niedrigem Bildungs- und Erziehungsniveau, ohne politisches Bewußtsein und eher undiszipliniert, die nur sehr schlechte Deutschkenntnisse besaßen. Eine solche Gruppe rangierte verständlicherweise auf der untersten Ebene des gesellschaftlichen Prestiges in einer Welt, in der Werte wie Disziplin und Solidarität besonders hoch geschätzt wurden, da sie eine bessere, wenn nicht gar die einzige Überlebenschance darstellten und die wichtigste Grundlage für jede Art von Widerstand gegen die Absichten und Ziele der SS-Bewacher bildeten. Darüber hinaus gefährdeten die disziplinlosen Häftlinge mit ihren Launen und ungereimten Handlungen die Sicherheit anderer Häftlinge und die Arbeitsplätze jener, mit denen sie im gleichen Kommando beschäftigt waren. Denn im Falle von Unruhen oder von Nachlässigkeiten bei der Arbeit – also von »Sabotage« – wurden die Strafen fast immer kollektiv verhängt.

Nach Edmond Michelets Ankunft im Lager wurden führende Leute in der Häftlingshierarchie sehr bald aufmerksam auf diesen prominenten Katholiken und Kämpfer der Résistance, auf diesen Mann von Kultur und Erfahrung.

Nach der massiven antikommunistischen Säuberungsaktion im Sommer 1943 entstand in Dachau eine Art Kondominium, eine »informelle kollektive Führung«, die sich aus österreichischen Sozialisten und Monarchisten, tschechischen Nationalisten der Linie Masaryks und Beneschs, polnischen Priestern und Laien sowie einigen deutschen Katholiken und überlebenden Kommunisten zusammensetzte. Einigen ehemaligen Führern der Zentrumspartei war der Name Michelet und sein Engagement für jüdische und katholische deutsche Flüchtlinge gut bekannt. Sie beschafften Michelet einen Posten, auf dem er der SS nicht auffallen konnte und der ihm zugleich erlaubte, sich in allen Teilen des Lagers frei zu bewegen. Dies galt auch für das normale Krankenrevier (dessen Zutritt nur den dort eingelieferten Kranken und beschäftigten Pflegern erlaubt war) sowie für die Quarantänestation, in der die Neuankömmlinge drei Wochen lang untergebracht wurden (angeblich aus Gründen der Hygiene, aber vor allem, um über ihr weiteres Schicksal zu befinden, zumal sich die Verteilung der »Neuen« auf die verschiedenen Kommandos oder deren Weitertransport in andere Lager angesichts der in Massen eintreffenden Neuzugänge immer schwieriger gestalteten).

Mit einem Pinsel und einem Eimer Kresol in der Hand erschien Michelet, den man dem Desinfektionskommando zugeteilt hatte, bald hier, bald dort, unter dem Vorwand, er müsse die Türklinken oder die Aborte desinfizieren. Durch seine Güte, seine Charakterstärke, seinen Humor und die Zuneigung, die er ohne jede Herablassung und frei von Demagogie jedem Menschen schenkte, sicherte er sich in kurzer Zeit einen unvergleichlichen Einfluß in der bunt zusammengewürfelten, unruhigen und undisziplinierten französischen »Kolonie«. Er wurde zu deren »Chef«, zu einer Art Friedensrichter, der die Konflikte schlichtete und die Gegensätze abbaute; als »Pate« der Gruppe, um die Sprache der Mafia zu benutzen, trat er nach außen als deren Sprecher auf und verbürgte sich für ein Verhalten, das den anderen Gruppen weniger bedrohlich war.

Auch wenn es den Franzosen nicht wirklich gelang, die volle Achtung der länger ansässigen und zahlenmäßig bedeutenderen nationalen Gemeinschaften zu gewinnen, in denen es mehr Vertreter der führenden Schichten und Klassen gab, wurden sie dank Michelets Bemühen doch weniger verachtet. Einige gaullistische oder kommunistische Politiker schlossen sich mit ihm zusammen. Leider sprach Michelet kein einziges Wort Deutsch, und auch seinen engeren Gefährten erging es darin nicht besser. So hatten sie kaum eine Chance, wirklich verantwortliche Posten zu bekommen. Das war einer der Hauptgründe, die Michelet dazu bewogen, unter den tausenden Franzosen, die mit den großen Transporten im Juni und Juli 1944 in Dachau eintrafen, nach Männern zu suchen, die gut Deutsch sprachen, als Widerstandskämpfer Vertrauen verdienten und eine hinlängliche Bildung besaßen, um wichtige Funktionen zu übernehmen. Nachdem er sich von der Echtheit meiner Teilnahme an der Widerstandsbewegung überzeugt hatte, schlug er mich für den Posten des Schreibers in der Politischen Abteilung vor, dem »Allerheiligsten« der Lagerverwaltung. Zugleich brachte er einen jungen Elsässer, Georges Bloch, im »Arbeitseinsatz« unter (der die Außenkommandos und Betriebe mit Arbeitskräften aus dem Lager zu versorgen hatte), wo auch die Transportlisten aufgestellt wurden, die auf die Aussonderung der Kranken, Arbeitsunfähigen und Alten hinausliefen, derer man sich entledigte, indem man sie an einen unbekannten Bestimmungsort schickte. G. Bloch verständigte uns über die neu angelegten Listen und signalisierte uns die Namen jener Kameraden, deren Verbleib im Lager für uns wichtig war.

In der Politischen Abteilung wurden alle Unterlagen über Einlieferung, Entlassung und Ausscheiden durch Tod auf Listen übertragen, von denen ich Durchschriften anfertigen konnte, was eine komplizierte Mitwisserschaft voraussetzte und mit größten Gefahren verbunden war, da allein schon der Besitz eines einzigen Schriftstücks mit dem Tod bestraft wurde.*

Um die geschriebenen und vor allem die ungeschriebenen Regeln kennenzulernen, die zu beachten waren, wenn man auf einem Posten bestehen wollte, der einen täglich mit besonders durchtriebenen und mißtrauischen Angehörigen der SS in Berührung brachte, reichte die Erfahrung Michelets nicht aus, zumal seine mangelnde Kenntnis der deutschen Sprache ihn vom »politischen« Leben des Lagers fernhielt und aus der Welt der SS und der hohen »Würdenträger« und »Ministerialen« unter den Häftlingen ausschloß. Als Neuankömmlinge brauchten wir, G. Bloch und ich, den Rat alteingesessener und erfahrener Kameraden. In meinem Fall war dies der junge luxemburgische Priester Jules Jost, der mein Führer und Mentor wurde, während ich gleichzeitig eine Art Einführungslehrgang in den Räumen des Lagerschreibers absolvierte, der im Grunde so etwas wie Generalsekretär der Verwaltung war.

---

* Diese Listen wurden nach der Befreiung an das Ministerium für Gefangene übergeben, das prompt die Toten mit den Überlebenden verwechselte...

Er vermittelte uns das nötige Wissen über den Verhaltenskodex, die Regeln des Anstands und die Gebote der Vorsicht. Er kannte den Charakter, die Schrullen, die Phobien und die Schwächen aller führenden SS-Leute, ihre jeweilige Herkunft und die Laufbahn, die sie zurückgelegt hatten.

Ohne die Hilfe von Abbé Jost wäre ich sicher in eine der Fallen geraten oder über eine der Fußangeln gestolpert, von denen es im Rahmen meiner Arbeit in der Politischen Abteilung unzählige gab.

Jules Jost lebte überdies schon seit vielen Jahren im Lager und war als Priester im Besitz einer Geschichte, die von den deutschen Priestern seit undenklichen Zeiten fest in ihrem Gedächtnis bewahrt wurde, das heißt seit 1941. Der ständige Wechsel der Häftlingsbelegschaften, von denen seit den ersten Jahren unzählige verschwunden waren, und die Veränderungen, die in einem fort stattfanden, hatten ihm ein geradezu phantastisches Gedächtnis verliehen.

G. Bloch, ich selbst und unsere Kameraden in den verschiedenen Unterkommandos konnten nunmehr Michelet mit wertvollen Informationen versorgen, und dieser war dank der Unterstützung durch seine »Alteingesessenen« und einige »Neue« – Kleriker, Laien, Mitglieder des »Combat« oder der »Équipes sociales« – in der Lage, seine Autorität in der großen französischen »Kolonie« zu festigen, die von einigen hundert Männern in kürzester Zeit auf mehr als 10 000 angestiegen war, wobei die Hälfte davon im Lager selbst lebte, während die andere Hälfte, die sich auf die Außenkommandos verteilte, uns mehr oder weniger regelmäßig Nachrichten übermittelte und oft Hilfe und Beistand brauchte.

In einer so großen Gemeinschaft mußten sich zwangsläufig historisch fundierte Lager herausbilden. Um die Frage zu vereinfachen, ohne die Gesamtwahrheit zu verzerren, könnte man die meisten Franzosen, die damals in Dachau lebten, in vier große Gruppen unterteilen: An erster Stelle wäre die große Masse der Geiseln zu nennen, die zufällig oder aufs Geratewohl verhaftet worden waren, Verdächtige, die nicht wirklich in der Résistance mitgearbeitet hatten, Verweigerer des Zwangsarbeitsdienstes in Deutschland, die aber nicht in den Maquis gegangen waren: Das waren oft ältere oder sehr junge Menschen ohne politische Vorbildung, erschrocken und deprimiert, die zum Überfluß auch noch mit der Vichy-Regierung sympathisiert hatten oder in der Illusion lebten, Pétain und de Gaulle steckten beide unter einer Decke. Sie bildeten eine fluktuierende, undisziplinierte Masse, die die Welt des Konzentrationslagers und das hier herrschende Gesetz des Überlebens nicht begreifen konnte.

Dann die »Gaullisten«. Als solche galten alle nicht kommunistischen Widerstandskämpfer unabhängig von ihrer Zugehörigkeit zu dieser oder jener Bewegung oder Gruppierung. Wie die Stalinisten wußten sie genau, »warum sie hier waren«; sie hatten im Untergrund gekämpft, im Maquis oder in den Städten, mit der Waffe in der Hand oder durch politische Aktionen. Sie betrachteten sich als die wahren und legitimen Vertreter Frankreichs; während die Geiseln und die »Ich-weiß-nicht-warum-sie-mich-hierhergebracht-haben« eine Art Sumpfland bildeten, verstanden sich die Gaullisten als der »Berg«, rein und hart, als wahre Politiker, die um jeden Preis (doch nicht um *jeden* Preis, sondern von ganzem Herzen und mit aller Entschlossenheit) überleben wollten, um die neue Republik aufzubauen, von der sie in ihrem Kampf und auch hier in Dachau geträumt hatten, wenn sie tagein tagaus die Lagerstraße hinauf- und hinuntergingen, die Michelet später in »Straße der Freiheit« umbenannte.

An dritter Stelle kamen die Berufssoldaten, für die die Résistance die Fortführung des Krieges mit anderen Mitteln gewesen war, die zwar kein klares politisches Leitbild hatten, aber mit ihren Ansichten oft den Vichy-Leuten näherstanden als den politischen Ideen der gaullistischen Résistance.

Unter ihnen befanden sich einige ehemalige Offiziere der besiegten französischen Armee, die eine Zeitlang zu Pétain gestanden hatten; andere wiederum waren hinter der Front abgesetzte Fallschirmjäger des BCRA (des Nachrichtendienstes in de Gaulles Befreiungskomitees in London) und sogar Männer, die in bestimmten Organisationen direkt für die Engländer arbeiteten, unter anderem für den Intelligence Service. Sie waren nicht besonders zahlreich, genossen aber ein gewisses Ansehen. Sie neigten dazu, auf die Widerstandskämpfer herabzuschauen, und betrachteten diese als Amateure, die vom Kriegshandwerk nicht viel verstanden, darüber hinaus verdächtigten sie alle »Politischen«, mehr oder weniger Kommunisten zu sein, womit sie mitnichten recht hatten, wie die Ereignisse noch beweisen sollten.

Schließlich die Kommunisten. Sie zeichneten sich in Dachau durch jene Tugenden und Untugenden aus, die schon immer und überall für sie charakteristisch gewesen sind. Doch unter den extremen Bedingungen des Lagerlebens traten ihre positiven Eigenschaften in besonders ausgeprägter Form in Erscheinung.

Diese mutigen, bescheidenen, disziplinierten und in der Solidarität geübten Männer, die in einer streng hierarchischen, illegalen Gruppe organisiert waren, haben so manchen Christen mit ihrer aktiv praktizierten Brüderlichkeit und Nächstenliebe, zu denen viele von ihnen von Natur aus neigten, beschämt.

Durch Edmond Michelet wissen wir von der noblen Geste seines alten Landsmanns Germain Auboiroux, jenes Eisenbahners aus der Corrèze, der uns damals so alt erschien und in der Tat viel jünger war, als ich mit meinen einundsiebzig Jahren heute bin. Als der an Typhus erkrankte Michelet bewußtlos im Revier lag, ging Auboiroux, der sich schon lange von seinem Kindheitsglauben »befreit« hatte, jeden Morgen zur Messe, um dort seinen Freund zu vertreten.

Allerdings hielten die Kommunisten auch an all dem fest, was andere als ihre Fehler und Irrtümer betrachteten. So hatten sie die Strukturen der Partei, die ihrem Wesen nach für den illegalen Kampf wie geschaffen war, erhalten, beziehungsweise neu aufgebaut. Sie betrieben, bewußt oder unbewußt, eine Art doppelte Moral, in der die privaten Freundschaften stets den politischen Erfordernissen untergeordnet waren. Ihre Ziele ließen sich unschwer aus ihrem Verhalten ableiten: das Überleben der Partei im Lager zu sichern, ihren Einfluß auszubauen, neue Mitstreiter und Mitglieder zu gewinnen, neue Stellungen zu besetzen, die diesem Ziel dienten, und, mit Blick auf die zu erwartende Befreiung, rings um den harten, starken Kern der Partei Einflußbereiche zu schaffen, in denen ihre Anhängerschaft aus unterschiedlichen Gründen – intellektuelle Abhängigkeit, Bewunderung und Angst, politische Ambitionen – der Anziehungskraft der Partei erlag und sich nach und nach ihrer Autorität unterwarf.

Die Kommunisten waren aber auch, hier in Dachau und in anderen Lagern, einerseits Gefangene wie die anderen Häftlinge und andererseits die Vertreter einer andersartigen Macht, die auf eine indirekte, aber bedrohliche Weise unter uns wirkte; sie unterschieden sich kaum von ihren Mithäftlingen und waren dennoch durch einen fremdartigen, geheimnisvollen Treueschwur gebunden.

Über die Wirkungsweise ihres Systems wußten wir nur wenig; wir ahnten höchstens dunkel, daß ihre wirkliche Führung sich hinter einer Scheinorganisation verbarg, die Außenstehende täuschen und die wahren Verantwortlichen schützen sollte. Ihr direkter Einfluß war bescheiden, denn die deutschen und österreichischen Kommunisten hatten wichtige Posten, die sie früher in der Lagerverwaltung besetzten, verloren, und die französischen Kommunisten konnten sich nicht wie in Buchenwald auf eine gewaltige Hausmacht stützen, die Genossen anderer Nationen lange vor ihrer Zeit begründet hatten. Sie besaßen dennoch, dank der großen Zahl und der hohen Moral der kleinen Verantwortlichen in den Arbeitskommandos und in den Stuben, eine gewisse Durchschlagskraft. Es gelang ihnen zwar nicht, alle wichtigen Mitglieder der Partei zu retten (manch ein vom Alter geschwächter ehemaliger Abgeordneter wurde auf Transport geschickt), aber sie blieben allenthalben aktiv und präsent.

Sie wußten, daß sie Teil einer weltweiten brüderlichen Gemeinschaft waren und daß selbst das kleinste Rädchen am kollektiven Erfolg mitwirken konnte und mußte, damit sich das große Rad der Geschichte weiterdreht. In diesem Sinne eröffneten sich für sie, mit Blick auf die Zeit nach dem in greifbare Nähe gerückten Kriegsende, gewaltige Perspektiven, in denen jeder Kommunist dazu berufen war, im Dienste seiner Sache auch im weiten Glacis, zu dem das Europa westlich der sowjetischen Einflußsphäre werden würde, wichtige Stellungen zu besetzen.

Keine Unternehmung konnte in diesem Zusammenhang als unbedeutend erscheinen; das, was sich in Dachau zwischen den Franzosen zutragen würde, konnte Auswirkungen auf die Zukunft von ganz Deutschland und von ganz Frankreich haben; keine noch so bedeutungslose Figur, keine Gruppierung, und wäre sie noch so klein gewesen, durfte mit Gleichgültigkeit oder Verachtung behandelt werden.

Unsererseits haben wir seit 1941 niemals vergessen, weder in Dachau noch anderswo, daß das Bündnis zwischen Kommunisten und »Gaullisten« innerhalb der Résistance nur eine vorübergehende Entente sein konnte. Selbst im Lager blieben die Kommunisten ihrer großen Sache treu und stellten ihr Leben ganz in den Dienst dieser einen

Sache: Die Partei erhalten, sie stärken und ihren Einfluß vergrößern – das waren und blieben ihre Hauptziele auch inmitten des antifaschistischen Kampfes. So wurde es bald zu einem Hauptanliegen der nichtkommunistischen Widerstandskämpfer, die Verwirklichung dieser Pläne zu vereiteln. Als sich das Ende des Krieges immer deutlicher abzeichnete, verstärkte die französische Kommunistische Partei zunehmend ihre Aktivitäten in Dachau: geheime Zusammenkünfte, vertrauliche Gespräche, die Suche nach Figuren, die man nach vorn schieben konnte. So begann ein emsiges, überaus normales und mit dem Selbstverständnis einer kommunistischen Partei zu vereinbarendes Taktieren, das schon zu diesem Zeitpunkt auf die Nachkriegssituation gerichtet war, das heißt auf den voraussehbaren Übergang zur Konfrontation mit den früheren Verbündeten sowohl innerhalb der befreiten Nationen als auch auf internationaler Ebene. Über dieses Taktieren waren wir ziemlich bald und sehr genau informiert. Jedoch, die »verrückten Intellektuellen« verfügten zwar über ein gutes Netz von Freunden, wir hatten aber nichts, womit wir diesen intensiven politischen Vorbereitungen hätten begegnen können; weder die »Gaullisten« noch die »Christen«, noch die Nichtkommunisten hatten etwas aufzuweisen, das sich mit der wirksamen Organisation der Kommunisten messen konnte.

Die einzelnen Nationalitäten innerhalb des Lagers gingen nun daran, sich organisatorisch fester zusammenzuschließen. Sie mußten sich auf wichtige, vielleicht unheilvolle Ereignisse vorbereiten, auf mögliche Verhandlungen mit der Lagerleitung oder auf den aktiven Widerstand, wenn nötig mit der Waffe in der Hand; auch auf die Zeit nach der Befreiung mußte man vorbereitet sein, um die Zusammenarbeit mit den (wahrscheinlich amerikanischen) Befreiern zu organisieren, über die wir kaum etwas wußten und die sicher auch von uns nicht viel wußten.

In den nationalen Gruppen wurden bald Komitees gegründet, denen eine entweder freiwillige oder, wenn nötig, erzwungene Zustimmung die erforderliche Legitimität verlieh. Diese Komitees setzten sich aus angesehenen Vertretern der verschiedenen Richtungen zusammen, die es in jedem Nationalitätenverband gab, jedoch mit einem deutlichen Übergewicht jener Organisationen und Ideen, die in den Heimatländern einen bestimmenden Einfluß ausübten oder sich gerade durchzusetzen begannen.

Obwohl die meisten Jugoslawen, zum Beispiel, katholische Slowenen bürgerlicher oder bäuerlicher Herkunft waren, hatten die Titoisten im jugoslawischen Nationalkomitee die absolute Mehrheit. Bei den Franzosen war die Lage zehn Monate nach der alliierten Truppenlandung und der beginnenden Befreiung natürlich etwas komplizierter. Edmond Michelets Autorität wurde zwar von niemandem offen angefochten, aber er lag noch im Revier, und den Freunden ging seine Genesung viel zu langsam voran. Der Typhus hatte ihn mit voller Wucht getroffen und fast an den Rand des Grabes gebracht. Tagelang schien es so, als hätte sein Geist den Körper verlassen. Die außerordentliche Vitalität Michelets behielt schließlich die Oberhand, aber Sprache und Vernunft kehrten erst allmählich wieder. Trotz der fürsorglichen Betreuung durch alle seine Freunde, vor allem durch mehrere französische Ärzte, befand sich Michelet lange Zeit in einer Art Erschöpfungszustand, schläfrig und kraftlos. Die Nachrichten von draußen erreichten ihn kaum. Er kam von sehr weit her.

In dieser Zeit legten die führenden Kommunisten ihre Netze aus. Zu ihren Beratungen – zumindest zu jenen, die nicht nur den leitenden Kadern der Partei vorbehalten waren – lockten sie immer mehr »Gaullisten« und Leute aus dem »Sumpf« an, die dem Einfluß ihrer Dialektik und ihrer Organisation nach und nach erlagen.

Ihre Taktik bestand darin, ein paar Weggefährten, die

dem Anschein nach nicht der Partei angehörten, in den Vordergrund zu schieben und ihnen Funktionen und Titel anzutragen. So hatten sie unter anderem einen gewissen E. B. ausfinding gemacht, einen etwas großspurigen jungen Mann, dem es an Format fehlte, der aber mit den Sozialisten sympathisierte und eine gute Figur abgab; außerdem hatte er eine saubere Vergangenheit als Widerstandskämpfer.

Michelet war außer Gefecht. So konnten die Kommunisten hoffen, daß es ihnen durch ihre Initiative und unter Ausnutzung der mangelnden Erfahrung der meisten »Gaullisten« gelingen würde, ihren jungen Mann in die erste Position zu bringen. Zum Glück kam Edmond Michelet wieder zu Kräften. Aber er ermüdete noch immer sehr schnell. So war es keine leichte Sache, ihn fast mit Gewalt von seiner Pritsche hochzuziehen und an den Ort zu bringen, an dem sich die geachtetsten und – außer den Kommunisten – einflußreichsten Männer der französischen »Kolonie« versammelt hatten. Murrend, protestierend und auf seine Gesundheit und Schwäche verweisend raffte er sich dennoch auf, zog sich an und begab sich mit noch unsicheren Schritten zu der Zusammenkunft, die seine Freunde vorbereitet hatten. Er wurde natürlich von allen Seiten bedrängt, den Vorsitz des zu gründenden Komitees zu übernehmen, denn nach dem Tod von General Delestraint konnte niemand offen behaupten, der erste Platz käme nicht unserem Freund zu. Wer wollte ihm schon ein Anrecht streitig machen, das er sich durch seine Haftdauer, seine Erfahrung, seine geleisteten Dienste und seinen Mut erworben hatte? Er erklärte sich schließlich dazu bereit, und die gute Nachricht wurde den kommunistischen Kameraden überbracht. Mit dem Sinn für Realismus, den sie beweisen, wenn es ihnen erlaubt ist, begriffen die Kommunisten, daß ihr Kandidat genausowenig wie irgendein anderer gegen Michelet eine Chance hatte. Sie stimmten also für Michelet, allerdings ohne sich allzu großen Zwang anzutun, da viele von ihnen mit dem späteren Minister freundschaftlich verbunden waren. Als Gegenleistung für ihr Einlenken erhielten sie eine zahlenmäßig starke Vertretung innerhalb des Komitees.

Konfrontiert mit den Anforderungen seiner neuen Rolle und bewegt durch die Erwartungen und Ängste, die in diesen letzten Kriegstagen das Denken aller beherrschten, schien Michelet die Schatten der Krankheit mit einem Mal abzustreifen. Er diskutierte, leitete, verhandelte, und seine Kraft kehrte fast über Nacht wieder. Von diesem Tag an war er der »Chef« der Dachauer Franzosen, der anerkannte Führer aller. Wenn er sich später an diese entscheidenden Momente erinnerte, machte er mich manchmal im Spaß für seine politische Karriere verantwortlich, weil ich ihn damals »an den Beinen« aus dem Bett gezerrt hatte.

Das französische Nationalkomitee wurde mit Michelet an der Spitze gegründet und setzte sich aus führenden Männern der verschiedenen Gruppierungen zusammen. Auch die Kommunisten waren zahlreich vertreten, doch bildeten sie nur eine Minderheit. Um sie in einer Sache zufriedenzustellen, die manche von uns als eine harmlose Schrulle betrachteten, wurde das Komitee »patriotisch« genannt.

Da die Sprache ein Instrument des politischen Kampfes ist, war dieses Wort, das im kommunistischen Vokabular eine neue Bedeutung bekommen hatte, aber Ausdruck des Willens der französischen Sektion der Kommunistischen Internationale, sich mit patriotischen Attributen zu schmücken und das Erbe der Résistance an sich zu bringen.

So haben die in Dachau inhaftierten Kommunisten noch vor der Befreiung des Lagers dieselben Direktiven ausgeführt wie ihre Genossen in Frankreich. Das Scheitern in der Sache E. B. besaß in der besonderen Situation Dachaus eine nicht zu unterschätzende politische Bedeutung; bei den Russen, den Jugoslawen und den Albanern hatten sich die Kommunisten die Macht sichern können.

Die Polen und die Tschechen waren gespalten, aber die Besetzung ihres Landes durch sowjetische Truppen führte zur Stärkung des kommunistischen Flügels. Nach der Zwangsrekrutierung für die Division Dirlewanger im Dezember 1944 hatten die Kommunisten im deutschen Lager wieder die Oberhand gewonnen*: Einer der ihren, der neue Lagerälteste (Haftältester des Lagers und oberste Autorität in der inneren Lagerverwaltung) Oskar Müller, wurde zum Präsidenten des Internationalen Lagerkomitees gewählt, das im April von den führenden Vertretern der verschiedenen Nationalitäten gegründet worden war. Die Franzosen bildeten das Gros der westeuropäischen Häftlinge; wäre ihr Vertreter im Internationalen Komitee ein Kommunist oder kommunistischer Strohmann gewesen, er hätte dieses Gremium zur leichten Beute der prosowjetischen Seite gemacht – und dies angesichts von Amerikanern, die von den komplizierten Problemen des Alten Kontinents nicht viel verstanden, und zu einem Zeitpunkt, da man in Washington »Uncle Joe« gegenüber noch positiv eingestellt war.

Nach der Befreiung gelang es Edmond Michelet, der sich auf die Schar seiner persönlichen Freunde aus der Zeit vor den massiven Zugängen vom Sommer 1944 und auf unsere Gruppe der »verrückten Intellektuellen« stützen konnte, fast mühelos, die Entscheidungen des »Patriotischen Komitees« in die Richtung zu lenken, die er für angemessen hielt. Unter den Franzosen besaß er sicher den größten politischen Freundeskreis: Seine Vorkriegskameraden und Mitkämpfer aus der Résistance, die sich in der MRP zusammengeschlossen hatten, besetzten in Paris einen wesentli-

---

* Wahrscheinlich waren viele von ihnen zu alt und zu schwach, um als »wehrdiensttauglich« zu gelten.

chen Teil der Regierungsmacht, und die Einheiten der französischen Armee, deren Kommandanten und Offiziere uns besuchten, waren den Kommunisten nicht besonders gewogen.

Die Anwesenheit von Roger Stéphane – damals Mitglied des Stabs von Innenminister Adrien Tixier – in der ersten politischen Delegation, die zwei oder drei Tage nach der Befreiung des Lagers nach Dachau kam, war für uns von großem Nutzen. Als Freund unserer kleinen Gruppe, der über das kommunistische Treiben Bescheid wußte, stärkte er Michelets Autorität innerhalb des Komitees und berichtete später in Paris über die Art und Weise, wie Michelet die Ambitionen der Partei gezügelt hatte.

Die meisten führenden Kommunisten Dachaus waren im Grunde ernsthafte und ehrenhafte Kameraden, die stets guten Willen bewiesen hatten; zudem hatte der harte Einsatz in den Arbeitskommandos ihre Kräfte verbraucht. Deshalb war keiner von ihnen in der Lage, Michelet und seinem »Stab« ernsthaft die Stirn zu bieten. Einige von ihnen nutzten vielmehr die erste Gelegenheit, um einzeln nach Frankreich zurückzukehren.

Es kam trotzdem zu einigen schwierigen Auseinandersetzungen im »Französischen Patriotischen Komitee«. Zum Beispiel verlangten die Kommunisten, daß eine Untersuchung zur Klärung der Vergangenheit eines gewissen Teils der Deportierten stattfinde, die nicht im Widerstand gekämpft hatten. Durch Freundlichkeit und Geduld gelang es Michelet, die Gemüter zu beruhigen. Unterstützt wurde er vor allem auch durch General Leclerc, der uns mehrere tausend Flaschen guten Wein zukommen ließ. Der schlechte Gesundheitszustand vieler unserer Landsleute und der große Durst vieler amerikanischer Soldaten veranlaßten uns, diesen Schatz zu verstecken und den Wein nur in kleinen Dosen freizugeben. Die Mitglieder des Komitees waren, Gott sei Dank, fast alle bei Gesundheit, so daß eine

Rationierung bei ihnen nicht notwendig war. Der Genuß dieses so lang entbehrten Getränks trug aber keineswegs dazu bei, die politischen Gemüter über Gebühr zu erhitzen.

Für einige der engagiertesten und exponiertesten Funktionäre ergab sich bald die dringende Notwendigkeit, nach Frankreich zurückzukehren. Da Michelet und seine Mitarbeiter beschlossen hatten, bis zur Evakuierung des letzten gesunden Franzosen in Dachau zu bleiben, waren sie in der Endphase ihrer Arbeit praktisch ohne Opposition. Unter den zehn Verantwortlichen, die schließlich, am 28. Mai, Dachau in Richtung Paris verließen, befand sich kein einziger Kommunist mehr.

An die politische Geschichte der französischen »Kolonie« von Dachau lassen sich noch zwei Epiloge sehr unterschiedlicher Art anfügen. Die Tatsache, daß es zwischen den Kommunisten und Nichtkommunisten keine scharfen, heftigen Auseinandersetzungen gegeben hatte, die persönliche Autorität Michelets und die Freundschaft, die ihn mit einigen der namhaften Kommunisten verband, das alles ermöglichte nach der Rückkehr in die Heimat die Gründung einer Vereinigung der ehemaligen Dachauer Häftlinge, deren Geschlossenheit allen Prüfungen der Nachkriegszeit und des Kalten Krieges zum Trotz erhalten blieb, während viele andere Häftlingsorganisationen sich auf schmerzliche Weise entzweiten.

Obwohl Michelet stets darauf bedacht war, den Ambitionen, den Forderungen und Machenschaften der Kommunisten Einhalt zu gebieten, gab er ihnen niemals Grund zur Annahme, er würde ihnen ihre Verdienste streitig machen. Diese ziemlich einmalige Solidarität hat denn auch Edmond Michelet überlebt. Getreu seinem Vermächtnis besteht die Einheit der »Amicale de Dachau« bis heute weiter, neunzehn Jahre nach dem Tode dessen, der ihr Präsident auf Lebenszeit war.

Im Oktober 1945 bildete General Charles de Gaulle

nach der Wahl der ersten Verfassunggebenden Versammlung eine Regierung, der fast ausschließlich gewählte Abgeordnete angehören sollten. Edmond Michelet hatte sich als Spitzenkandidat der MRP in der Corrèze zur Wahl gestellt. Der General lud ihn zu einem Gespräch ins Hôtel de Brienne, und unser Freund – Sohn eines Feinkosthändlers und selbst als vereidigter Makler in der Lebensmittelbranche tätig – prophezeite uns seufzend, man werde ihm sicher das Ministerium für Verpflegung und Versorgung antragen, das in dieser Zeit des Mangels ein wenig begehrter Posten war.

Ein, zwei Stunden später kehrte er mit einem breiten Lächeln auf dem Gesicht zurück. Der General hatte ihn mit folgenden Worten empfangen: »Michelet, es heißt, daß Sie es verstanden haben, mit Ihren Kommunisten da drüben gut auszukommen, ohne ihnen in den wesentlichen Punkten nachzugeben. Ich muß den Kommunisten eine Hälfte des Verteidigungsministeriums überlassen; sie sollen den Bereich Rüstung bekommen, damit sie die Arsenale wieder in Gang bringen, aber sie werden sicher auch bei den Streitkräften mitreden wollen, und da muß man ihnen mit einem freundlichen, aber entschiedenen Nein entgegentreten.«

So wurde der Unteroffizier Michelet Minister der Streitkräfte, weil es ihm gelungen war, die Kommunisten zu mäßigen, ohne sich mit ihnen zu überwerfen. Und das war der Anfang einer langen und brillanten politischen Karriere, die fünfundzwanzig Jahre währen sollte.

Befreiung

Ich vermag mich nicht mehr zu erinnern, warum ich die Nächte, die der Befreiung des Lagers vorausgingen, auf einem großen Tisch mitten in einem Raum von Block 2 geschlafen habe. Ich glaube, wir – meine Freunde, die »überspannten Intellektuellen«, und ich – hatten uns das allgemeine Durcheinander zunutze gemacht, um diesen Raum in Beschlag zu nehmen, in dem vor einiger Zeit noch das Nachtkommando die Karteikarten der Neuzugänge ausgefüllt hatte. Wahrscheinlich wollten wir zusammenbleiben, in dieser Zeit der langen Tage und der kurzen Nächte, in der wir unversehens noch in die Katastrophe stürzen konnten. Es galt, alle nur erdenklichen Informationen zu sammeln und auszuwerten, um zu jeder Zeit handlungsfähig zu sein. Die widersprüchlichsten Gerüchte kursierten damals im Lager: Das Internationale Rote Kreuz werde uns bald übernehmen; die Evakuierung des Lagers sei beschlossen, und die Häftlinge sollten sich bereit halten, um nach Tirol aufzubrechen, zu Fuß natürlich und unter SS-Bewachung; Flüchtende, Nachzügler und solche, die zu schwach wären, um den schnellen Marsch durchzustehen, der uns bevorstünde, würden unterwegs erschossen. Aus einer anderen Quelle erfuhren wir, daß »oben« – und dieses »oben« konnte ebenso der oberste Führer der SS sein, also Himmler selbst, wie einer seiner Stellvertreter – beschlossen worden sei, das Lager mit allen seinen Insassen zu zerstören. Buchenwald war unversehrt in die Hände der Amerikaner gefallen, und diese hatten die dortigen SS-Führer erschossen oder zugelassen, daß sie erschossen wurden.

Dies sollte sich kein zweites Mal wiederholen. Um feste Gebäude mitsamt 35 000 Menschen zu zerstören, brauchte man natürlich gewaltige Mittel; mal ging auch das Gerücht, deutsche Flugzeuge würden das Lager bombardieren (aber seit Wochen hatte man keine einzige deutsche Maschine mehr gesehen), mal hieß es, man beabsichtige, uns mit Zyankali zu vergiften, das ins Trinkwasser getan würde. Eine dritte Variante war die Zerstörung durch Feuer. Die SS würde uns in unsere Holzbaracken sperren und diese anschließend in Brand stecken. Heute wissen wir, daß diese Gefahren tatsächlich bestanden haben, daß die Ausführung der Befehle aber an der allgemeinen Desorganisation in den Führungsstäben und am fehlenden Willen einiger Befehlsempfänger gescheitert war – und an den ungenügenden Mitteln.

Wir verbrachten die Tage in banger Erwartung und versuchten, die Entfernung zu erraten, die das Lager von den Kampfhandlungen trennte, die sich, wie uns der dumpfe Geschützdonner verriet, stetig näherten. Die Versorgungslage wurde immer schlimmer; wie die anderen Franzosen lebten auch wir von den Reserven, die unsere Gruppe dank der Rote-Kreuz-Päckchen angelegt hatte. Während die Schlacht näher rückte, trafen ständig neue Transporte aus anderen Lagern oder Außenkommandos ein, die von der SS angesichts der vorrückenden feindlichen Truppen eilig geräumt wurden. An manchen Tagen war der Appellplatz fast ausschließlich mit Neuankömmlingen besetzt; in einem unbeschreiblichen Zustand entstiegen sie den Waggons, in denen sie wochenlang unterwegs gewesen waren. Transporte, die aus Auschwitz oder Groß-Rosen (einem KZ in Niederschlesien) kamen und die mehrmals in Lagern haltgemacht hatten, in denen man sie nicht aufnehmen konnte oder wollte, hatten mitunter drei Monate auf den Schienen verbracht. Ein Zug, der aus Buchenwald kam, hatte zwei Wochen gebraucht, um eine Strecke von einigen hundert

Kilometer zurückzulegen; allerdings hatte er auf der Fahrt von Thüringen nach Bayern einen Umweg über die Tschechoslowakei machen müssen. Die Gefangenen hatte man in offene Waggons gepfercht, bei Temperaturen, die noch immer unter Null lagen. Der späte Schnee begrub die Toten und die Lebenden. Die inneren Ordnungskräfte des Lagers waren an die Stelle der SS getreten, die sich im Schutzhaftlager kaum noch sehen ließ, und hatten beschlossen, das Aufnahmeverfahren weiterzuführen. Es ging vor allem darum, die Namen der »Neuen« zu erfassen, damit man später einmal den Verwandten genaue Angaben über den Tod des Sohnes, Bruders oder Ehemannes machen konnte. So nahm auch ich meine Arbeit als Schreiber wieder auf, aber diesmal überstiegen die Schwierigkeiten alles, was wir bisher erlebt hatten. Die meisten Neuankömmlinge waren außerstande, einen vernünftigen Satz zu sprechen. Viele von ihnen starben uns unter den Augen, entweder vor Erschöpfung, Kälte und Unterernährung oder an den Wunden, die sie sich unterwegs zugezogen hatten. Ich werde niemals den Mann vergessen, der im Gras am Rand des Appellplatzes vor der ersten Revierbaracke lag: Sein Unterleib war eine einzige eiternde Wunde, und in dieser Wunde wimmelte es von Würmern. So sehr wir uns auch anstrengten, wir konnten nur einen Bruchteil der neu eintreffenden Häftlinge registrieren. Zum erstenmal wurden Nummern an »unbekannte Tote« vergeben. Unweit vom Zaun des Schutzhaftlagers wurde nach der Befreiung ein Transportzug voller Leichen entdeckt, den die SS nicht mehr hatte entladen lassen. Man kann nur vermuten, daß die Überlebenden des Transports für diese Arbeit zu schwach gewesen waren und daß man sie auf den Appellplatz getrieben hatte. Die Franzosen, die sich möglicherweise unter diesen namenlosen Toten befanden, kamen jedenfalls nicht auf die Listen, die wir damals mit Hilfe von Durchschriften der Einlieferungs- und Totenscheine anlegten, die wir hatten beschaffen können. Die Listen, die bald zu einem dicken Bündel anwuchsen, versteckte ich unter der Matratze meines Bettes.

In diese Weltuntergangsstimmung hinein platzte eines Abends der Evakuierungsbefehl. Vorerst betraf er nur die Russen, die Italiener und die Juden (die als solche erfaßt und mit den letzten Transporten eingetroffen waren), Häftlinge also, die nicht unter dem Schutz des Roten Kreuzes standen oder aus westeuropäischen Ländern stammten (die Polen, durch ihre Londoner Exilregierung vertreten, wurden den Westeuropäern zugeordnet). Das illegale internationale Lagerkomitee trat zusammen, sah jedoch keine Möglichkeit, den Abtransport von fast 10 000 Gefangenen zu verhindern: So viele Menschen konnte man unmöglich in den Wohnblöcken verstecken. Manche halfen sich selber aus der Klemme – die SS führte damals keine systematischen Kontrollen mehr durch –, aber die Block- und Stubenältesten befürchteten Repressalien und waren nicht immer bereit, solche Versuche zu unterstützen. Die Mehrzahl der »Abreisenden« fügten sich willenlos in ihr Schicksal. Sie erhielten eine Ration Marschverpflegung, wurden ein letztes Mal auf dem Appellplatz zusammengetrieben, und gegen 10 Uhr nachts – aus Angst vor Bombenangriffen – setzte sich die gewaltige Kolonne, von schwerbewaffneten SS-Männern eskortiert, langsam in Bewegung. Es war ein unheimliches Schauspiel, und wir fühlten unsere ganze Machtlosigkeit: Morgen würden wir an der Reihe sein. Auf meinem Tisch ausgestreckt schlief ich nach langen düsteren Grübeleien ein.

Von diesem Zug, der nach Süden aufgebrochen war, erhielten wir erst ein paar Tage später Kunde, als versprengte Häftlinge ins Lager zurückkehrten. Der lange Marsch, auf dem zahlreiche Gefangene die unmenschlichen Strapazen nicht überstanden hatten – viele Nachzügler wurden von den SS-Bewachern einfach erschossen –, endete nach ungefähr hundert Kilometern am Fuße der ersten Alpenkette, in der Nähe des idyllischen Dorfes Mittenwald, berühmt durch seine Fachschule für Geigenbau. Als die SS verschwand, hatten auch die Häftlinge das Weite gesucht. Einige von ihnen wurden von der Bevölkerung freundlich aufgenommen, andere hingegen mit Drohungen davongejagt; sie suchten Zuflucht bei amerikanischen Vorausabteilungen, die aber einige Zeit brauchten, um zu begreifen, mit wem sie es hier zu tun hatten. Andere wiederum waren so verwirrt und verstört, daß sie lieber in die vertraute Welt des Lagers zurückkehrten, gewissermaßen in die Geborgenheit einer schützenden Ordnung. Viele Juden, Überlebende der »Waldkommandos« aus der Landsberger Gegend, zog es ebenfalls in Lager: Im Vergleich zu den niedrigen Erdhütten, in denen sie ohne jeden Beistand und ohne Nahrung ein elendes Dasein geführt hatten, erschienen ihnen die Dachauer Baracken mit der zweimal täglich verteilten Kohlsuppe, fern von den belfernden SS-Bestien und den »schwarzen« Kapos, wie eine Stätte des Friedens und der Sicherheit. Die große Masse der Häftlinge aus den Außenkommandos suchte schließlich im »Hauptlager« Zuflucht, und dieser Zustrom von Menschen vergrößerte noch die Unordnung und brachte die Registrierung der Ankömmlinge und ihre Versorgung mit Lebensmitteln fast völlig zum Erliegen. Die ehemaligen Schreiber, die gewohnt waren, auch unter der schwindenden Autorität der SS die Verwaltung des Lagers zum Vorteil aller zu gewährleisten, sahen sich, wenn sie einander begegneten, mit vielsagenden Mienen an und stellten seufzend fest, daß die Dinge damals viel besser liefen, als die alten Herren noch das Sagen hatten. Jetzt herrschte ein heilloses Durcheinander. Die Totenlisten gaben uns recht: Solche Rekordzahlen hatte es vor dem 29. April noch nie gegeben. Das war der Preis der Freiheit.

Eines Morgens erfuhren wir, daß der Lagerkommandant darauf verzichtet habe, die im Lager gebliebenen zwanzigtausend Gefangenen zu evakuieren. Der deutsche Lagerälteste, hieß es, sei im Namen des Internationalen Komitees bei der Führung der SS vorstellig geworden, und in München sei ein Aufstand ausgebrochen: Bayerische Offiziere hätten den SS-Oberen den Gehorsam verweigert, weil diese darauf beharrten, das Dritte Reich unter den Trümmern der »Hauptstadt der Bewegung« zu begraben. Im Lager war die Unruhe auf den Siedepunkt gestiegen. Sich selbst überlassen, hungernd und angstgetrieben irrten Tausende von Menschen von Block zu Block und teilten einander die letzten Neuigkeiten mit, die einen absonderlicher und widersinniger als die anderen. Das Donnern der Geschütze kam näher, verstummte, setzte wieder ein. Kein SS-Angehöriger betrat mehr das Lager, in dem die nationalen Komitees und das internationale Komitee jetzt offen tagten. Das Warten, in dessen Verlauf immer wieder die Angst aufflackerte, schien kein Ende zu nehmen.

Plötzlich – es war vielleicht drei Uhr Nachmittag – da trug es die Menschenmenge auf dem Appellplatz wie eine Woge nahe an das Jourhaus heran. Das schmiedeeiserne Tor stand weit offen. Ein eigentümliches Fahrzeug auf niedrigen Rädern und ohne Dach war unter dem Eingangsgewölbe, aber schon innerhalb des Lagers stehengeblieben. Wir sollten bald erfahren, daß man zu diesem Fahrzeug Jeep sagte. Vier Menschen in amerikanischer Uniform waren aus dem Wagen gesprungen und konnten sich kaum der wogenden Masse erwehren, die ihnen entgegenbrandete: ein sehr großer Schwarzer, der Fahrer, zwei Weiße und ... eine Frau. Sie hatte ihre Mütze abgenommen, und wir sahen ihre kurzgeschnittenen, dunkelbraunen Locken. Während der Schwarze und die Frau, an den Jeep gelehnt, der tausendarmigen Menge die Hände drückten und Umarmungen zu vermeiden suchten, rannte einer der Weißen zum Eingang des Jourhauses. Einen Augenblick später tauchte er auf dem Balkon auf, den ein schmiedeeisernes

Gitter zierte. Seit Häftlingsgedenken hatte niemand von da oben an das verachtete und erniedrigte Volk der Gefangenen das Wort gerichtet. »Let's pray, brethren«, rief er, »let us thank the Lord for this day of delivery. Once more he has guided Israel, his People, out of Pharao's Egypt.« Nur die wenigsten von denen, die ihm erstaunt zuhörten, verstanden Englisch, und nur wenige unter ihnen hatten nicht aufgehört, auch in der Hölle an den Himmel zu glauben. Dieses unerwartete Gebet trieb mir die Tränen in die Augen, es war so unpassend und wunderbar zugleich, zu schön, um wahr zu sein. Es war ja alles zu schön; doch meine innere Gewißheit hatte mich nicht getrogen: Ich hatte überlebt, obwohl meine Chancen damals, am Anfang, gleich Null waren, als der Gestapomann in François' Atelier eingedrungen war. Ich blickte wieder zu dem vierten Amerikaner hinüber, der mit der Frau und dem Schwarzen beim Jeep geblieben war, und sah, daß er – und darüber konnte kein Zweifel bestehen – ein Jude war. Eine sonderbare innere Heiterkeit hatte mich erfaßt. Zu viele Symbole trafen hier auf einmal zusammen, wie in einer klassischen Tragödie. Die Frau war eine Journalistin: die berühmte Kriegsberichterstatterin Marguerite Higgins.

Doch während sich meine Lungen mit einer gewaltigen Freude füllten, stürzte uns ein plötzlich einsetzendes Gewehrfeuer in eine unbeschreibliche Panik. Alles schien doch überstanden zu sein – da ging es wieder los! Tausende von Menschen warfen sich in wildem Durcheinander auf den Boden, preßten sich eng aneinander, und jeder vergrub sein Gesicht in die wogende und brüllende Masse. Wie wir später erfuhren – aber wer konnte das schon mit absoluter Sicherheit sagen? –, hatten deutsche Posten in dem Wachturm, der den Appellplatz überragte, Angst bekommen und mit ihren Maschinengewehren ziellos in die Menge geschossen. Ihre Panik nährte die unsere. Amerikanische Verstärkung, die inzwischen eingetroffen war, setzte sie aber bald außer Gefecht. Einige Gefangene blieben tot oder verwundet am Boden liegen, und etwas später sah ich auf der anderen Seite des Grabens, der das Schutzhaftlager vom SS-Lager trennte, die aneinandergereihten Leichen, die man vom Wachturm heruntergeholt hatte. Es waren ältere Männer, denn seit dem Sommer 1944 waren alle wehrfähigen SS-Leute zur Waffen-SS gekommen, und Wehrmachtsangehörige, die zum Frontdienst nicht taugten, hatten die Uniform mit dem Totenkopf angezogen und waren an ihre Stelle getreten. Einmal mehr hatte der Tod, bevor der Vorhang fiel, diese Soldaten und einige unserer Kameraden in einem letzten sinnlosen Opfer vereint.

Immer mehr amerikanische Soldaten trafen nun im Lager ein. Ein Oberst richtete sich mit seinem kleinen Stab im Jourhaus ein. Und schon waren auch Dolmetscher zur Stelle, Männer aus unseren Reihen, die ihre Dienste anboten. Die englischsprachigen bekamen die Oberhand über die deutschsprachigen. Der Lagerälteste und weitere Mitglieder des internationalen Lagerkomitees kamen über den Appellplatz, um die neuen Herren zu begrüßen und ihnen die Lage zu erklären. In diesem Augenblick ereignete sich der Zwischenfall mit Meanssarian. Man hatte den ehemaligen Lagerkapo aus einem Loch hervorgeholt, in dem er sich versteckt hielt, und an die Wand des Jourhauses gestellt, wo er von den Häftlingen beschimpft, bespuckt und geschlagen wurde. Ein paar Franzosen hatten Edmond Michelet in der Gruppe des internationalen Lagerkomitees entdeckt und zogen ihn am Arm mit sich, damit er sich an der Lynchaktion beteiligte. Man reichte ihm einen Stein, den unser Freund aber voller Abscheu zurückwies. Nur mit Mühe konnte er sich wieder aus dem Mob befreien. Ich hörte Schüsse fallen, und kurz darauf sah ich, wie die Leiche des Armeniers an den Füßen zu den toten deutschen Soldaten geschleift wurde. Etwas später hörte man erneut wütendes Geschrei: Häftlinge, denen die Flucht aus der

Marschkolonne gelungen war und die sich in der Landschaft verstreut hatten – um Nahrung und Kleidung zu suchen, möglicherweise aber auch mit weniger sauberen Absichten –, brachten im Triumphzug auf einem Wagen, der von einem kräftigen Ackergaul gezogen wurde, den an Händen und Füßen gefesselten Rapportführer Böttcher zurück, den sie in seinem Versteck auf einem Gehöft aufgestöbert hatten. Der gestürzte Tyrann und ehemalige Aufseher des Schutzhaftlagers sah lächerlich aus in seinen zu knappen Kleidern; sein Gesicht war blutüberströmt, und seine Augen waren vor Entsetzen geweitet. Aber er hatte mehr Glück als Meanssarian: Ein amerikanischer Offizier war auf den Zug der Häftlinge aufmerksam geworden und beorderte einige seiner Soldaten, den dicken Böttcher in Gewahrsam zu nehmen, der auf diese Weise, einstweilig, sein Leben retten konnte.

Inzwischen hatten die amerikanischen Soldaten ihre Begehung der Blöcke begonnen und, erschüttert durch Szenen, an dessen Anblick wir zu lange schon gewöhnt waren, um uns noch darüber zu wundern, wußten sie kaum, wie sie den beklagenswerten Opfern ihrer Feinde Anteilnahme beweisen sollten. Sie verteilten mit vollen Händen Zigaretten, Schokolade, Lebensmittelrationen, Bleistifte, Füller und sogar Geld. Diejenigen unter ihnen, die irgendeine europäische Sprache beherrschten, ließen sich das, was sie sahen und nicht begreifen konnten, erklären. Es boten sich Führer an, um mit ihnen eine Ehrenrunde zu machen. In den Stuben kamen die ersten Tauschgeschäfte zustande. Jetzt, wo alle Gefahr vorüber war, wo die Reise zu Ende ging, die am Abend des 10. Februar 1944 in François' Atelier begonnen hatte – oder sogar schon im April 1942, als ich der Widerstandsbewegung beigetreten war; oder noch früher, als die Truppen Hitlers die französischen Verteidigungsanlagen bei Montmédy im Mai 1940 durchbrachen, und vielleicht noch weiter zurück in der Vergangenheit, als

Hindenburg Hitler zum Reichskanzler ernannte –, jetzt, da es keinen Grund mehr gab, Angst zu haben, spürte ich eine große Leere in mir, eine abgrundtiefe Erschöpfung, aus der ich, wie mir schien, nie mehr würde auftauchen können.

Ich ließ den Lärm, die Freudenschreie, den Trubel, das Stöhnen der Kranken und das Röcheln der Sterbenden hinter mir, begab mich in die Kapelle und ließ mich in der Dunkelheit nieder, die mir im Licht einiger weniger Kerzen noch undurchdringlicher erschien. Ich setzte mich und atmete langsam durch, um meinen Herzschlag zu beruhigen. Ich glaube nicht, daß ich wirklich gebetet habe, ich habe auch an nichts Bestimmtes gedacht. Ich lauschte einfach in die Stille hinein, die nach und nach die Leere durchdrang. Es war wie ein kurzer Augenblick der Gnade. Nach einer Weile, die mir sehr lang erschien, erhob ich mich und ging zu den Freunden, die sich in unserem gemeinsamen Zimmer versammelt hatten. Noch einmal streckte ich mich auf dem Tisch aus und sank plötzlich, mitten in den Gesprächen und im hellen Licht, in einen traumlosen Schlaf.

Idylle

Ich hatte den ziemlich bunten, aber ganz und gar nicht hochgemuten Haufen von Franzosen, die mit dem Feind gemeinsame Sache gemacht hatten, aus dem Lagerbunker geholt. Diese stolzen Kämpfer der »Division Charlemagne« hatten sich weit mehr des Schwarzhandels und der Hehlerei schuldig gemacht als der ideologischen Kollaboration. Um mich an das Versprechen zu halten, das ich in Michelets Namen dem titoistischen Gefängnischef Juranic gegeben hatte, sperrte ich sie in die Arrestzellen neben den SS-Quartieren, die die amerikanische Kommandantur den Franzosen zugewiesen hatte. Hier fühlten wir uns wohler. In der ehemaligen Offiziersmesse empfing nun Michelet seine Tischgäste im Kreise seiner Mitarbeiter und der Mitglieder des »Patriotischen Komitees«. Zahlreiche Besucher, Offiziere der Armee von De Lattre und der Division Leclerc, Parlamentarier, hohe Staatsbeamte und Journalisten aus Frankreich gaben sich in unserer »Residenz« die Klinke in die Hand. Die Repatriierung nahm indessen mehr Zeit in Anspruch, als wir kurz nach der Befreiung angenommen hatten. Im Lazarett lagen mehrere Hunderte von Franzosen; wir mußten uns also mit dem Gedanken anfreunden, daß wir noch eine gewisse Zeit im »neuen Dachau« bleiben mußten, zumal Michelet sein Wort gegeben hatte, daß er als letzter gehen würde; und für mich kam es nicht in Frage, ihn allein zu lassen. Die amerikanische Bürokratie gab ebenfalls Ursache zur Verzögerung, und – unweigerlich – entstanden daraus auch Spannungen. Um die äußerst differenzierte Lage der Überlebenden zu begreifen, wäre ein Regiment von Spezialisten nötig gewesen. Statt dessen wandte die Armee ihre Dienstordnung und ihre Dienstvorschriften an. So wurden wir aufgefordert, den berühmten »Fragebogen« auszufüllen, der Ernst von Salomon sechs Jahre später zu seinem ironisch-sarkastischen und politisch höchst fragwürdigen Schelmenroman anregen sollte. Auf diesem mit unzähligen Positionen gespickten Vordruck wurde gleich zu Beginn die Frage gestellt, die besonders die französischen Widerstandskämpfer und Deportierte freuen mußte: »Wann sind Sie der Nationalsozialistischen Partei beigetreten?« Darüber hinaus war dieser Bogen in Deutsch abgefaßt, und die Amerikaner verlangten, daß er in vierzehn Exemplaren ausgefüllt wurde. Die meisten Franzosen waren absolut nicht in der Lage, mit einem solchen Monument des geometrischen Geistes allein zurechtzukommen; wir baten die Seminaristen, sich dieser Aufgabe anzunehmen: Sie besaßen ein Minimum an Bildung, und Geduld war eine Tugend, die sie von Berufs wegen üben mußten. Die Amerikaner besorgten uns zwanzig Schreibmaschinen, und bei einem Ausstoß von einem Formular pro Stunde machte sich dieses neuartige Arbeitskommando (aber ähnelte es nicht in gewisser Hinsicht den Arbeitskommandos, die unter der SS die Neuzugänge zu erfassen hatten?) an die Bewältigung dieses Jahrhundertwerks. Glücklicherweise schmolz die französische Kolonie wie Schnee an der Sonne. Ungeachtet aller Erlasse und Drohungen der Amerikaner vertrauten zahlreiche einigermaßen gesunde und entschlossene Franzosen eher ihrem Individualismus und der Methode »hilf dir selbst«, um ihre neue »Quarantäne« zu verkürzen: Sie machten sich einfach aus dem Staube. Auf diese Weise löste sich fast die Hälfte der französischen Gruppe in Wohlgefallen auf, zum großen Verdruß der Amerikaner und zur großen Erleichterung Michelets und seiner Mannschaft – besonders des Seminaristen-Kommandos.

Die amerikanische Armee fürchtete den Typhus mindestens ebensosehr wie einst die SS. Daher die Quarantäne, die über das gesamte Lager verhängt wurde. Aber die Möglichkeiten, Zucht und Ordnung aufrechtzuerhalten, waren nicht mehr die gleichen wie früher. Als Hauptmann Rosenberg damit drohte, er würde Edmond Michelet von der Military Police holen lassen, weil dieser sich aus Protest gegen eine für die Franzosen unzumutbare Entscheidung geweigert hatte, an einer Versammlung des Internationalen Lagerkomitees teilzunehmen, bewirkte er damit lediglich einen allgemeinen und anhaltenden Heiterkeitsausbruch in den Stuben des französischen Quartiers. Die dringendste, wenn nicht gar wirksamste Maßnahme war die zur Pflicht gemachte Bestäubung mit DDT-Pulver, das den Läusen den Garaus machte, und der sich ein jeder unterziehen mußte, der das ehemalige Schutzhaftlager betrat oder verließ. Um diesen Befehl ausführen zu lassen, hatten die Amerikaner, wie auch bei verschiedenen anderen Aufgaben, gut ernährte, gut gekleidete und gut bezahlte – das alles kam uns wie ein Traum vor – Hilfskräfte verpflichtet. Sie rekrutierten sie unter den kräftigsten »Displaced Persons«, den ehemaligen Gefangenen, die nicht mehr in ihre Länder zurückkehren wollten. Diesen wackeren Burschen machte es einen diebischen Spaß, den Krankenschwestern ihre Spritzgeräte unter den Rock zu stecken, wobei jedesmal eine große Wolke von DDT-Staub aufgewirbelt wurde.

Wenn wir Gäste von außerhalb zu Besuch hatten – und dies geschah fast jeden Tag –, stellte sich jedesmal die Frage der Bedienung. Es kam nicht in Frage, daß Kameraden uns das Essen auftrugen, und es war für jeden von uns ziemlich lästig, ein Gespräch unterbrechen zu müssen, um das nächste Gericht zu holen und aufzutragen. Da erinnerte sich jemand an die französischen Angehörigen der Waffen-SS, die in unserem Zellentrakt Arrest schoben. Mir war einer von ihnen aufgefallen, der etwas aufgeweckter schien als die anderen. Ich ließ ihn aus seiner Zelle holen und befragte ihn über seine Vergangenheit. Von Beruf Kellner, später Zuhälter und Schieber, hatte er sich zum Dienst im deutschen Heer verpflichtet, um der Rache von Kollegen zu entgehen, mit denen er sich überworfen hatte. Nachdem ich Michelet über dieses Gespräch informiert hatte, bekam ich grünes Licht, um meinen Mann und seine Kumpanen mit dem Küchendienst und der Bedienung am Tisch zu beauftragen. »Wenn ihr eure Arbeit ordentlich macht, werdet ihr auch anständig behandelt, was auch immer ihr in der Vergangenheit getan habt. Wir werden euch nach Frankreich zurückführen und dort der Polizei übergeben.« Mir fiel eine gewisse Symmetrie zwischen der Ansprache auf, die ich vor diesen Gefangenen hielt, und der Rede, die Schüssler uns damals gehalten hatte, als er die Führung des Kartei-Kommandos übernahm. Nachdem wir uns in dieser Weise verständigt hatten, gab es dann auch keinen Anlaß, über unser neues Personal zu klagen. Ich habe selten so geschäftige und respektvolle Dienstboten erlebt wie diese. Damit ihr Eifer nicht erlahmte, fragten wir zuweilen unsere Tischgäste (Offiziere), was sie denn von Franzosen hielten, die unter deutscher Fahne gedient haben. Die Antwort darauf kann man sich denken und auch, wie die Schüsseln in den Händen unserer »Kellner« zu tanzen begannen. Edmond Michelet, an dessen Rechter Mgr. Daguzan, Generalvikar des Bistums Bayonne und ehemaliger Oberstleutnant der Kolonial-Infanterie, und an dessen Linker der ranghöchste Gastoffizier saß, führte bei diesen Mahlzeiten den Vorsitz mit feierlich-freundlichem Ernst. Unsere Gäste klärten uns über die geschichtlichen Ereignisse auf, an denen wir nicht teilgenommen hatten: die alliierte Truppenlandung, die Schlacht um die Normandie, die Befreiung von Paris, den Neubeginn in Frankreich unter General de Gaulle. Der Monat, den wir in Dachau im Dienste unserer Kameraden verbrachten, glich dem Aufenthalt in einer Art

Dekompressionskammer nach dem Auftauchen aus großer Tiefe; wir gewöhnten uns langsam und allmählich an die Welt, die wir wiederfinden und zugleich wiederentdecken mußten.

Eines der unvorhergesehenen Probleme, mit denen wir uns befassen mußten, war das der Juden von Rhodos. Eines Tages wünschten uns drei junge Mädchen zu sprechen; trotz ihrer notdürftig zusammengenähten Kleider und ihrer abrasierten Haare, die gerade wieder zu wachsen begannen, waren sie ziemlich hübsch. Ich empfing sie in meinem Büro, das neben dem von Michelet lag; in ausgezeichnetem Französisch erklärten sie mir, daß sie der jüdischen Minderheit auf der Insel Rhodos angehörten, die seit dem italienisch-türkischen Krieg von 1912 unter italienischer Verwaltung stand, obwohl der größte Teil der Bevölkerung griechisch war. Sie hatten die Schule der »Alliance israélite« bis zu dem Tag besucht, da die Deutschen – nach der Kapitulation von Badoglio – an die Stelle der Italiener traten und darangingen, die Juden zu deportieren. In Auschwitz wurden die Mädchen beim Selektieren von ihren Eltern getrennt; da sie kräftig waren, kamen sie in eines der »Waldlager« in der Nähe von Landsberg, wo sie beim Bau eines unterirdischen Flugzeugwerkes eingesetzt wurden. Nach der Befreiung hatte es sie nach Dachau verschlagen. Da ihre Eltern tot waren, wünschten sie zu einem Onkel in Rhodesien zu fahren. Ihre Tragödie las sich wie ein Wortspiel: von Rhodos nach Auschwitz und über Dachau nach Rhodesien. Meine Besucherinnen, einstige Schülerinnen einer französischen Einrichtung, baten gewissermaßen um unseren Beistand, und Michelet zögerte keinen Augenblick lang, ihnen diesen zu geben. Sie erhielten eine provisorische Einbürgerungsurkunde und eine anständige Unterkunft in unserem Quartier. Da sich in Dachau alles schnell herumsprach, kamen bald noch mehr Frauen aus derselben jüdischen Gemeinde auf Rhodos sowie weitere

Schülerinnen der »Alliance israélite«, unter anderem aus Saloniki, und baten uns um die gleiche Gunst. Eine dieser Frauen war schon etwas älter; sie hatte in Auschwitz ihren Mann und ihre beiden kleinen Kinder verloren. Um uns zu danken, bot sie uns ihre Fähigkeiten als Köchin an, die wirklich hervorragend waren. So wurde Madame Lombroso Mitglied unserer Hausgemeinschaft. Eines Abends, als ich gerade in die kleine, nicht weit von der Messe gelegene Villa heimkehrte, die ich bewohnte, begegnete ich einem Mann und einer Frau, die sich eng umschlungen hielten und oft stehenblieben, um sich leidenschaftlich zu küssen. Der Mann war unser SS-Kellner-und-Zuhälter, die Frau unsere jüdische Köchin. In einer ersten Regung wollte ich schon darüber lachen, doch dann überkam mich eine große Rührung für dieses so unerwartete Paar. Auch das war der Friede.

ANHANG

Bericht über die Lage der ehemaligen französischen Häftlinge des Konzentrationslagers Dachau, vom 8. Mai 1945

Gesundheitszustand:

Die gesundheitliche Situation der Dachauer Franzosen und der ehemaligen Häftlinge im allgemeinen hat sich auch zehn Tage nach der Befreiung des Lagers nicht gebessert.

1. *Die Typhusepidemie* breitet sich weiter aus; infolge der Unordnung, die nach der eisernen deutschen Zucht nun in allen Verwaltungsbereichen des Lagers um sich greift, nimmt die Zahl der Neuerkrankungen täglich zu. Die Kranken aus dem Revier und die in besonderen Typhusbaracken untergebrachten Lagerinsassen bewegen sich ungehindert durch das ganze Lager und tragen ihre Läuse von Block zu Block.

Die Bevölkerungsdichte des Lagers, das ursprünglich für 9000 Menschen geplant war, hat in den letzten Tagen vor der Befreiung in erschreckendem Maße zugenommen. Schon heute übersteigt die Zahl der Insassen 35 000. Allein am 24. April trafen hier über 6000 Menschen ein, die meist aus den Lagern von Buchenwald und Flossenbürg kamen. Seitdem wurde kein ernst zu nehmender Versuch unternommen, die Verwaltung und die sanitäre Lage zu kontrollieren. In den ehemaligen Seuchenblocks, in denen man diese Neuankömmlinge unterbrachte, herrschen unbeschreibliche Zustände. In den für 75 Mann vorgesehenen Stuben sind bis zu 600 Menschen zusammengepfercht, von denen die meisten krank, sterbend oder am Ende ihrer

Kräfte sind. Bisweilen ist es unmöglich, in einem Knäuel von Menschenleibern die Leichen und die Sterbenden herauszufinden. Die Gefangenen schlafen zu dritt in einem Bett, ganz zu schweigen von denen, die kein Bett finden und auf dem blanken Fußboden liegen müssen.

Diese Zustände erklären, warum alle Desinfektionsmaßnahmen bisher ohne Wirkung blieben und der gegenwärtige Versuch der Amerikaner, die gesamte Lagerbevölkerung dazu zu bringen, sich im Desinfektionszelt, das auf dem großen Lagerplatz aufgestellt wurde, behandeln zu lassen, ebenfalls scheitern wird. Da gerade die schmutzigsten und am meisten verlausten Leute sich davor drücken und nichts unternommen wird, um den freien Verkehr der Insassen der verdächtigen Blöcke zu unterbinden, kann jeder Desinfizierte nach seiner Behandlung neue Läuse von seinem Nachbarn einfangen. Es wird auch nichts unternommen, um in den Blöcken die Matratzen zu desinfizieren, beziehungsweise zu erneuern, die seit Monaten von mehreren Generationen von Insassen (2 bis 3 Männer je Matratze) benutzt wurden! Eine Betreuung der Insassen der gesperrten Blöcke, die sich in einem Zustand höchster Erschöpfung befinden (körperliche Misere, Geschwüre, Ödeme), findet praktisch nicht statt, sieht man einmal ab vom freiwilligen und mutigen, aber unzureichenden und inoffiziellen Einsatz einiger französischer Seminaristen.

Um der Typhusepidemie Einhalt zu gebieten und damit Dutzenden von Franzosen das Leben zu retten, gibt es ein einziges Mittel: die Räumung der Revierblöcke und die Verlegung der Kranken in die zahlreichen freien Baracken des SS-Lagers sowie die Verwendung der frei werdenden neun Blöcke, um die Lage in den alten Seuchenblöcken zu entlasten.

Diese Räumung hat schon begonnen, es werden täglich etwa 150 Kranke verlegt. Da es aber annähernd 6000 Kranke sind, muß man ein bis zwei Monate veranschlagen. Die Geduld der Gefangenen würde damit auf eine schlimme Probe gestellt, was nicht sehr sinnvoll wäre. Eine raschere Verlegung scheitert aber nicht am Bettenmangel, denn Betten gibt es genug im SS-Lager, wo Tausende von Soldaten unter einwandfreien hygienischen Bedingungen gelebt haben. Es erübrigt sich der Hinweis, daß die französischen Gefangenen durch französische Ärzte medizinisch betreut werden möchten und wünschen, daß ihre Kranken in ein französisches Krankenhaus gebracht werden, denn an Platz mangelt es sicherlich nicht. Die Schaffung eines gemischten Krankenhauses würde allerdings schon genügen, um die Seuche einzudämmen, wenn gleichzeitig eine allgemeine Desinfektion stattfinden könnte, die jedoch für alle obligatorisch sein und mit unerbittlicher Strenge durchgeführt werden müßte.

2. Gleich nach der Ankunft der Amerikaner begannen die *Durchfall*-Erkrankungen sich besonders zu vermehren. Die Erklärung dafür ist das unvernünftige Angebot von Nahrungsmitteln, die den besonderen Bedingungen des Lagerlebens nicht angepaßt waren und wahllos an Gesunde und Schwache verteilt wurden, vor allem Fleischkonserven. Eine differenziertere Ernährung ist unerläßlich, will man weitere schreckliche Verluste verhüten. Man darf nicht vergessen, daß Hunderte von Gefangenen sich in einem solchen Zustand von Erschöpfung befinden, daß sie nicht einmal flüssige, warme Ovomaltine trinken können, wenn man sie ihnen einzuflößen versucht.

3. Angesichts der geschilderten Lage der Dinge wird es niemanden verwundern zu erfahren, daß die Sterblichkeit seit der Befreiung nicht ab-, sondern empfindlich zugenommen hat:

am 25. April (ein Tag nach den Massenankünften aus Buchenwald, ein außergewöhnlicher Tag) . . . . . 101 Tote
1. Mai . . . . 135 Tote
2. Mai . . . . 121 Tote

3. Mai .... 119 Tote
4. Mai .... 106 Tote
5. Mai .... 111 Tote
6. Mai .... 117 Tote
7. Mai .... 110 Tote

Allein am 1. Mai sind *sechzehn* unserer Landsleute gestorben, sieht man einmal ab von dreißig unbekannten Toten, unter denen sich ganz sicher auch ein paar Franzosen befanden.

4. Es soll auch auf die skandalösen Zustände im Krematorium hingewiesen werden, wo seit der Befreiung Hunderte von Leichen unbestattet liegengeblieben und in einen fortgeschrittenen Zustand der Verwesung und Verflüssigung übergegangen sind und somit den befugten, aber oft auch unbefugten Besuchern, die das Lager besichtigen, ein schreckliches Schauspiel bieten. Diese Leichen verpesten das ganze Lager, am Abend verbreitet sich der Gestank durch alle Baracken. Das gleiche gilt für die Totenkammer im Revier.

Verwaltungsnotstand:

Die Unordnung, die sich in den Blöcken breitgemacht hat und eine Zunahme der Typhuserkrankungen zur Folge hatte, macht auch nicht vor den zentralen Verwaltungsorganen halt. So konnten beispielsweise die Belegungsliste des Lagers und die Sterbeliste nicht weitergeführt werden, obwohl sie, was die Franzosen betrifft, unter den oft sehr harten Bedingungen der Illegalität während der SS-Herrschaft ständig auf dem laufenden gehalten wurden.

Mit diesen wenigen Bemerkungen ist noch lange nicht alles gesagt. Sie müßten aber genügen, um die Klagen der Franzosen zu begründen, denn sie haben das Gefühl, daß sie sich selbst überlassen und fremden Besuchern ausgeliefert sind, die ihnen mit ihrer Neugier mehr schaden als helfen.

Sie fordern deshalb die dauernde Anwesenheit eines offiziellen Vertreters, eine Verbindung zur nächstliegenden französischen Militärdienststelle und zur Regierung selbst. Sie sind davon überzeugt, daß die 3000 Franzosen von Dachau und die 1200 Franzosen von Allach (die unter noch schlimmeren Bedingungen leben müssen als die im Hauptlager) ein Anrecht auf besondere Fürsorge haben, vor allem die wirklichen Widerstandskämpfer unter ihnen. Sie wünschen also, daß ein Verbindungsoffizier sich ständig bei ihnen aufhält, sozusagen als Verbindungsmann zwischen ihnen und den amerikanischen Dienststellen in Dachau und zu den höheren Ebenen. Sie verweisen darauf, daß ihre Repatriierung eine Sache von nationalem Interesse ist und daß jeder Franzose, der seit der Befreiung sterben mußte, ein unersetzlicher und durch nichts zu rechtfertigender Verlust ist.

Gaston Gosselin,	Centre National Maquis
Gilbert Lazard,	Centre National Maquis
Jean Lorenceau,	Centre National Maquis, Stellvertretender Gebietsleiter Normandie
Joseph Rovan,	Leiter der Abteilung Identität der Vereinigten Widerstandsbewegungen
Jean-Pierre Sussel,	Leiter des Kampfgebietes Montpellier, Generalsekretär des Zentralkomitees der Experten.

Dieser von den »verrückten Intellektuellen« verfaßte Text wurde Roger Stéphane übergeben, der ihn an die französische Regierung weiterleitete.
Einige Tage später wurde den befreiten Franzosen ein umfangreicher Gebäudekomplex im ehemaligen SS-Lager zur Verfügung gestellt.

Dachauer Hefte
Studien und Dokumente zur Geschichte der nationalsozialistischen Konzentrationslager

Im Auftrag des Comité International de Dachau, Brüssel, herausgegeben von Wolfgang Benz und Barbara Distel

Umfang bis zu 250 Seiten. Eine Ausgabe jährlich. Im Abonnement DM 22,– (Einzelpreis DM 26,–)

Verlag Dachauer Hefte
Alte Römerstraße 75
85221 Dachau

Jede Ausgabe ist einem Thema gewidmet oder hat einen thematischen Schwerpunkt:

Die Befreiung (1985)*
Sklavenarbeit im KZ (1986)*
Frauen – Verfolgung und Widerstand (1987)*
Medizin im NS-Staat (1988)*
Die vergessenen Lager (1989)
Erinnern oder Verweigern (1990)*
Solidarität und Widerstand (1991)
Überleben und Spätfolgen (1992)
Die Verfolgung von Kindern und Jugendlichen (1993)
Täter und Opfer (1994)
Orte der Erinnerung 1945-1995 (1995)
Konzentrationslager Lebenswelt und Umfeld (1996)
Gericht und Gerechtigkeit (1997)
Verfolgung als Gruppenschicksal (1998)
KZ-Außenkommandos-Geschichte und Erinnerung (1999)

*vergriffen

Enzyklopädie des Nationalsozialismus

Herausgegeben von
Wolfgang Benz, Hermann Graml
und Hermann Weiß
Mit zahlreichen Abbildungen,
Karten und Grafiken
900 Seiten
dtv 33007

Ein unentbehrliches Hilfsmittel für alle, die sich mit Nationalsozialismus und Drittem Reich beschäftigen. In ca. 1000 Stichwörtern werden Informationen über Institutionen und Organisationen, Ereignisse und Begriffe, Fakten und Daten, über die nationalsozialistische Ideologie und ihre Verwirklichung im NS-Staat vermittelt.
Der Leser wird sachkundig und zuverlässig auch über spezielle Sachverhalte informiert. Ergänzt und vertieft wird das lexikalische Wissen mit 26 großen Darstellungen über Außenpolitik und andere Themen. Mit Beiträgen u. a. über Technik, Jugend, Medizin, Sport und Emigration – alle auf dem aktuellen Stand der Forschung – erweitert sich das Sachlexikon zur Enzyklopädie. Die Artikel verweisen auf weiterführende Literatur, ein eigener Beitrag zur Quellenkunde bietet Informationen über Archivbestände und Sammlungen, ein biographisches Personenregister schließt den Band ab.

dtv

Dimension des Völkermords
Die Zahl der jüdischen Opfer des Nationalsozialismus
Herausgegeben von Wolfgang Benz
dtv 4690

Die in diesem Band versammelten Beiträge ausgewiesener Experten bieten neben exakten Zahlen ein detailliertes Gesamtbild der Voraussetzungen, Formen und Phasen der nationalsozialistischen Judenverfolgung.

»...eine der gründlichsten Untersuchungen des ganzen Vorgangs überhaupt.« (Eberhard Jäckel)

»Wenn man dieses Buch nicht nur als Kompendium und Nachschlagewerk benutzt, sondern als Gesamtdarstellung liest, wird sichtbar, welche riesenhaften Ausmaße dieses Verbrechen besaß, wie viele Tausende und Zehntausende von Menschen in seine Vorbereitung und Durchführung einbezogen waren, welchen organisatorischen und politischen Aufwandes es bedurfte, um die jüdische Bevölkerung noch in dem entlegensten Dorf in Frankreich, der Ukraine oder Norwegen und noch auf der kleinsten griechischen Insel zu ›erfassen‹, zu deportieren und schließlich zu ermorden.« (Ulrich Herbert)

dtv

Stella Müller-Madej
Das Mädchen von der Schindler-Liste
Aufzeichnungen einer KZ-Überlebenden
dtv 30664

Stella ist zehn Jahre alt, als sie mit ihrer Familie ins Krakauer Ghetto ziehen muß. Zwei Jahre später werden sie ins KZ Plaszow bei Krakau gebracht. Dort erlebt und überlebt Stella ein furchtbares Grauen. Doch es gibt einen Hoffnungsschimmer: Die Familie wird zusammen mit etwa tausend anderen jüdischen Häftlingen von Oskar Schindler für seine Fabrik in Böhmen angefordert. Die Männer erreichen dieses Ziel, die Frauen werden jedoch nach Auschwitz deportiert. Mit beherzter Hartnäckigkeit sorgt Schindler dafür, daß sie doch noch nach Böhmen kommen. Stella, ihre Familie und viele andere sind gerettet. Nach dem Krieg beginnt sie, ihre Erlebnisse aufzuschreiben. Das Buch ist einer der ergreifendsten Augenzeugenberichte und ein Dokument von ähnlicher Bedeutung wie die Aufzeichnungen von Anne Frank.

»Ich kenne nur wenige Augenzeugenberichte, die den entsetzlichen Alltag der Vernichtungslager so eindringlich beschreiben. Ein ganz wichtiges Buch für eine Generation, die lernen muß, daß Spielbergs Film von wirklichen Menschen handelt.«
Martin Pollack

»Das Buch sollte seinen Platz finden neben den Aufzeichnungen der Anne Frank.«
Frankfurter Allgemeine Zeitung

dtv